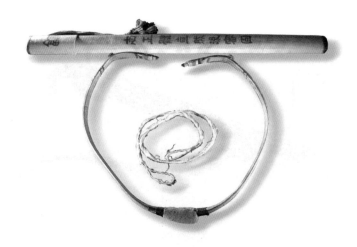

고종 호미명 각궁

대한제국의 황제였던 고종이 사용했다고 전해지는 각궁이다. 조선의 활은
조총과 경쟁할 정도로 위력이 대단한 주력 병기였기 때문에, 조선에서는 황제에서부터
기생에 이르기까지 많은 사람들이 궁술을 연마하는 데 힘을 기울였다.
【육군박물관 소장】

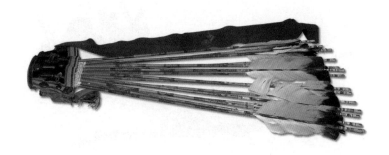

대우전과 동개

조선에서는 화살을 동개에 담아서 휴대했다.
위의 대우전은 화살촉 부분을 끈으로 서로 묶어 놓은 것으로 보아
의장용으로 사용되었던 것으로 보인다.
【전쟁기념관 소장】

궐장노(복원)

궐장노는 두 발로 활채를 버티고 손으로 시위를 당기는 인력식 쇠뇌이다.
한반도에서 출토되는 쇠뇌의 기본적인 구조는 기원후 2000년간 거의 변화가 없었다.
【전쟁기념관 소장】

녹로노(복원)

물레를 이용하여 시위를 당긴 후 활을 들어 올려 발사하는 기계식 쇠뇌의 일종이다.
이런 쇠뇌는 주로 적의 성채를 공격하거나 적의 방패를 깨뜨리는 데 사용되었다.
【전쟁기념관 소장】

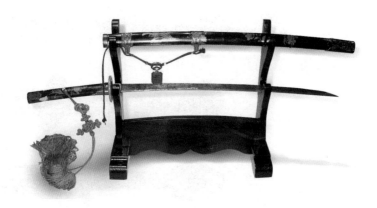

환도

환도는 조선시대의 외날 도검 대부분을 통칭하는 이름이다.
고려시대에 몽골을 통해 들어 온 초원 지역의 사브르sabre가 환도의 직접적인
기원이다. 조선 후기에는 무예서《무예도보통지》내용의 대부분을
검술이 차지할 정도로 검술의 중요성이 부각되었다.
【고려대학교 박물관(위), 육군박물관 소장】

사인검

도교의 영향하에서 악귀를 물리칠 목적으로 제작된 검이다.
사인검의 표면에는 면상감 기법과 입사 기법으로 주문과 부적,
화려한 무늬가 새겨져 있어 신비로운 느낌을 준다.
【육군박물관 소장】

언월도와 협도

언월도(위)와 협도(아래)는 칼자루의 길이가 2m 이상인 장長병기이다.
조선 초기부터 사용된 협도는 주로 보병이 사용했으며,
언월도는 기병이 말 위에서 주로 사용했다.
【서울대학교 박물관 소장】

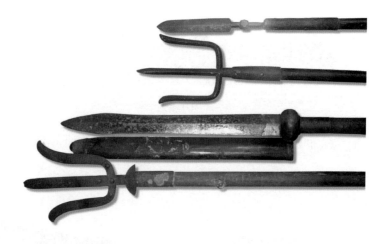

조선시대의 창

조선시대에는 창이 보병의 주력 단短병기였으며 그 형태도 매우 다양했다.
하지만 현재까지 전해지는 창 유물은 매우 드문 편이다.
【전쟁기념관 기획전】

김성일 철퇴

조선시대에는 철퇴가 병기로 사용되었을 뿐만 아니라, 여러 차례의 정변 시에
암살 무기로도 사용되었다. 철퇴는 갑옷을 입은 적에게 효과적인 무기였다.
【전쟁기념관 소장】

편곤

편곤은 서융에서 비롯된 철련협봉과 조선 고유의 도리깨가 접목되어 만들어진
타격 병기로서, 조선 후기 기병의 주력 단병 접전 무기로 사용되었다.
【육군박물관 소장】

현자총통

고려 말엽에 전래된 화약 무기는 이미 조선 초기부터 조선군의
주력 무기로 정착되었다. 하지만 조선 각궁의 위력이 대단했기 때문에
각궁을 완전히 대체하기까지는 시간이 걸렸다.
【육군박물관 소장】

대완구

완구碗口는 고려시대부터 사용되었던
공성용 박격포의 일종이다.
조선군은 이 완구로 커다란 돌을
날려 적의 성채를 파괴하기도 하고,
작렬형 포탄인 비진천뢰를
발사하기도 했다.
【육군박물관 소장】

불랑기

불랑기는 명종시대에 중국을 거쳐서
조선에 전래된 서양 화포이다.
이 불랑기는 미리 장약된 자포를 이용하여
발사하므로 종전의 화포에 비해서
사격 속도가 눈부시게 빨랐다.
【육군박물관 소장】

조총

조총은 1593년에 일본을 통해 전래된 서양의 신병기이다. 최초로 전래된 이후
300여 년간 조총은 조선과 일본에서 모두 큰 개량 없이 계속 사용되었다.
【육군박물관 소장】

선릉 무인석(조선 전기)

1495년에 조성된 성종의 무덤이다.
높이가 290cm에 달하는 무인석의
투구는 조선 전기의 원주의 형태를 잘
보여 주고 있다. 하지만 갑옷은 도식화된
중국식 갑옷이다.

홍릉 무인석(조선 후기)

1757년에 조성된 홍릉은 영조의 정비인
정성왕후 서씨의 무덤이다. 홍릉의
무인석은 조선 후기의 투구 양식을 잘
보여 주며, 이전의 무인석에 비해
입체감이 돋보이고 신체 각 부분의
비례감도 좋은 편이다.

흉방패

조선 초기에는 나무로 만든 방패를
이용하여 적의 화살을 막았지만,
조선 후기에는 화기의 발달로 인해
방패는 의장용으로만 사용되었다.
【궁중유물전시관 소장】

용문투구

투구의 표면에 용 문양이 화려하게
입사된 호암미술관의 용문투구는
조선시대 공예 기술의 정수를
보여 주는 걸작이다.
【호암미술관 소장】

두석린 투구

두석린 갑과 한 쌍으로 전해지는
이 두석린 투구는
간주가 높게 솟은 조선 후기의
간주형 투구 양식을 잘 보여 준다.
【고려대학교 박물관 소장】

두석린 갑

어린 갑의 일종인 두석린갑은 고위급 장수가 착용했던
의장용 갑옷이다.
갑옷의 표면에는 황동 미늘이 고기 비늘처럼 달려 있다.
【고려대학교 박물관 소장】

조선의 무기와 갑옷

조선의 무기와 갑옷

개정 1판 1쇄 펴낸 날 | 2019년 5월 3일

지은이 | 민승기
펴낸이 | 홍정우
펴낸곳 | 도서출판 가람기획

책임편집 | 이상은
편집진행 | 양은지
디자인 | 김한기, 이유정
마케팅 | 이수정

주소 | (04035) 서울특별시 마포구 양화로7안길 31(서교동, 1층)
전화 | (02)3275-2915~7
팩스 | (02)3275-2918
이메일 | garam815@chol.com

등록 | 2007년 3월 17일(제17-241호)

ISBN 978-89-8435-518-7 (03910)

이 도서의 국립중앙도서관 출판예정도서목록(CIP)은 서지정보유통지원시스템 홈페이지(http://seoji.nl.go.kr)와 국가자료종합목록시스템(http://www.nl.go.kr/kolisnet)에서 이용하실 수 있습니다. (CIP제어번호 : CIP2019015201)

조선시대 무기와 갑옷의 모든 것
환도 한 자루에서 대형 전함까지

조선의 무기와 갑옷

민승기 지음

가람
기획

저의 졸저인《조선의 무기와 갑옷》이 출간된 지 벌써 15년이 되었습니다. 저의 책은 학문적 소양이 부족한 사람이 대중적인 서적을 지향하고 썼던 책이었기 때문에, 당초에 책을 출간할 때는 조만간 저의 책을 대체할 만한 전문적인 조선시대의 무기 관련 서적이 곧 출간될 것으로 기대하였습니다. 하지만 15년이 지나도록 일반 독자의 조선시대 무기와 갑옷에 대한 궁금증을 풀어 줄 만한 새로운 책이 나오지 않았기에, 결국 졸저나마 부분적인 수정을 거쳐서 다시 출간함으로써 이 분야에 관심을 가진 독자 분들의 갈증을 풀어드리고자 하였습니다.

2004년 초판본 출간 이후 전통 군사학과 관련된 새로운 연구와 유물 발굴이 널리 이루어졌으나, 대중 서적 수준에서 중요한 수정이 필요할 만한 중요한 발견은 아직 접하지 못했습니다. 따라서 본 개정판에서는 그 동안 독자 분들이 여러 경로로 제기해 준 의견에 대해서 좀 더 상세히 설명하고 일부 오류를 수정하였습니다.

교자궁의 정체에 관해서는 아직 여러 갑론을박이 있습니다. 그러나 저는 여전히 활채에 목제 교자를 덧붙이는 합성 목궁이 곧 교자궁이라는 주장을 견지하되, 조선시대의 일정 시기에 활채와 교자 사이에 작은 향각이나 흑각을 끼워 넣은 적이 있다는 사실을 추가로 기재하였습니다. 또한 편전의 관통력이 장전보다 약하다는 종래의 제 주장은 장전의 유효 사거리 내에서만 유효한데도 불구하고 이를 제대로 설명하지 못한 점을 수정하였습니다. 또한 사인검의 명문 해석에 관해서 아직 이론이 있는 듯하여, 제가 그 명문을 해석할 때 참고

14

했던 전당시의 원문을 수록하여 독자가 비교해 볼 수 있게 하였습니다. 변이 중 화거의 경우 학문적으로 새로운 사실이 발견된 것은 아니나, 최근에 변이 중 화거가 전면과 좌우로 총통을 발사하는 납득하기 어려운 형태로 복원된 사례가 있었기 때문에, 이에 관한 저의 부정적인 의견을 추가하였습니다. 판옥선의 총통 배치 위치가 2층 갑판이라는 점이나 거북선이 2층 구조라는 점은 제 직관에 의지한 주장인지라 별도의 논증을 제시하지는 못하였으나, 제 견해를 분명히 하기 위해서 내용을 추가하였습니다. 창검류의 경우 초판 출간 이후 독일 라이프치히 그라시 민속박물관에서 다수의 유물이 소장되어 있다는 사실이 뒤늦게 알려졌기에 그 내용을 추가하였습니다. 그 밖에도 풍안경을 설명하면서 승마시의 시야 확보라는 주된 용도를 빼먹은 실수 등 소소한 오류들을 여러 곳에서 수정하였습니다.

이제 저는 본 개정판을 출간하는 것으로 전통 군사학에 관한 제 소임을 마치고자 합니다. 그리고 앞으로는 전문 연구자 분들의 다양한 연구 성과를 독자의 입장에서 편안히 즐기고자 합니다. 부디 조만간 이 책의 수준을 훨씬 뛰어넘는 전통 군사학 서적을 서점의 서가에서 만날 수 있기를 기원합니다.

초판을 준비할 때 저와 함께 답사를 다녔던 여섯 살의 아들이 지금은 나라를 지키는 군인이 되었습니다. 제 아들을 포함하여, 지금 현재 나라를 지키기 위해서 청춘을 희생하고 있는 모든 국군 장병 분들에게 이 책을 바칩니다.

2019년 4월, 민승기

1930년대에 조선시대의 무기와 갑옷에 관한 최초의 논문을 쓴 미국인 선교사 존 부츠는 책의 서문에서 조선의 무기의 역사는 한 편의 비극이라고 말했습니다. 그에 따르면 조선인들은 평화를 사랑하고 칼보다 붓을 소중히 여기는 문화민족이었지만, 전쟁을 즐기는 주변의 이민족들 때문에 언제나 손에 익숙하지 않은 무기를 들고 전장으로 향해야 하는 슬픈 운명을 지녔다는 것입니다. 그의 말처럼 조선은 500년 내내 다른 나라를 침략한 적이 없는 평화적인 국가였습니다. 조선의 정치 권력은 유교적인 가르침에 충실한 학자들의 손에 있었고, 국왕 또한 사대부의 일원으로서 유교적인 도덕률에 얽매어 있었기 때문에 사회 내부적인 폭력은 극도로 억제되었고, 대외적인 침략전쟁을 꾀할 만한 내부적인 동인이 생성될 여지도 거의 없었습니다. 조선은 당시로서는 드물게 학문과 윤리의 힘이 폭력을 성공적으로 억제할 수 있었던 문치주의적이고 인본주의적인 국가였습니다.

하지만 정작 조선이 그러한 평화스런 국가로 500년을 존속할 수 있었던 데는 무기와 갑옷에 힘입은 바가 컸습니다. 조선은 개국 초기부터 북방의 야인들을 꾸준히 토벌하여 그들이 커다란 위협세력으로 성장하는 것을 예방했고, 남으로는 왜구들의 침입을 성공적으로 막아냄으로써 동양 삼국 간의 균형과 평화를 유지할 수 있었습니다. 당시 북방의 야인들은 기병을 이용한 기습공격으로 조선의 국경을 소란케 했지만, 그들은 철이 부족했기 때문에 갑옷도 제대로 갖추지 못했고, 그들이 가진 활의 성능은 조선의 각궁에 비해 형편없는 수준이었습니다. 소형 선박을 이용하여 조선의 해안을 약탈하던 왜인들은 비록 창검술에는 뛰어났으나, 명종 이전까지는 화약 무기를 손에 넣지 못했으므로 대형 함선과 총통을 보유한 조선의 수군과 정면 대결을 벌일 수 있는 능력이 없었습니다.

하지만 명종 때에 이르러 일본이 화약 무기를 손에 넣게 되자 동양 삼국 간의 군사적 균형은 깨지게 됩니다. 일본 열도를 통일한 도요토미 히데요시가 조선을 침략했을 때, 그의 부하들은 서양에서 전래된 조총을 앞세워 조선의 궁시와 재래식 총통을 무력화시켰고, 이어서 대오가 무너진 조선군을 향해 자신들의 장기인 창검술을 유감없이 발휘했습니다.

여진족의 추장 누르하치는 조선과 명나라가 왜군을 물리치느라 여념이 없는 틈을 타서 만주를 통일했고, 그가 철갑옷과 홍이포까지 손에 넣게 되자 조선은 그들의 철기병 앞에 어이없이 무너지게 됩니다.

결국 조선은 무기체계의 우월성을 기반으로 조선 전기의 평화 시대를 구가한 것이었으며, 그 우월성이 무너지는 순간 평화의 시대는 막을 내리고 말았습니다.

임진왜란과 병자호란이라는 대참화를 겪은 조선이 전란 이후에도 여전히 살아남아 300년이나 더 지속될 수 있었던 것도 다름 아닌 우수한 무기 덕분이었습니다. 임진왜란 당시 이순신 장군은 거북선과 판옥선이라는 대형 전함과 지자총통, 현자총통 등 대형 화기로 왜군의 함대를 격멸하여 전라도를 지켜냈습니다. 또한 청태종은 병자호란 당시 직접 20만 대군을 이끌고 국경지역의 요새들을 우회하여 한성을 급습함으로써 조선에 대해 일시적인 승리를 거둘 수 있었지만, 용골산성 전투 등을 통해 조선을 완전히 점령하는 것이 불가능하다는 사실을 깨달을 수밖에 없었습니다. 그렇기 때문에 청나라는 조선 조정을 굴복시킨 후에도 조선을 합병하거나 변발을 강요하지 못하고 그저 형식적인 조공관계를 맺는 것으로 만족한 것입니다.

이렇듯 우리의 선조들은 우수한 무기를 보유하고 그 무기를 사용하여 이 땅을 지키겠다는 강한 의지를 보여 주었기 때문에, 오늘날까지 하나의 민족으로서 고유의 문화를 누리며 살아남을 수 있었던 것입니다. 그런 의미에서 조선의 녹슨 환도, 깃 없는 화살 한 점도 우리 민족에게는 그냥 지나칠 수 없는 소중한 가치와 의미를 지닌다고 하겠습니다.

하지만 유감스럽게도 조선의 군사 유물은 구한말 의병전쟁과 일제의 통치 시기를 거치면서 대부분 사라져 버렸고, 그나마 남아 있는 군사 유물들은 일반인들의 기억에서 잊혀져 가고 있습니다. 처음 조선시대의 무기에 관해 공부하기 시작했을 때 우리 나라에 조선의 무기와 갑옷에 대한 대중적인 서적이 전혀 존재하지 않는다는 사실을 알고 놀라지 않을 수 없었습니다. 자랑스러운 한민족 운운하면서도 정작 조상들의 소중한 문화유산에 대해서는 제대로 된 책 한 권 없는 것이 빈곤한 우리 전통문화의 현실이었던 것입니다.

저는 '고죽孤竹의 칼 이야기'라는 사이트를 통해 관심 있는 많은 사람들과 공유할 목적으로 지난 1년간 조선의 무기와 갑옷에 대한 자료를 정리해 보았습니다. 하지만 사정이 생겨서 사이트를 폐쇄하고 나니, 이미 정리된 내용을 공개할 길이 없어 이렇게 책의 형태로 엮게 되었습니다. 미리 고백하건대, 저는 이런 거창한 주제에 관한 책을 쓸 만한 자격을 갖추지 못한 사람입니다. 역사학이나 군사학을 전공한 적도 없고, 한문 해독 실력은 일반인의 수준을 약간 웃도는 정도일 뿐입니다. 하지만 우리의 전통 무기와 갑옷에 대한 오해와 편견이 넘쳐 나는 현실 속에서 누군가는 이런 책을 써야 한다고 생각하여 감히 집필했습니다.

이 책에서는 조선시대에 실제로 사용되었거나 혹은 제작된 적이 있는 무기와 갑옷을 소개하고자 했습니다. 이를 위해서《조선왕조실록》의 군기軍器 관련 자료와《국조오례의》,《만기요람》,《무예도보통지》,《융원필비》,《화포식언해》및 각 지방의 군·현지를 기본 자료로 활용했으며, 문헌자료를 통해 정리된 내용은 여러 박물관에 소장된 군사 유물과 비교 검토했습니다.《무비요람》이나《병학지남》등 중국의 병서를 거의 그대로 베껴 옮긴 책에 소개된 무기들은 조선에서 제작되었거나 혹은 사용된 증거가 있는 경우에만 조선의 무기로 간주했습니다. 자료의 부족으로 인하여 명확한 결론을 내리기 어려운 문제에 대해서는 충분한 근거를 갖추지 못한 개인적인 추론을 바탕으로 내용의 얼개를 엮었습니다. 이는 결코 학문적인 태도는 아니겠으나, 전통 무기와 관련된 대중적인 개론서를 지향하는 이 책의 의도에는 부합된다고 생각합니다.

이 책을 쓰는 과정에서 조선시대의 무기와 갑옷에 대해 선구적인 연구를 행하신 여러 선배분들께 큰 존경심을 느끼지 않을 수 없었습니다.

조선의 전통 화포에 대해 선도적인 연구를 하셨던 고故 허선도 교수님, 전통 과학기술사 분야의 고 최주 교수님, 조선의 무기에 대해 최초로 체계적인 연구를 수행했던 고 존 부츠, 전통 무기에 관한 자료를 집대성한 최초의 서적인 《한국 무기 발달사》를 펴내고 다수의 전통 병서를 번역하신 국방군사연구소의 여러 연구자들, 전통 활과 화살의 복원을 위해 노력해 오신 영집궁시박물관의 유영기 선생님과 유세현 선생님 등은 전통문화를 사랑하는 많은 이들에게 오래도록 기억될 것입니다.

아울러 조선의 군사 유물을 체계적으로 수집하고 연구해 오신 육군박물관과 전쟁기념관의 관장님 이하 여러분들, 고전 원전의 대부분을 집에서 쉽게 찾아볼 수 있도록 이미지 정보 시스템을 구축해주신 역사정보통합시스템과 국방전자도서관의 관계자 여러분들께 특별히 감사 드립니다.

그리고 끝으로 이 책을 쓰느라 밤마다 컴퓨터 앞에 앉아 있던 남편에게 잔소리 한번 하지 않았던 착한 아내와 양가의 부모님께 이 책을 바칩니다.

2004년 9월, 민승기

차 례

七 · 창 175

八 · 타격기 203

九 · 총통 221

十 · 조총 275

十一 · 기타 화약 무기 287

十二 · 화거 305

1. 척관법으로 기록된 조선시대의 제반 무기 규격을 미터법으로 환산하는 경우, 주척은 21cm로 환산했으며 영조척은 31cm로 환산했습니다. 또한 1보步는 주척으로 6척에 해당하는 126cm로 환산했습니다. 무게의 경우 1근은 641.95g으로, 1냥은 40.1218g으로 환산했습니다.

2. 주요 고전 문헌에 사용된 척도의 종류에 대해서는 잠정적으로 아래와 같이 판단했습니다.

문헌	척도	근거
세종실록(1454)	주척	화살대의 길이 비교
국조오례의(1474)	영조척(화기)	총통 유물과의 비교
화기도감의궤(1615)	영조척	본문에 영조척 명시
화포식언해(1635)	주척	본문에 주척 명시
무예도보통지(1790)	주척	병사의 신장과 비례 검토
이충무공전서(1795)	주척(병기), 영조척(전선)	팔사품 유물 규격 비교
융원필비(1813)	주척	본문에 주척 명시
훈국신조기계도설(1869년 이후)	영조척	창자루의 두께 비교
훈국신조군기도설(1869년 이후)	주척	융원필비와 동일

3. 이 책에 수록된 모든 사진의 저작권은 해당 사진의 촬영자에게 있습니다. 또한 고전에서 인용한 도면의 일부는 독자의 이해를 돕기 위해 수정을 가했습니다.

一 · 조선의 군사체계

조선시대의 기본 법전인《경국대전經國大典》을 보면 갑옷, 방패, 화포는 민간인이 소지할 수 없지만, 그 나머지 활과 화살, 창, 도검, 쇠뇌, 차ﹶ 등은 얼마든지 소지할 수 있었다. 하지만 전통적으로 조선시대에는 일반인이 집 안에 무기를 소장하는 일이 적었고, 더군다나 공공연히 무기를 휴대하고 다니며 서로 간에 살상을 벌이는 일은 극히 드물었다. 따라서 조선의 무기와 갑옷은 대부분 군사적인 용도로 사용된 것들이며, 조선의 군사계도 및 전술에 대한 이해 없이는 당시에 사용된 무기와 갑옷의 성격을 제대로 이해하기 힘들다. 다음에서는 조선시대의 각 시기별 군사 전술 및 무기체계, 그리고 이 무기를 사용했던 사람들에 대해 간략히 살펴 본다.

조선의 전술체계
戰術體系

조선시대의 전술체계는 조선왕조 500년간 여러 번 변화를 겪어왔으나, 크게 보자면 조선 전기에는 기병과 보병을 균형 있게 사용하는 탄력적인 '오위진법五衛陣法'을 근간으로 했고, 임진왜란 이후에는 중국의 '절강병법浙江兵法'이 전술체계의 기본이 되었다. 조선 후기로 오면 중국의 절강병법만으로는 청나라의 기병을 상대하기 어려웠기 때문에, 조선 전기의 오위진법을 부분적으로 부활시키고 화거와 기병을 집중적으로 운용하는 '거기보전車騎步戰'을 추구하게 된다.

오위진법 ─ 조선 전기

조선 초기의 전술은 고려시대의 진법을 그대로 계승하는 데서 출발하여, 정도전의《진법陣法》과 하경복 등의《계축진설癸丑陣說》로 발전을 거듭했다. 그리고 이 모든 조선 전기의 진법을 집대성하여 구체적인 병법서로 완성한 것이 바로 문종의《오위진법五衛陣法》이었다. 문종의 오위진법은 군사를 다섯 개의 부대로 나누고, 보병과 기병을 균형 있게 운용하면서 사방의 적을 막고 각 부대 간에 상호지원 할 수 있도록 만들어진 탄력적인 진법이었다. 오위진법에서 대장군 아래에는 오위五衛라는 다섯 개의 부대가 있으며, 각 위의 위장衛將 밑에는 다시 오부五部가 있으며, 각 부 아래에는 다시 사통四統, 즉 네 개의 최소 전술단위 부대가 있다. 이 사통 중 두 부대는 기병이고 나머지 두 부대는 보병으로 구성된다.

기병 부대는 말을 타고 활을 쏘는 기사騎射가 60%, 창을 사용하는 기

무장한 팽배수

조선 전기에 방패로 무장한 팽배수의 장비를 재구성한 그림이다.
조선 전기에는 대부분의 병사가 갑옷과 투구, 환도를 갖추었다.
《세종실록》(재구성).

창騎槍이 40%를 차지한다. 기사는 조선의 전통 활인 짧은 각궁으로 적
진을 교란하고 포위 공격을 가하며, 적진이 흐트러지면 장창을 든 기
창이 돌격전을 실시했다. 기병은 모두 철갑옷으로 무장했으나, 말에는
갑옷을 입힌 기록이 없다. 당시에 기창과 기사는 모두 환도를 지녔으
므로, 혼전이 벌어지면 환도가 주된 무기가 되었을 것이다. 기병의 또
다른 임무는 척후활동이었다. 현재의 예비대 성격인 유군遊軍의 기병
일부는 본진의 외곽 밖 십여 리까지 진출하여 적의 접근 상황을 감시
했다.

　보병은 활(弓), 총통(銃), 장창(槍), 장검(劍), 방패(彭排)의 다섯 가지 병
종을 균등하게 갖추었는데, 총통과 방패는 반드시 한 통에 20%씩 포

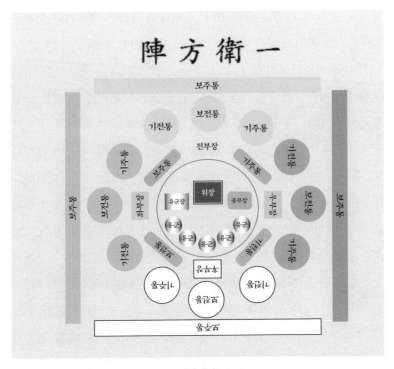

일위방진

일위방진은 하나의 위가 펼치는 가장 기본적인 진법으로,
중앙에는 위장을 중심으로 예비대인 유군이 배치되어 있고 위장에게 속한
다섯 개의 부가 각각 전후좌우와 중앙에 있다. 기병과 보병은 각각 진에 머물러
싸우는 주통과 나아가 싸우는 전통으로 나뉘어 있다. 《진법》.

함시키며, 나머지 궁수, 창수, 장검수는 상황에 따라서 가감하거나 혹
은 도끼와 철퇴로 대체할 수 있었다. 보병이 전열을 갖추었을 때 최일
선에는 팽배수가 나무 방패와 환도를 들고 줄지어 서고, 그 다음 열에
는 총통수가 청동으로 주조한 화포에 화살을 넣고 대기했다. 세 번째
열에는 창수가 장창을 지니고 서서 적의 근접을 저지하며, 네 번째 열
에는 긴 자루가 달린 외날 칼인 장검으로 무장한 검수가 창의 안쪽으
로 파고드는 적을 공격했다. 마지막 줄에는 궁수弓手가 곡사무기인 각

궁으로 멀리 있는 적을 공격했다. 당시의 보병들은 철편이나 혁편을 가죽끈으로 엮어서 만든 찰갑札甲으로 무장했으며, 총통군을 제외한 모든 병사가 환도를 휴대했다.

하나의 위衛가 펼치는 가장 기본적인 진법인 일위방진一衛方陣을 중심으로 각 부대의 배치를 살펴보면, 위장에게 속한 다섯 개의 부가 각각 전후좌우와 중앙에 배치되며, 위장의 곁에는 예비대인 유군이 배치된다. 각각의 부에 편성된 기병부대와 보병부대는 진에 머물러 수비하는 주통駐統과 나아가 싸우는 전통戰統으로 나뉜다. 적이 접근해 오면 주통과 전통이 합세해서 방어하고, 적이 물러가면 주통은 진을 지키고 전통은 나가서 싸운다. 수비를 중시하는 이러한 형태의 전법은 정도전이 고안한 것인데, 이는 한두 번의 승패로 인해 전군이 일순간에 무너지는 것을 막기 위한 것이다. 부대가 행군 중에 적을 만나더라도 앞서 가던 부대는 현 위치를 고수할 뿐이며, 후방의 부대가 전방으로 진격하고, 좌우익은 측면에서 적을 포위하여 적극적인 공격을 펼치게 된다.

이 오위진법은 조선 초기에 북쪽 국경을 어지럽히던 여진족과 몽골계 일족인 오이라트 등 북방 기병을 상대하기 위해 개발된 전술이었으며, 따라서 기병의 비중이 높은 편이다. 또한 전면 방어보다는 사방에서의 공격에 대응할 수 있는 능력을 중시했기 때문에, 각 부대 간에 상호지원이 용이하도록 고안되었다. 이 오위진법은 조선 전기에만 채택된 것이 아니라, 중국식 절강병법의 한계가 드러난 조선 후기에도 채택되었다.

절강병법 — 조선 중기

임진왜란이 발발한 이후 조선의 진법은 명나라의 장군 척계광이 지은

원앙진

조선 후기 살수대의 진형을 재구성한 그림이다. 맨 앞에서부터 등패 두 명,
낭선 두 명, 장창 두 명 그리고 당파 두 명이 도열하고 등패 바로 뒤에 대장이
자리를 잡으며 취사병인 화병은 맨 뒤에 선다.《병학지남》(재구성).

《기효신서紀效新書》와 이를 발췌하여 조선에서 편찬한《병학지남兵學指南》
을 따르게 된다.《기효신서》는 척계광이 중국 남부에서 왜구를 토벌하
기 위해 농민군을 편성하고 훈련시킬 때 저술한 병서로 진법과 신호
체계, 무기체계 및 무기 사용방법 등을 폭넓게 수록하고 있다.《기효신
서》에서 한 부대는 창검을 사용하는 살수대殺手隊와, 조총으로 무장한
조총부대로 구분된다.

　전체 부대원의 20%의 비율로 구성되는 조총부대는 진의 가장 전방
에 포진하여, 적이 100보 이내로 접근했을 때 일제사격을 가한다. 사격

할 때는 모든 조총수가 한꺼번에 발사하는 것이 아니라, 다섯 줄의 열을 짓고 차례로 나가서 발사하는 윤방輪放을 실시한다. 조총부대의 병사들은 조총 외에도 쌍수도를 지니며, 조총부대의 대장과 화병은 살수대와 동일한 무장을 한다.

살수대는 대장 한 명과 취사병인 화병火兵 한 명, 등패藤牌 두 명, 낭선狼筅 두 명, 당파鐺把 두 명, 그리고 장창長槍 네 명 등 총 열두 명으로 구성된다. 등패는 등나무 줄기로 만든 가벼운 방패와 투창, 환도로 무장한 병사이며, 낭선은 가지가 많이 달린 대나무 창으로 적의 접근을 저지하는 역할을 한다. 장창은 나무로 만든 창을 사용하여 가장 적극적인 공격을 펼친다. 마지막으로 삼지창의 일종인 당파를 지닌 당파수는 로켓형 화약 무기인 화전火箭을 창에 걸어 놓고 발사한다. 《병학지남》의 장단상제편長短相濟編에는 각 병기 간의 상호관계를 다음과 같이 기술하고 있다.

두 방패가 나란히 늘어서면 낭선으로 각각 방패 하나씩을 덮고 장창 두 자루는 방패수 한 명과 낭선수 한 명을 맡는다. 짧은 병기는 장창의 느림을 막을지니, 이는 도적을 죽이고 반드시 이기는 으뜸 싸움 법이라. 낭선으로 방패를 쓰고 창으로 낭선을 구하고 당파로써 창을 구하느니라.

적이 100보 이내로 접근하면 살수대에 속한 당파수와 대장은 조총수 곁으로 달려가 함께 화전과 화살을 쏜다. 적이 더 가까이 육박해 오면 등패수는 투창을 던지고 적의 칼을 막으며, 낭선은 적의 접근을 저지하고, 장창은 등패와 낭선으로 차단된 적을 적극적으로 공격하며, 당파가 이를 보조한다. 이때 조총수는 조총을 버리고 쌍수도를 뽑아 양손으로 휘둘러 적을 공격한다.

이상의 절강병법浙江兵法은 중국에서 왜구를 물리치는 데는 상당한 효과를 거둔 전술이었으나, 부대 구성이 보병 위주이고 진법의 대부분이 한쪽 방향으로 공격해 오는 적만을 막을 수 있도록 고안되어 있었기 때문에 탄력적인 부대 운용이 어려웠다. 청나라의 기병은 기동력을 이용하여 아군 방진의 후면이나 측면 등 어느 한 면에 대해서 집중적인 공략을 실시함으로써 어렵지 않게 보병의 대오를 무너뜨릴 수 있었다. 또한 창검의 사용을 꺼리던 당시의 풍조 때문에 조선군은 살수殺手를 충분히 확보하기도 어려웠고, 조총의 공급 부족과 느린 연사 속도, 날씨에 따른 총기 운용상의 제약 때문에 종래의 장기였던 궁시弓矢를 완전히 배제하지도 못했다. 따라서 결국 임진왜란 이후의 조선군은 조총으로 무장한 포수砲手를 중심으로 하되, 살수와 더불어 사수射手를 양성하는 삼수병三手兵 체제로 정착되었다.

거기보전 — 조선 후기

개전한 지 겨우 일주일 만에 한양이 함락되고 국왕이 남한산성에 고립되었던 병자호란은 조선인들에게 커다란 충격을 주었다. 조선은《병학지남》에 의거하여 포수와 살수, 궁수를 양성하고 국경에서 한양에 이르는 여러 지역에 성을 쌓아 청나라의 공격을 막으려 했지만, 청태종은 국경의 여러 요새를 우회하여 그대로 한성을 공략했다. 이로써 조선은 보병만으로는 강력한 철기병을 가진 청나라 군대를 상대하기 어렵다는 점을 깨닫게 되었다. 이에 조선은 기병을 적극적으로 운용하던 조선 전기의 오위진법을 일부 복원하는 한편, 척계광의《연병실기鍊兵實記》에 수록된 전거전戰車戰을 도입하게 된다. 전거와 기병, 보병을 함께 운용하는 거기보전車騎步戰은 선조 때에 이미《연병지남鍊兵指南》의 편찬

조선 후기의 보병

조선 후기 보병의 표준적인
무장 내용을《융원필비》의 그림을
바탕으로 재구성했다. 조선 후기의
보병은 대부분이 조총수였으며,
중앙군의 경우 보병 대부분이
갑주로 무장했다.

마병수기도

이 그림은《연병지남》의
경기병과 중기병의 무기체계를
그린 것으로 당시 기병의
무기체계를 한눈에 볼 수 있다.
궁중유물전시관 소장.

을 추진하면서 관심을 끌었지만, 광해군 4년(1612)에야 비로소 이 책이
간행되었다. 조선은 거전을 수행하기 위해서 각 부대의 화거와 대형
화기 보유량을 증가시켰고 조총수의 비중을 늘리는 한편, 쾌창 등 보
조 화기를 도입했다. 또한 장창이나 투창같이 기병을 상대하는 데 적
절하지 못하다고 판단되는 무기들은 무기 편제에서 제외하고, 대신에
구창과 협도곤 등을 추가했다.

《융원필비戎垣必備》의 화거방진도火車方陣圖를 보면, 하나의 방진은

100량의 화거와 20량의 목화수거木火戰車로 편성되는데, 화거는 한 대당 50개의 조총을 장착하여 대량의 화력을 적에게 퍼붓고, 진문에 배치된 목화수거는 15개의 조총을 장착하여 진의 위엄을 보이는 한편 화력 통제기로서의 역할을 한다. 보병과 기병은 모두 방진의 안쪽에 들어가 화거와 함께 사격을 하다가 적이 물러가면 기병이 출격하여 편곤과 언월도 등으로 적을 타격하며 보병은 화거를 밀면서 전진한다.

조선은 거기보전의 구현을 위해《융원필비》화거를 포함하여 다양한 종류의 전투용 수레를 개발했지만, 현실적으로 조선군이 거기보전을 구현하는 데는 어려움이 많았다. 조선의 지형은 산이 많아서 전거를 운용할 수 있는 지역이 제한적이었으며, 거기보전을 수행하는 데 필요한 전거와 군마를 대량으로 조달하는 것도 쉽지 않았다. 게다가 조선 후기에는 비교적 평화로운 시기가 계속되었기 때문에 엄청난 경제적 부담을 감수해가면서 대규모 전거 부대를 유지하기는 어려웠다. 《만기요람萬機要覽》에는 훈련도감에 모두 51량의 전거가 비축되어 있다고 했는데, 이 정도 수량으로는 하나의 거진도 구성하기 어렵다. 따라서 실제적으로 조선 후기 병사들은 대부분 조총수였고, 활과 편곤으로 무장한 기병과 불랑기佛狼機 같은 대형 화포로 무장한 포수가 조총수를 지원하는 체제가 유지되었다.

조선의 무인들
武人

조선에서 무기와 갑옷을 사용하던 무인 집단 중 최상위 계층에는 무과 시험을 통해서 선발된 무관들이 있었다. 그 아래에는 무예 시험을 통해서 선발된 직업군인 계층이 있었으며, 그 아래의 나머지 일반 병사들은 1년에 몇 개월간 의무적인 군역을 부담하는 농민들이었다. 그 외에도 제도권 밖에는 사사로이 무기를 갖추고 범죄를 일삼던 화적과 검계의 무리가 있었다.

(1) 무관

조선시대의 무관은 태종 때부터 실시된 무과시험에 의해서 선발되었다. 3년마다 실시되는 식년시는 각 지방에서 실시하는 초시, 한양에서 실시하는 복시 그리고 마지막으로 어전에서 행하는 전시 세 단계를 거쳐 이루어졌다. 여기에서 최종적으로 선발된 무관은 종9품에서 시작하여 종2품까지 승진할 수 있었다. 조선의 무과시험 과목으로는 경전과 무예가 있었다. 경전 과목에서는 사서오경과 《경국대전》, 그리고 여러 가지 병서들을 시험했으며, 무예 과목에서는 조선 전기의 경우 목전, 철전, 편전, 기사, 기창, 격구 등 여섯 가지를 시험했고, 조선 후기에는 유엽전과 조총, 편곤 등이 추가되었다.

무과시험을 통해 선발된 무관 계층은 고위 직업군인으로서 직접 병사들을 장악했으며, 무예 실력과 함께 기본적인 소양을 갖추고 있었다. 하지만 조선에서는 문반 출신들이 최상위 무관직을 맡아서 이들 무반 출신을 철저히 장악했기 때문에, 고려시대처럼 무반이 정권을 장악하는 일은 발생하지 않았다.

(2) 직업군인 집단

조선 전기의 직업군인인 갑사甲士는 무관과 달리 편전, 기사, 보사步射와 수박手搏 등 무예만을 시험하여 선발했다. 이들은 원래 하층 양반이나 유복한 양인 출신이었으며, 근무 성적에 따라서 9품에서 4품까지 승진하며 녹봉을 받을 수 있었다.

갑사들 중에서 북쪽의 국경 지대에 근무하는 갑사를 양계갑사兩界甲士라고 했고, 한양에서 궁성을 수비하는 갑사들을 경갑사京甲士라고 했다. 그 밖에 호랑이 사냥을 전문적으로 하는 갑사들은 착호갑사捉虎甲士라고 했다. 갑사는 일년 내내 근무하는 것이 아니라, 순번을 나누어 몇 개월 근무한 후 고향에 내려가 일정 기간 생업에 종사하는 순환근무제를 실시했으며, 고향에 내려가 있는 동안에는 해당 지역을 담당한 지휘관의 통제를 받았다. 갑사의 규모는 시기마다 달랐지만, 그 수가 가장 많았던 성종시대에는 대략 1만 5천 명의 갑사가 있었다.

조선 후기에는 중앙 오군영의 직업군인들이 조선 군사력의 핵심을 이루었다. 훈련도감, 어영청御營廳, 총융청摠戎廳, 금위영禁衛營, 수어청守禦廳을 이르는 오군영은 임진왜란 이후에 국왕과 도성의 호위를 목적으로 점차적으로 신설되었다. 가장 대표적인 군영인 훈련도감은 인원이 5천여 명 내외였고, 포수와 사수, 살수 등 삼수병으로 편성되었다. 오군영의 군사들은 복무의 대가로 나라에서 급료를 받아 생활했다.

갑사와 오군영의 병사들은 조선시대의 군인 집단 중에서 유럽의 기사 계급이나 일본의 사무라이 계급과 가장 유사한 집단이라고 볼 수 있다. 하지만 조선 전기 갑사들의 경제적 토대는 군인으로서의 직위보다는 향리에 있는 자신의 토지였으며, 조선 후기의 오군영 병사들은 급료를 받아서 생활하는 하층민에 불과했다. 게다가 이들 직업군인들은 일반 하급 군사들을 직접 장악할 수 있는 위치에 있지 않았기 때문에 강력한 권력 집단으로 성장하지는 못했다.

(3) 일반 병사

조선시대의 일반 병사들은 학생과 현직 관리를 제외한 16세 이상 60세 이하의 모든 백성들에게 부과되는 병역의무를 이행하기 위해 모집된 사람들이었다. 하지만 모든 병역의무자가 직접 병역의무를 수행하는 것은 아니었다. 병역의무자 세 명을 한 단위로 하여 이 중 한 명이 정군正軍, 즉 실제로 군역을 행하는 군사가 되면, 나머지 두 명은 1년에 베 한두 필을 내서 정군을 경제적으로 지원했다. 조선 전기의 병사 대부분은 정군으로 구성되었으며 이들은 각 진관에 근무하거나 혹은 한양에 올라가 시위군으로 근무했다.

그 밖에 조선 전기에는 지금의 예비군이나 민방위에 해당하는 군사 조직인 잡색군이 있었다. 잡색군에는 군역을 담당하지 않은 거의 모든 양인과 천인들이 소속되었으며, 평소에는 생업에 종사하다가 변란이 일어나면 동원되어 향토 방어에 나섰다.

조선 후기에도 일반 백성들은 원칙적으로 조선 전기와 마찬가지로 군역을 부담했으며, 이들은 양천을 구분하지 않고 속오군에 편성되어 적어도 1년에 한 번은 군사훈련을 받아야 했다. 한때 속오군은 정원이 20만 명을 넘었지만, 영조시대가 되면서 훈련은 거의 유명무실해지고 양반과 양인들은 모두 속오군에서 빠져버려 천인들로만 구성된 가공의 군사 조직이 되고 말았다. 조선 후기 대부분의 병역의무자는 1년에 베 한 필 혹은 두 필을 나라에 바치는 것으로 군역을 마쳤다.

(4) 화적

조선시대에는 기근이 들거나 관리와 토호들의 수탈이 심해지면 백성들은 어쩔 수 없이 가족을 이끌고 산으로 들어갈 수밖에 없었다. 이들은 대부분 화전을 일구거나 채집으로 근근이 목숨을 이어갔지만, 무리가 커지고 무장을 갖추면서 고개를 넘는 행인들을 털거나 산 아래의 민가를 약탈했다. 국정이 문란해진 시대에는 자연히 산적의 숫자가 늘기 마련이었고, 홍길동이나 임꺽정, 장길산 같은 큰 도적은 여러 지역의 산적 두령들과 연합하고 창검과 조총으로 무장한 채 관가를 습격하기까지 했다. 명종시대에 활동했던 임꺽정(林巨正)은 황해도와 경기도 일원에서 관가의 창고를 털어서 백성들에게 나누어 주어 의적으로 불렸다. 그는 자신을 체포하려던 개성의 포도관 이억근을 살해했고, 평산 마산리에서는 500여 명에 이르는 관군의 공격을 받고도 오히려 부장한 사람을 죽이고 여러 마리의 말을 빼앗아 달아났다.

화적 무리들은 창검과 활은 물론 화약 무기까지 갖추었으며, 무예와 담력이 뛰어나 지방의 군사들로는 이를 막기 어려웠다. 하지만 이들은 백성들을 이끌 만한 비전이 없었고, 여럿이 모여서 자신들을 고변한 백성의 배를 갈라 죽이는 등 흉포한 성향을 보였기 때문에 결과적으로 백성들의 고단한 삶을 더 어렵게 만들었을 뿐이다.

(5) 검계

검계劍契는 숙종시대에서 순조시대에 이르기까지 약 120여 년간 존재했던 도성 내의 폭력 집단이다. 이들은 무기를 갖추고 폭력과 강간, 약탈을 일삼았다는 점에서는 화적들과 크게 다를 바가 없었으나, 출신 계층이 주로 중인이나 무반 계층이었고 대부분 도성 내에서 활동했다는 점이 특징이다. 영조 당시에 검계를 소탕했던 훈련대장 장붕익張鵬翼의 일대기를 적은 이규상의 《장대장전張大將傳》에서는 검계의 무리들을 다음과 같이 묘사하고 있다.

한양에서는 오래 전부터 무뢰배의 무리가 있었으니 이를 검계劍契라고 한다. 계契는 우리 나라에서 사람의 무리를 일컫는 말이다. 검계의 사람들은 몸에 칼자국이 없으면 일원으로 받아들이지 않는다. 낮에는 자고 밤에 돌아다니며 안에는 수 놓은 비단옷을 입고 겉에는 해진 옷을 입는다. 맑은 날에는 나막신을 신고 비 오는 날에는 가죽신을 신는다. 삿갓 위에 구멍을 뚫어 깊이 눌러쓰고는 그 구멍으로 남을 내려다본다. 혹은 스스로를 왈자曰者라고 부른다. 그 종적이 도박장과 창기의 집에 두루 미친다. 쓰는 재물은 모두 사람을 죽이고 약탈한 것이며 양갓집 여자들이 이들에게 자주 겁간을 당했다. 그러나 그들 중 부유한 집의 자식들이 많았기 때문에 오랫동안 제압하지 못했다. 장대장이 포도대장으로 있는 동안 검계의 무리를 대부분 잡아들여 발꿈치를 잘라 모든 사람들로 하여금 보게 하였다.

이상의 내용을 보면 검계는 단순히 생계를 목적으로 강도질을 일삼는 무리가 아니었다. 이들은 나름대로의 재력과 배경을 갖춘 유복한 계층이지만 제도권 안으로 편입되지 못한 자들이었고, 폭력을 통해 자기를 과시하고 싶어 했던 무리였음을 알 수 있다. 이들은 기생집과 도박장을 본거지로 활동하면서 무예를 뽐내고 타고난 협기를 발휘했으며, 강탈과 강간 등 온갖 범죄를 유희처럼 즐겼다. 검계는 일본 무사와 마찬가지로 검을 지니는 것을 자신들의 상징으로 여겼기 때문에, 소와 송아지를 팔아서까지 검을 차고 다녔으며 숙종 때에는 공공연히 모여 진법을 연습하기까지 했다.

검계의 활동 기록을 살펴보면 이들은 단순한 폭력 집단이었을 뿐, 특정한 비전이나 개혁 의식을 가졌던 흔적은 나타나지 않는다. 다만 이들은 창검술이 천대받던 조선에서 검과 검술에 강한 애착을 보였던 집단이라는 점에서 관심을 끈다. 영조 9년에 훈련대장 장붕익의 집에 검계의 일원으로 보이는 자객이 들었는데, 어릴 적부터 무예로 이름이 높았던 장붕익조차도 이를 쉽게 제압하지 못했다.

잠결에 창 밖의 사람 그림자를 보고서 칼을 들고 나가니, 사람이 칼을 가지고 대청 마루 위에 섰다가 이내 뛰어서 뜰 아래로 내려가므로, 함께 칼날을 맞대고 교전하여 바깥 문까지 옮겨갔었는데, 그 자가 몸을 솟구쳐 담에 뛰어올라 달아났습니다.

二.

활

우리 민족이 잦은 외침外侵에도 불구하고 이 땅의 주인으로 계속 남을 수 있었던 데는 산성山城의 존재와 함께 활의 역할이 가장 컸다. 활이 한반도에 처음 등장한 것은 기원전 5000년경의 신석기시대였다. 당시의 활은 단순 목궁이었을 것으로 보이지만, 현재는 돌과 뼈, 짐승 어금니로 만든 화살촉만이 남아 있을 뿐이다.

한반도에서 가장 오래된 활 유물은 평양에서 출토된 뼈로 만든 활채인데, 이 활이 제작된 시기는 고구려시대로 추정된다. 당시의 고분벽화를 보면 고구려인은 전형적인 이중 만곡궁을 사용했으며, 오吳나라의 손권孫權에게 각궁角弓을 바친 기록이 있는 것으로 보아, 당시에 이미 짐승의 뿔로 만든 합성궁을 사용했음을 알 수 있다. 이민족과의 싸움이 잦았던 고려시대에도 활은 핵심적인 병기 중의 하나였다. 《고려도경高麗圖經》에는 고려의 활이 탄궁彈弓과 모양이 비슷하고, 활채의 길이가 5척이라고 했으며 화살이 매우 멀리 날아간다고 했다.

조선시대에도 짐승의 뿔로 만든 각궁이 조선군의 주력 무기로 사용되었다. 조선은 문관 중심의 사회로 대부분의 무예를 천시했지만, 활쏘기만은 공자 말씀에 군자가 익혀야 하는 육예(禮, 樂, 射, 御, 書, 數) 중의 하나로 꼽혔기 때문에 문반과 무반을 불문하고 모두 활쏘기를 익혔다. 특히 무관의 경우에는 여섯 가지 무과 초시 과목 중에서 활쏘기가 무려 네 종목이나 되었기 때문에, 관직에 나아가려면 반드시 궁술을 익혀야 했다.

활은 일반적으로 단순궁單純弓, 강화궁强化弓, 합성궁合成弓으로 나뉘는데, 나무 등의 단일 소재로 만든 활을 단순궁이라고 하고, 활채를 나무껍질이나 힘줄 등으로 감아 보강한 것을 강화궁, 여러 가지 재료를 사용하여 활채의 탄력을 극대화한 것을 합성궁이라고 한다. 조선의 활은 합성궁에 해당되며, 특히 활채가 활시위를 묶는 고자 부분에서 한 번 더 휘는 이중 만곡궁의 일종이다. 조선 각궁의 재료는 물소뿔과 산뽕나무, 대나무, 소 힘줄, 벚나무 껍질 등이며 이들 재료를 민어로 만든 부레풀로 접합해서 활을 만든다. 이렇게 만든 활은 궁력

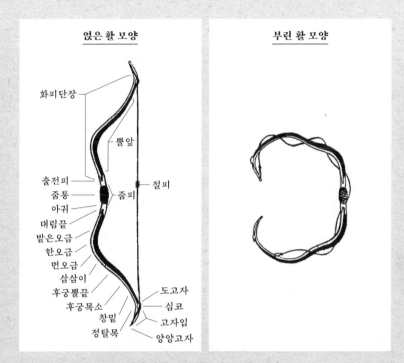

| 얹은 활 모양 | 부린 활 모양 |

화피단장
뺄앞
출전피
줌통 — 줌피
아귀
대림끝
받은오금
한오금
먼오금
삼삼이
후궁뺄끝
후궁목소
창밑
정탈목
절피
도고자
십코
고자입
양양고자

활의 각 부분별 명칭, 《조선의 궁술》.

이 강할 뿐만 아니라 길이가 매우 짧아서 말 위에서 사격하는 데 매우 편리했다. 세조 4년의 기록에는 활 120근(77kg)을 당기는 사람을 만강대彎强隊라는 시위대로 편성했는데, 120근이라면 현대 양궁(약 11.3~20.4kg)의 약 3~4배의 궁력이 된다. 그만큼 조선시대에는 활의 성능도 뛰어났고 활을 다루는 무인들의 솜씨도 대단했다. 조선이 활의 나라였던 만큼 사용된 활의 종류도 매우 다양했다. 조선의 활을 재질과 용도, 제조원에 따라서 나누어 보면 다음과 같다.

재질에 따른 분류

조선시대에는 물소뿔로 만든 흑각궁黑角弓이 가장 대표적인 활이었지만, 흑각은 우리나라에서 생산되지 않기 때문에 조달에 어려움이 많았다. 또한 날씨가 습한 여름에는 부레풀이 풀려서 흑각궁을 사용하기 어렵기 때문에 다른 재료로 만든 보조적인 활이 필요했다.

조선시대에는 짧은 물소뿔 조각을 사용해서 만든 활을 후궁輠弓이라고 했으며, 사슴뿔로 만든 활은 녹각궁鹿角弓, 황소뿔로 만든 활은 향각궁鄕角弓이라고 했다. 또한 몇 종류의 나무를 합성하여 만든 활은 교자궁交子弓이라고 했고, 나무로만 만든 활을 목궁木弓이라고 했다. 그 밖에도 대나무로 만든 활인 죽궁竹弓과 철이나 놋쇠로 만든 철궁鐵弓, 철태궁鐵胎弓 등이 있었다.

한편, 활을 만드는 재료와 관계없이 활채에 검은 옻을 칠한 것을 노궁盧弓, 주사를 이용하여 붉게 칠한 것을 동궁彤弓이라고 불렀는데, 이것들은 궁중의 사냥과 의례에만 사용되었다.

용도에 따른 분류

조선시대의 활은 그 용도에 따라서 전투용으로 사용되는 군궁과 활쏘기 연습에 사용하는 평궁, 의례에 사용하는 예궁과 무과시험에 사용하는 육량궁으로 나뉜다.

군궁軍弓은 그냥 각궁이라고도 하고, 혹은 동개(가죽으로 만든 활집)에 넣어 휴대한다고 해서 동개활이라고도 한다. 이 활은 전쟁용으로 사용하므로 궁력을 높이기 위해 산뽕나무로 활채를 만들었고, 활채의 두께도 두꺼웠다. 군궁의 제작에는 뽕(桑), 뿔(角), 심(筋), 부레풀(膠), 실(絲), 칠(漆) 등 여섯 가지 재료가 들어간다.

평궁平弓은 주로 활쏘기 연습에 사용하는 활로, 현재의 국궁에 해당한다. 활채는 대나무로 만들고 산뽕나무는 활시위를 거는 고자 부분에만 사용한다. 평궁에 사용되는 재료는 뽕, 뿔, 심, 부레풀, 참나무, 대나무, 벗나무 껍질 등 일곱

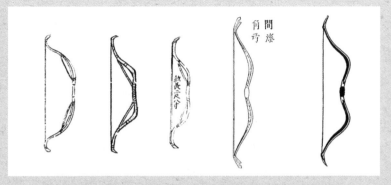

조선시대 내내 활의 기본 형태에는 큰 변화가 없었다. 다만 현재의 국궁과
비교했을 때 조선시대의 활은 고자 부분이 훨씬 크고 튼튼하게 만들어졌다.
왼쪽부터《세종실록》《국조오례의》《악학궤범》《조선의 궁술》《용원필비》.

가지이다.

　예궁禮弓은 군궁과 동일한 재료로 만들며 활의 길이는 6척이다. 이 활은 궁중
의 대사례나 지방의 향사례에 사용되었다고 전해진다.

　육량궁六兩弓 혹은 정량궁正兩弓은 무거운 화살인 육량시六兩矢를 쏘는 활로서
무과시험에서 주로 사용했다. 육량궁을 만드는 재료는 군궁과 같으며, 다만 길
이가 5척 5촌(170.5cm)으로 매우 긴 편이다.

제조원에 따른 분류

조선시대의 활은 대부분 월과군기月課軍器라고 하여, 각 지방이나 관청에서 매월
의무적으로 납부하는 활에 의하여 충당되었다. 또한 국왕의 축일에 각 관청이
특별히 제조하여 바치는 고급스러운 활은 방물궁方物弓이라고 했고, 궁중의 상
의원尙衣院에서 제작되는 고급 활은 상방궁尙房弓이라고 했다. 그 밖에 국왕이 친
히 사용하거나 혹은 신하들에게 하사할 목적으로 특별히 공을 들여서 제작하
는 활을 별조궁別造弓이라고 했다.

흑각궁

黑角弓

흑각궁의 핵심 재료인 물소뿔은 흑각黑角, 당각唐角, 수우각水牛角이라고도 부르며, 중국 남부 지방과 인도차이나반도 등지에서 수입되었다. 물소뿔 중에는 흰색이나 황색도 가끔 있으므로, 흰 물소뿔로 만든 것은 백각궁白角弓, 노란 물소뿔로 만든 것은 황각궁黃角弓이라고 했다. 각궁을 만들 때는 물소뿔의 바깥쪽 한 면만을 쓸 수 있고, 뿔 두 개로 활 한 자루를 만들기 때문에 흑각궁 제조에는 물소뿔이 대량으로 필요했다. 조선은 물소뿔을 중국과 일본을 통하여 수입했지만 항상 공급이 부족했고, 특히 조선 후기에는 청나라가 의도적으로 물소뿔의 교역을 제한했기 때문에 주로 일본을 통해서 수입했다. 조선은 몇 차례 물소를 수입해서 남부 지방에서 키워 보려고 했지만, 기후가 맞지 않아 번번이 실패하고 말았다.

물소뿔은 이렇게 힘들게 구해야 하는 재료였지만, 그만한 가치가 있었다. 물소뿔은 활채의 안쪽에 붙여서 활을 당겼을 때 탄력이 생기도록 해주는 재료인데, 당시에 얻을 수 있는 어떤 재료보다도 탄력이 좋고 오래갔다. 게다가 물소뿔은 가공하기도 좋고, 활채의 한 쪽 마디를 이음매 없이 댈 수 있을 정도로 길이가 길었다.

하지만 흑각궁의 강력한 힘의 비밀이 물소뿔에만 있었던 것은 아니다. 각궁은 활채의 바깥쪽에 소의 힘줄을 곱게 빗어서 붙이는데, 이 힘줄은 활을 당겼을 때 강한 인장력으로 인해 활이 부러지는 것을 막고 활의 복원력을 극대화해준다. 그 밖에 또 한 가지 반드시 언급해야 할 재료는 활채를 접합하는 접착제이다. 원래 각궁의 재료를 결합하는 접착제로는 소의 부산물에서 얻어지는 아교阿膠가 사용되었으나, 세종시

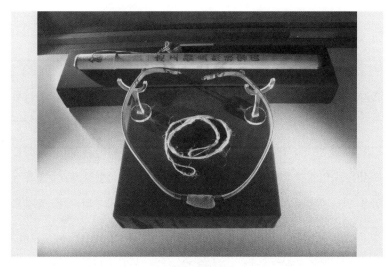

고종 호미명 각궁
대한제국의 황제였던 고종이 사용했다고 전해지는 각궁이다.
활에는 호미虎尾라는 각명이 씌어 있다. 육군박물관 소장.

대를 전후하여 민어의 부레로 만든 어교魚膠가 사용되기 시작했다. 이 민어 부레풀은 접착력이 우수할 뿐만 아니라 다 마른 후에도 실리콘처럼 상당한 유연성을 유지하기 때문에, 각기 다른 연신율延伸率을 가진 여러 재료를 접합할 때에도 재료 간의 연신율 차이로 인한 힘의 손실이 거의 발생하지 않는다.

그러나 흑각궁은 중요한 약점이 있었다. 흑각을 접착한 어교는 비가 오거나 기후가 습해지면 물을 머금고 녹아 풀어진다. 따라서 비가 오거나 습할 때는 흑각궁을 사용할 수 없었으며, 무더운 여름철에는 활을 따뜻한 온돌방에 넣어서 보관하는 점화(點火, 炕弓)를 해야만 활의 탄력이 유지되었다.

후궁

帿弓

흑각후궁黑角帿弓 혹은 후궁帿弓은 활 안쪽의 일부에만 물소뿔을 붙여서 만든 활이다. 후궁은 활채 중앙의 줌통에서 활채가 반대편으로 휘는 지점인 삼삼이까지만 물소뿔을 대고, 나머지는 뽕나무를 댄다. 조선은 흑각을 수입에만 의존했기 때문에 항상 흑각이 부족했고, 따라서 흑각 궁을 만들고 남은 물소뿔(殘角, 滓黑角, 陰角)이나 원래부터 작은 조각으로 수입된 물소뿔을 이용하여 후궁을 만들었다.

후궁은 중종 12년에 평안도 사는 전 내금위 맹형손孟亨孫이 처음 만들었다. 그가 처음으로 활의 안쪽에 잔각殘角을 붙이고 나머지 부분에는 나무를 붙여서 활을 만들었는데, 이 활은 비가 와도 파손되지 않았다고 한다. 비에 파손되지 않았다는 것은 결국 어교가 아닌 아교를 사용했다는 의미로도 이해되는데, 이는 흑각의 길이가 짧아서 재료 간의 연신력 차이가 그리 크지 않았기 때문에 가능했다고 생각된다. 정조 6년의 기록을 보면 청나라가 통 물소뿔(筒角)은 교역을 금했지만 조각난 흑각(片角)은 허용했다고 한다. 이 때문에 조선 후기에는 후궁을 더 널리 제작하여 사용하게 되었다. 《만기요람》을 보면 훈련도감의 기병들은 합성 목궁인 교자궁과 함께 후궁 한 자루를 반드시 휴대했다.

향각궁

鄕角弓

향각궁鄕角弓은 물소뿔 대신 황소뿔을 써서 만든 활로 상각궁常角弓, 상용 궁常用弓, 우각궁牛角弓이라고도 한다. 우리나라 황해도에서 자라는 황소의 뿔은 길이가 20∼40cm에 달했는데, 이 뿔 세 개를 부레풀로 이어서 활을 만들기 때문에 삼각궁三角弓이라고도 했다. 세종은 자신이 사용하는 향각궁이 매우 좋아서 당각궁唐角弓이 필요 없으니 이를 모방하여 활을 만들라고 지시하기도 했다. 하지만 향각궁은 흑각궁에 비해서 활의 위력이 부족했고, 세 개의 뿔을 부레풀로 연결하여 만들기 때문에 비가 많이 오는 여름철이면 뿔 사이를 연결한 부레풀이 풀려서 활이 자주 부러지곤 했다. 또한 활을 만들 뿔을 얻기 위해서 소를 도살하는 바람에 조선에서는 농사를 폐할 지경에 이른 적도 있었다.

《천공개물天工開物》을 보면 중국의 광동 지방에서도 황소뿔로 만든 활을 썼다고 한다. 물소뿔은 조선이나 중국 북부 지방에서는 나지 않는 것이므로, 과거에는 이 지역에서 모두 황소뿔이나 산양뿔로 각궁을 만들었을 것이다. 한편《만기요람》을 보면 향각궁 한 자루의 값은 쌀 2석에 해당되어 쌀 2석 7두 5승에 해당하는 흑각궁에 비해 30% 가까이 저렴했다.

녹각궁

鹿角弓

녹각궁鹿角弓은 물소뿔 대신 사슴뿔을 활의 안쪽에 대서 만든 활이다. 흑각궁은 날씨가 습한 여름에는 부레풀이 녹기 때문에 따뜻한 온돌방에 두어 온도와 습도를 계속 조절해 주어야만 한다. 따라서 이 기간 동안에는 흑각궁을 대체할 활이 필요한데, 향각궁으로 흑각궁을 대체하자니 농사에 필요한 소가 멸종될 것이 우려되었다. 이에 예종 1년에 양성지梁誠之는 여름철에 흑각궁의 대용으로 녹각궁을 사용하자는 상소를 올렸다. 그 결과 평소에 흑각궁을 차고 다니던 병사도 여름철이면 흑각궁을 따뜻한 온돌방에 모셔 두고 녹각궁을 대신 차고 다녔다.

우천 시에도 녹각궁을 사용할 수 있다고 한 것으로 보아, 녹각궁에는 사슴뿔 긴 것 하나를 이음매 없이 사용했고, 활시위를 풀었을 때 활채가 완전히 굽지 않았을 것으로 생각된다.

교자궁
絞子弓

교자궁(絞子弓, 校子弓, 交子弓)은 합성 목궁의 일종으로서 각궁이 부족하거나 혹은 날씨가 습하여 각궁을 쓰기 어려운 경우에 그 대용으로 사용했다. 교자궁이 문헌 기록에 처음 등장하는 것은 문종 1년이지만 그 이전부터 오랜 기간 사용되어 왔던 것으로 생각된다. 교자궁의 재료와 제조 방법에 대해서는 문종 1년의 기록에 다음과 같은 내용이 있다.

> …(교자궁은) 마디가 길고 두터운 대나무 조각과 저리갈나무 하나를 각궁
> 과 같은 체제로 묶어서 차는데….(節長厚片竹 及 沮里加乙木一 如角弓體制製造
> 絞結以佩)

이상의 기록으로 보건대, 조선 전기의 교자궁은 산뽕나무와 물소뿔로 만드는 흑각궁과 달리 저리갈나무(沮里加乙木 : 신갈나무로 추정)와 대나무를 사용하여 만들었으며, 저리갈나무와 대나무를 접착시키고 쇠심줄 등으로 묶어서(絞) 만들었던 것으로 보인다. 교자궁絞子弓이라는 이름은 끈으로 묶는다는 데서 유래한 것이며, 조선 후기의 교자궁校子弓 혹은 교자궁交子弓이라는 이름은 교자상交子床과 마찬가지로 몇 종류의 나무를 겹쳐서 만든다는 의미에서 사용된 것으로 보인다.

문헌 기록상의 교자궁 종류를
보면 교자장궁交子長弓, 죽교자장
궁竹交子長弓, 칠교자궁漆校子弓, 피교
자궁皮交子弓 등이 있는데, 이는 각
각 교자궁의 길이가 길거나 짧고
혹은 옻칠을 하거나 가죽으로 감
싸서 만든 것을 말한다. 조선 후
기에는 나무 활채와 교자 사이에
작은 흑각이나 우각을 비늘처럼
이어 붙여서(漁鱗間角) 탄력을 보
강한 간각교자궁間角校子弓을 한동

교자수노궁

현재 서울대학교와 연세대학교
에는 각각 수노기에 사용되었던
교자궁이 한 자루씩 보관되어 있다.
활채의 표면에는 쇠심줄이 단단히
감겨 있고, 그 안으로는 다른 종류의
나무를 겹쳐 묶은 것을 볼 수 있다.
서울대학교 박물관 소장.

안 널리 사용하였다. 그러나《승정원일기》영조 14년 12월 기사에서 금
위영은 간각間角을 사용하면 습기에 약해져서 쉽게 파손되는 문제가 있
음을 아뢰고, 간각 대신 대나무를 사용하여 제작한 간죽교자궁間竹校子弓
1,020장을 바치고 있다. 그리고 이 시기 이후에 제작된 교자궁은 대부
분 다시 대나무를 사용한 간죽교자궁이었던 것으로 보인다.

교자궁은 비록 각궁에 비해 궁력이 떨어지지만, 귀한 물소뿔을 사용
하지 않고 저렴하게 제작할 수 있는데다가 날씨와 관계없이 사용할 수
있었기 때문에 조선 후기에 오군영과 각 지방의 병영에서 대량으로 사
용되었다. 조선 후기의 오군영 중에서 가장 핵심적인 군영이자 직업군
인의 비중이 높았던 훈련도감에서도 기병이 후궁 한 자루와 함께 교자
궁 한 자루를 반드시 휴대했다. 현재 교자궁 유물은 알려진 것이 없다.
다만 서울대학교와 연세대학교가 소장한 수노궁手弩弓은 교자궁과 동일
한 형식으로 만들어졌으므로, 이를 통해서 조선 후기 교자궁의 형태를
추측해 볼 수 있을 따름이다.

죽궁
竹弓

대나무로 만든 죽궁竹弓은 왜인들이 흔히 사용하던 활이다. 일본은 날씨가 습하고 비가 자주 오기 때문에 물소뿔과 부레풀로 만든 합성궁을 사용할 수가 없었으며, 대신에 대나무를 쪼개서 만든 단순 죽궁이나 합성 죽궁을 사용했다. 조선에서도 한여름이면 일본과 마찬가지로 습도가 높고 비가 자주 오기 때문에 죽궁을 부분적으로 사용했다. 중종 11년에 병조판서 고형산高荊山이 죽궁을 만들어 바치면서, 죽궁이 목궁보다 활의 세기가 갑절은 되어 약 80보(약 100m)를 나가고 비를 맞아도 쓸 수 있으니 이를 널리 쓰도록 하자고 건의했다. 또한 효종 6년에는 대구부사 이정李溰이 신형 죽궁을 제작한 공으로 승진한 기록이 있다.

각궁이 발달한 조선에서 죽궁이 보편화될 여지는 없었으나, 제작의 간편성과 습기에 대한 저항력 때문에 조선시대 내내 꾸준히 죽궁이 제작되고 사용되었다. 정조 5년에 강화부에 내린 2천여 장의 활 중에는 50장의 죽궁이 포함되어 있으며, 《광주읍지》에서도 군기고에 66장의 죽궁이 있다고 했다. 《조선왕조실록》에 배를 타고 섬으로 일을 나가는 백성들이 죽궁을 휴대한 기록이 있는 것으로 보아, 민간에서도 죽궁을 널리 제작하여 사용한 것으로 보인다.

목궁
木弓

《재물보才物譜》에서 목궁木弓은 호弧라고도 했는데, 이 호는 원래 모든 활을 통칭하는 말이었다. 고대의 활 중에서 가장 초보적인 형태의 활은

순수하게 나무로만 만든 단순 목
궁이다. 이 목궁은 신석기시대부
터 사용되었으며 한사군시대의
낙랑 단궁檀弓 또한 단순 목궁의
일종이었을 것으로 생각된다. 활
과 활쏘기 기술이 고도로 발달했
던 조선에서도 목궁은 각궁을 보
완하기 위해 혹은 민간에서의 활
쏘기 연습을 위해 사용되었다.

회목궁
《만기요람》에 기록된 회목궁
혹은 회목궁의 일종이다.
육군박물관 소장.

조선 초기에는 목궁의 힘이 약하므로 이를 사용하지 말도록 하라는
전교가 여러 차례 있었으나, 각궁을 준비하기 어려운 병사의 경우에
는 임시방편으로 목궁을 휴대하도록 허락하기도 했다. 전반적으로 군
비가 허술해진 조선 후기에는 제작하기 쉽고 보관이 용이하다는 점 때
문에 목궁이 사용되었다. 성종 9년의 기록을 보면, 목궁으로 철전鐵箭
을 쏘면 40보(약 50m) 정도밖에 나가지 않아 이를 전쟁에 사용할 수 없
다고 했으며, 현재 새로이 복원되어 사용되는 목궁도 그 사정거리가
100m에 미치지 못한다. 문종 1년의 기록에 군용으로 제작하는 목궁은
탄력성이 높은 나무로 만들고 그 바깥쪽에는 말 힘줄 등을 아교로 붙
여 탄력을 높였다. 활의 표면에는 베(布)를 두르고 옻칠(漆)을 올리거나
혹은 가죽으로 싸며, 활시위로는 사슴 가죽끈을 사용한다고 했다.

《조선의 궁술》에서는 목궁을 산뽕나무(弓幹桑)와 앳기찌(弓幹木 혹은
山荳麻子)로 만든다고 했으며, 특히 앳기찌는 탄력이 좋아서 좋은 목궁
은 전체를 앳기찌로 만들고 그보다 못한 목궁은 활의 안쪽에만 앳기찌
를 댄다고 했다. 《만기요람》에는 그 밖에도 회목궁檜木弓, 회목궁灰木弓 등
이 기록되어 있다. 이 회목궁은 황해도 지역에서 오랫동안 사용되어

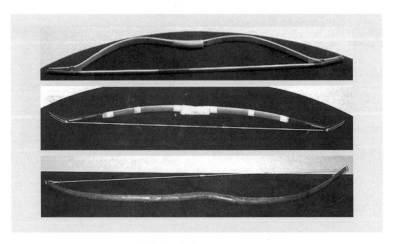

위에서부터 철궁, 죽궁, 목궁

이들 활은 조선시대의 주력 활은 아니었지만 각궁을 보조할 목적으로
제작되어 부분적으로 사용되었다. 육군박물관 소장.

왔는데, 회목은 밤나무와 모양이 비슷하다고 전해질 뿐 자세한 학명은
확인되지 않는다.

철궁

鐵弓

《조선의 궁술》에는 금속으로 만든 활인 철궁鐵弓과 철태궁鐵胎弓이 소개
되어 있다. 판소리 〈적벽가〉를 보면 조자룡이 활을 쏘아 오나라 서성徐
盛이 탄 배의 돛줄을 끊는 장면에서 철궁이 등장하며, 서양의 경우 프
랑스에서 석궁의 활채를 쇠로 만들어 관통력을 높인 일이 있다. 하지
만 조선시대의 경우 철궁이 실전에서 널리 사용된 기록은 발견되지 않
으며, 다만 몇몇 지방 군영에 한두 자루가 소장된 기록이 있을 뿐이다.
《조선의 궁술》에서는 철궁을 군사용 활로 분류했으나, 실제로는 민간

에서 궁력을 시험하거나 혹은 과시하기 위한 목적으로 사용된 것이 아닌가 생각된다. 한편, 철태궁은 부러지기 쉬운 활채의 중간 부분만을 금속으로 제조한 것이다.《재물보》에 태𩨏는 곧 활채의 중간 부분(弓中幹)이라고 했다.

육량궁
六兩弓

육량궁六兩弓은 정량궁正兩弓 혹은 대궁大弓, 큰활이라고 부른다. 전체 길이는 5자 5치(약 166cm)이며 산뽕나무로 만든 활채는 두께가 매우 두껍다. 활을 만드는 재료는 기본적으로 각궁과 같다. 육량궁은 육량전이라는 무거운 화살을 사용하기 때문에 육량궁이라고 하며, 육량이 곧 바른 중량이라고 하여 정량궁正兩弓이라고도 한다. 이 활은 무과 초시와 복시에 사용했는데, 이 시험은 과녁을 맞히는 것이 아니라 무거운 육량전을 50보(63m) 이상 멀리 날려 보내는 궁력 시험이었다. 육량궁은 활 자체도 크고 화살 무게도 무겁기 때문에, 활을 쏠 때 힘이 센 자는 펄쩍 뛰어나가면서 반동을 이용해서 쏘고 힘이 약한 자는 엎어지고 넘어졌다고 한다. 현재 고려대학교 박물관 등에 육량궁 몇 점이 남아 있는데, 고려대학교 육량궁은 전체 길이가 168cm이고 화피樺皮(벚나무 껍질)로 잘 단장되어 있다.

예궁
禮弓

《경국대전》에는 궁중에서 국왕과 신하들이 모여 활쏘기를 하는 대사례大射禮와 지방에서 관원과 덕행 있는 사람들이 모여서 활을 쏘는 향사례鄕射禮에 관한 규정이 있다. 성종 8년에 열린 대사례의 기록을 보면, 국왕과 신하가 성균관에 나가서 석전제를 올린 후, 활터에 가서 술을 마시고 두 명씩 짝을 지어 각각 네 발의 화살을 쏘았다.

지방에서는 매년 3월 3일과 9월 9일에 향사례를 열었다. 향사례는 효자와 충신, 예를 아는 사람들을 권면하는 활쏘기 자리였다. 따라서 활쏘기를 권하고 사양하기를 반복하면서 활쏘기가 진행되며, 과녁을 맞히는 것은 예의에 어긋난다고 하여 과녁에서 멀찌감치 화살을 날려 버리곤 했다. 《순암집》의 〈향사례홀기鄕射禮笏記〉에 따르면 과녁은 50보 (63m) 밖의 후帿로 하고, 화살은 승시乘矢, 곧 네 발을 쏘며 이긴 사람은 인사하고 진 사람은 벌주를 마신다.

대사례와 향사례에 사용하는 활의 종류에 관한 기록이 《조선의 궁술》에 있는데, 이 활의 이름은 예궁禮弓 혹은 대궁大弓이라고 하며 활의 길이는 6척(180cm)이라고 했다. 하지만 향사례에서 180cm나 되는 긴 활이 사용되었을 가능성은 거의 없다. 향사례는 원래 《주례周禮》에서 비롯된 의식인데, 《주례》에는 6척 6촌 활을 상제上制의 활, 6척 3촌 활을 중제中制의 활, 6척 활을 하제下制의 활이라고 했다. 이를 당시의 주척周尺으로 환산해 보면, 상제의 활이라고 해도 길이는 고작 132cm 내외일 뿐인데, 굳이 향사례에서 《주례》의 규정을 무시하고 180cm나 되는 거대한 활을 사용했을 리는 없다. 연세대학교에 소장된 〈대사례도〉를 보더라도 대사례에 사용되는 활의 크기는 일반 활과 크게 다르지 않다. 〈향사례홀기〉 〈향례합편〉 등에서도 향사례에 180cm나 되는 활이 사용된 흔적은 발견되지 않으며 오히려 활 쏘는 자리의 폭이 커다란 활을 쏘기에는 좁은 편이다.

결국 예궁의 길이가 6척이라는 《조선의 궁술》의 기록은 단순히 주척

대사례도 大射禮圖

이 그림에는 대사례에 사용된 활과 화살, 후帿 등이 상세히 그려져 있다.
여기에 사용된 예궁은 일반 활과 큰 차이가 없다. 연세대학교 박물관 소장.

으로 기록된 과거 기록을 옮긴 것에 불과하며, 현재 예궁이라고 전해지는 커다란 활 유물은 대부분 육량궁이거나 노궁弩弓의 일종이라고 생각된다. 현재 육군박물관에는 길이가 247cm에 달하는 거대한 활이 예궁이라는 이름으로 소장되어 있다.

탄궁

彈弓

《재물보》에 탄궁彈弓은 곧 탄자彈子활이라고 했다. 이 활은 서양의 탄궁(pelletbow)에 해당하는 것으로서 화살 대신 작은 돌이나 흙덩이, 납탄을 발사한다. 탄궁은 원래 새나 작은 동물을 사냥하기 위한 수렵 도구로서 지금의 새총과 같다. 다만 당시에는 고무줄이 없었기 때문에 나무의 탄력을 이용하여 돌을 발사했다. 탄궁은 갑주를 입은 적에게는 큰 효과를 기대하기 어려웠지만 머리 부분에 맞으면 치명적인 손상을 줄 수도 있었다.

탄궁은 이미 고려시대에 충혜왕, 유승柳陞 등이 유희의 하나로 즐긴 기록이 있다. 조선시대에는 태종의 장자였던 양녕대군이 몰래 궁궐을 나와 탄궁을 가지고 놀다가 부왕의 노여움을 사기도 했다. 태종은 양녕대군의 탄궁 놀음이 무척이나 미웠던지 양녕을 궁에서 내쫓았을 때도 오직 탄궁만은 가지고 나가지 못하도록 했다.

활의 제작 과정

활이 무기로서의 가치를 상실한 이후에도 조선의 궁사들은 심신 수양의 방편으로 활쏘기를 계속했고, 그 결과 현재까지도 국궁 제조 기술은 여러 장인의 손을 통해 면면히 이어지고 있다. 다만 활쏘기가 일종의 스포츠화되고 궁사들이 대나무로 만든 습사용 평궁平弓만을 사용하게 되면서 나머지 전통 활의 제작 방법은 맥이 끊겼다. 전통 활의 제작 과정을 자세히 설명하자면 책 한 권으로도 부족하나, 다음에서는 전통 활의 구조에 대한 이해를 돕고자《조선의 궁술》을 중심으로 국궁의 제작 과정을 간략히 설명하고자 한다.

(1) 재료 준비

전통 국궁을 제작하기 위해서는 다음과 같은 재료가 준비되어야 한다.

• 물소뿔

물소 한 마리에서 나온 뿔 두 개를 활의 안쪽에 붙인다. 물소뿔에서 활채에 사용되는 부분은 양각陽角, 즉 볼록하게 튀어나온 한쪽 면이며 나머지 부분은 사용하지 않는다. 물소뿔은 톱으로 양각 부분을 잘라 낸 후, 자귀와 줄로 깎아서 얇게 만든다.

• 대나무

현재 제작되고 있는 국궁의 활채는 대나무로 만든다.《주례》에서는 활을 제작하는 데 사용되는 목재 중 대나무가 가장 하품이라고 했으며, 고려와 조선시대에도 군용 활에는 대나무 대신 산뽕나무를 사용했다. 하지만 대나무는 가공이 용이하고 궁력이 지나치게 강하지 않기 때문에 습사용으로 널리 사용되었다. 국궁의 활채에는 3년생 정도 되는 대나무를 사용하며, 80cm 정도 길이로 대나무를 잘라 낸 뒤 칼집을 넣고 불에 달구어 휘어 놓는다.

• 산뽕나무

산뽕나무는 궁간상弓幹桑이라고도 하며, 우리나라 산악 지대에서 자생하는 야생 뽕나무이다. 이 산뽕나무는 다른 재목과 달리 탄력성이 좋아서 휘어 놓으면 서서히 제자리로 돌아온다. 조선시대의 군용 활은 이 산뽕나무로 활채 전체를 만들었으나, 평궁이나 현재의 국궁은 활의 양쪽 끝에 활 시위를 거는 부분인 고자에만 산뽕나무를 사용한다. 이 고자 부분은 잘 다듬은 후 불에 쬐어 기역자 모양으로 휘어 놓는다.

• 참나무

참나무는 활의 손잡이 부분에 덧대는 대림목을 만드는 데 사용한다. 한 뼘이 못 되는 길이의 참나무를 잘라서 불에 달군 후 약간 휘어 놓는다.

• 쇠심줄

쇠심줄(正筋)은 일을 많이 한 황소의 등에 있는 힘줄을 사용한다. 이 쇠심줄을 곱게 빗어서 활채의 바깥 부분에 부레풀로 붙이면, 활시위를 당겼을 때 강한 힘으로 버티면서 활채에 복원력을 준다. 쇠심줄은 망치로 두드리고 빗으로 곱게 빗어서 정리한 후 부레풀을 먹여 놓는다.

• 어교

서해안에서 잡히는 민어의 부레로 만든 풀을 어교라고 한다. 민어 부레에서 기름을 제거하고 잘 말려 두었다가 도가니에 넣고 끓이면 어교가 된다. 어교는 접착력이 강할 뿐만 아니라, 완전히 마른 후에도 실리콘과 같이 유연성을 유지한다. 복합 재료를 사용해서 만든 국궁이 활시위를 풀었을 때 재료 간에 풀리지 않고 완전히 반대 방향으로 휠 수 있는 것은 어교를 사용하기 때문에 가능하다. 조선시대에 민어 부레 대신 연어 껍질로 어교를 만든 적도 있지만, 이는 민어 부레풀만큼 접착력이 높지 않아 널리 사용되지 못했다.

• 화피

화피樺皮는 산벚나무의 껍질이다. 이 화피는 적당한 탄력이 있어서 변형이 심한 국궁의 표면을 씌우는 데 적합하다. 화피로 활의 표면을 씌우는 것은 방수를 위한 것이지만, 감촉도 부드럽고 안쪽의 재료들이 감춰져서 보기에도 좋다. 활을 습기로부터 보호하자면 옻칠을 올리는 것이 가장 좋겠지만, 옻은 워낙 귀하기 때문에 화피로 씌웠던 것이다.

• 소가죽

활에서 소가죽이 사용되는 곳은 활시위를 거는 부분인 세코와, 화살이 스치고 지나가는 부분인 출전피, 그리고 활시위 매듭과 활채가 마찰되는 부분인 도고자 부분 등이다.

• 실

국궁의 활시위는 비단실이나 면실을 여러 겹으로 겹치고 여기에 밀랍을 발라서 만든다. 활시위의 중간 조금 윗부분에는 화살 오늬를 걸기 위해 붉은색 실을 감아서 절피를 만든다.

• 기타

삼베는 활채의 중간에 손으로 잡는 부분인 줌통에 감는다. 줌통의 안쪽에는 종이나 코르크를 넣어서 손으로 잡기에 적절한 크기로 만든다.

(2) 활의 조립과정

① 활채의 조립

활채는 가운데 부분에 대나무를 두고, 그 양끝에 산뽕나무로 만든 고자를 붙여서 만든다. 대나무는 제비꼬리 모양으로 오목하게 깎고, 산뽕나무 끝은 뾰족하게 다듬은 뒤 이 둘을 끼우고 어교로 붙인다.

② 부각 : 뿔대기

물소뿔의 표면과 활채의 표면은 미리 거칠게 깎아서 접착제가 잘 붙게 만든다. 두 재료에 어교를 바른 뒤 밧줄로 활채와 물소뿔을 단단히 감아서 한참을 둔다. 부각이 끝나면 참나무로 만든 대림목을 활채의 중간에 붙인다.

③ 쇠심줄 대기

잘 빗어서 풀을 먹여 놓은 쇠심줄을 활채의 바깥쪽에 붙인다. 줌통을 기준으로 양쪽에 각각 길게 쇠심줄을 한 번 붙이고, 다음에는 조금 짧은 쇠심줄을 한 번 더 붙인다. 풀이 마르고 나면 밀쇠로 문질러서 단단히 접착되도록 한다.

④ 화피 단장

물소뿔과 대나무, 대림목, 산뽕나무로 만든 고자, 쇠심줄을 모두 붙이고 나면 활의 기본 형태는 갖춘 것이다. 이렇게 만든 활채의 표면에는 화피 단장을 한다. 산벚나무에서 벗겨 낸 화피는 어교를 발라서 활채에 붙인 후 은은한 불에 말린다.

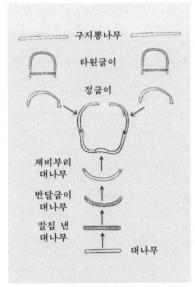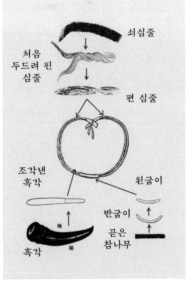

활의 제작 과정 1

《조선의 궁술》에서는 활채를
구성하는 대나무와 구지뽕나무의
가공 과정을 순서대로 묘사하고 있다.
활채의 중앙에는 대나무를 대고
양 끝에 뽕나무를 부착한다.

활의 제작 과정 2

《조선의 궁술》에서는 활채에
덧대어 궁력을 강화시키는 흑각과
쇠심줄, 그리고 손잡이 부분의 대림목을
가공하는 과정과 부착 방법을
자세히 설명하고 있다.

⑤ **줌 만들기**

활채의 중간 부분에 있는 손으로 잡는 줌통에는 종이나 코르크 등을
넣고 삼베로 감아서 손으로 잡기 좋게 만든다. 줌통의 바로 윗부분에
는 화살과의 마찰을 줄이기 위해서 가죽 조각을 붙이는데, 이를 출전
피라고 한다.

⑥ **고자 만들기**

산뽕나무로 만든 고자에는 활시위를 거는 홈인 세코를 파야 한다. 이
세코는 양양고자라고도 한다. 세코를 깎은 후에는 어교를 먹인 쇠심줄

을 감고 그 위에 다시 가죽을 붙인다. 그리고 마지막으로 칠지라고 하
는 색깔 있는 종이를 세코에 붙여서 장식한다. 세코 밑에 활시위 매듭
과 활채가 만나는 부분에는 도고자 또는 동고자라고 하는 붉은색 가죽
을 둥글게 잘라서 붙인다.

三 · 화살

신석기시대에는 돌이나 뼈로 만든 촉을 화살대에 꽂거나 혹은 화살촉 밑을 오목하게 파낸 뒤 화살대의 홈에 끼우고 끈과 접착제로 고정해서 화살을 만들었다. 청동기시대에는 청동제 화살촉이 등장했지만, 화살이 소모성 무기였기 때문에 이 시기에도 대부분의 화살촉은 돌이나 뼈 등을 갈아서 만들었다. 금속으로 만든 화살촉이 석촉을 완전히 대체한 것은 철기시대였으며, 이때부터 다양한 형태의 금속제 화살촉이 제작되었다.

고구려는 광대싸리나무로 만든 화살대를 사용했으며, 화살촉은 용도에 따라서 송곳처럼 길고 뾰족한 것부터 도끼날 모양에 이르기까지 다양한 형태로 제작되었다. 남부 지방의 신라와 백제는 화살대로 대나무를 사용했으며, 화살촉은 고구려와 비슷한 형태로 만들었다. 다만 끝이 아Y자 모양으로 생긴 독특한 화살촉이 백제에서 발굴되었는데, 이는 갑주를 입지 않은 적에게 큰 상처를 주기 위해 제작된 것으로 보인다. 《고려도경》의 기록에 따르면, 고려의 화살은 버드나무로 만들며 멀리 날아가는 대신 위력은 약하다고 했다. 하지만 고려 초기에 견훤이 왕건에게 대나무 화살을 선물한 사실이 있고, 고려가 금나라에 대나무 화살(竹簳箭)을 보낸 기록이 있는 것으로 보아, 당시에 대나무 화살도 함께 사용되었던 것으로 보인다.

구분	편전	유엽전	착전	대우전
조선 전기	편전片箭 통전筒箭 동전童箭	유엽전柳葉箭 마전磨箭 장전長箭	착전錯箭 착전鑿箭	대우전大羽箭 대전大箭 호시虎矢 (노시, 동시)
조선 후기	편전片箭	장전長箭	-	대우전大羽箭 호창虎鯧
특징	화살의 길이가 짧아 통아를 이용하여 발사한다.	화살촉이 가볍고 화살깃이 작다.	화살촉이 끝처럼 길고 뾰족하다.	화살촉이 무겁고 화살깃이 크다.

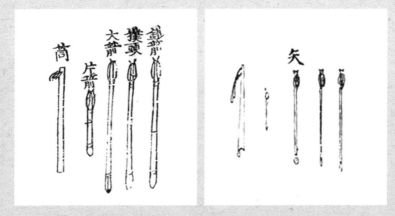

화살
《국조오례의》(왼쪽)와 《세종실록》에는 편전, 대우전, 철전, 박두의 모습이 그려져 있다.
그러나 아쉽게도 주력 화살의 하나였던 마전, 즉 유엽전의 그림은 생략되어 있다.

조선시대의 전투용 화살은 종류가 다양하지만, 통아를 사용해서 발사하는
짧은 화살인 편전, 화살촉이 가볍고 화살깃이 작은 유엽전, 화살촉이 끌처럼
길고 뾰족한 착전, 그리고 화살촉이 크고 화살깃도 큰 대우전으로 나누어 볼
수 있다.

《세종실록》에는 전투용 화살 종류로 편전과 유엽전 두 가지만 나타나지만,
세조 때에 이르러 화살촉이 길고 뾰족한 착전이 추가됨으로써 조선 전기의 전
투용 화살은 모두 세 종류가 된다. 화살깃이 큰 대우전은 주로 사냥에 사용되
었지만, 태조와 같은 이는 대우전을 전투시에도 즐겨 사용했다.

조선 후기에는 편전과 유엽전이 계속 사용되었으며, 착전은 임진왜란 이후
에 점차 사라졌다. 원래부터 사냥용으로 널리 사용되었던 대우전은 조선 후기
의 기록에 군사용으로 사용된 흔적이 없다.

그 밖에도 조선시대에는 무과시험에 사용하는 살상력이 없는 화살인 목전木
箭과 철전鐵箭이 있었고, 날아갈 때 소리가 나는 화살인 효시嚆矢, 신표로 사용되
는 영전令箭 등이 있었다.

편전
片 箭

편전片箭은 통전筒箭, 변전邊箭, 동전童箭, 애기살이라고도 불리는 짧은 화살이다. 조선 초기의 오례의에서는 편전의 화살대 길이가 주척으로 1척 2촌(25cm)이라고 했으나, 나중에는 점차 그 길이가 길어져서 현종 13년에는 포백척 8촌(32cm)의 길이로 정해졌다. 한국의 전통 무기를 연구한 서구권 학자 존 부츠의 기록에 의하면 편전 화살대의 길이는 18인치(45.7cm)이고 화살촉의 길이는 1과 1/3인치(3.4cm)라고 했다.

편전의 화살촉은 원래《융원필비》의 그림처럼 단순한 원추형이었던 것으로 보인다. 그러나 성종 23년(1492)에 이극균李克均이 화살촉이 길고 아래 끝 부분은 끌처럼 생긴 편전을 만들어 바쳤으며, 성종은 이를 널리 제작하여 사용하도록 했다. 존 부츠의 사진에 나타난 편전의 화살촉은《융원필비》의 편전에 비해서 훨씬 길고 그 끝이 잎사귀 모양으로 도드라져 있는데, 이극균이 창안한 끌 모양의 화살촉도 아마 이와 유사했을 것이다.

편전은 길이가 짧기 때문에 활만 가지고서는 쏠 수 없으며 통아筒兒라고 불리는 반으로 쪼갠 나무 대롱에 넣어야 발사할 수 있다. 통아의 한쪽 끝에 작은 구멍을 뚫어 노끈을 묶고, 이 노끈을 팔뚝(조선 전기)이나 오른손 셋째 손가락(조선 후기)에 맨다. 화살을 통아에 넣고 시위를 당기면 화살이 통아를 지나서 날아가게 된다. 이 편전의 유래에 대해서는《청장관전서青莊館全書》앙엽기盎葉記에 "고려시대에 중경유수 김강신金强伸이 원나라 군사들에게 포위되어 병기가 다 떨어졌을 때 엽전으로 화살촉을 만들어 사용하다가 원병의 화살 하나를 얻으면 넷으로 잘라서 통편筒鞭을 사용해 쏘았으니, 이것이 편전의 시초이다."라고 했다.

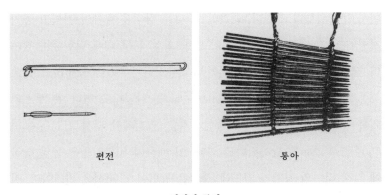

편전   통아

편전과 통아

《융원필비》에 그려진 편전(왼쪽)은 존 부츠가 사진으로 남긴 편전(아래)과는
화살촉의 형태가 다르다.《융원필비》의 편전이 당시의 일반적인 편전의
모습이라고 생각되며, 존 부츠의 사진은 적마편전狄磨片箭이 아닌가 생각된다.
또한 통아에 묶은 끈의 길이로 보건대 통아를 오른손 셋째 손가락에 매었다는
부츠의 기록은 신뢰할 만하다.《융원필비》,《Korean weapons and armor》.

편전의 장점은 여러 가지가 있지만 그중 가장 중요한 것은 날아갈
때 눈에 보이지 않는다는 점과 사정거리가 길다는 점이다. 구식 군대
출신의 한 조선인 병사는 존 부츠에게 편전의 장점을 다음과 같이 말
했다.

통아는 적에게도 보이는데, 화살이 아직 발사되지 않았다고 생각하기 때
문에, 화살이 보이지 않게 날아와 자신을 꿰뚫을 때까지도 그는 여전히
궁사를 보고만 있는다.

실제로 최근에 복원된 편전 사격을 관찰해 보면, 장전과 달리 편전
은 화살이 날아가는 궤적이 거의 보이지 않는다. 성종 22년의 기록에
도 북방의 야인들과 싸울 때 처음에는 장전을 쏘니 펄쩍거리며 피하고
날아간 화살을 주워서 되쏘았지만, 편전으로 쏘았더니 피할 수가 없

어서 두려워했다고 한다. 편전의 또 다른 장점은 무게가 가볍고 공기 저항이 적기 때문에 사정거리가 일반 화살의 두 배에 달한다는 점이다. 태종 13년의 기록에는 편전의 유효사거리가 200보(252m)라고 했고, 세종 27년에는 약한 활로도 300보(378m)는 나간다고 했다. 존 부츠의 기록을 보면 일본인 학자가 증언하기를, 임진왜란 당시 편전은 무려 500야드(457.2m)를 날아갔다고 한다. 이 때문에 일본인들은 동양 삼국에 각각 하나의 장기가 있는데, 중국은 창법이요, 조선은 편전이며, 일본은 조총이라 하여 이것이 곧 천하제일이라고 했다.

그 밖에도 편전은 대롱을 통하여 발사하므로 직진성은 물론 명중률도 높다. 또한 화살이 짧기 때문에 한 번 쏜 화살을 적이 다시 주워서 사용하지 못한다는 중요한 장점도 있다. 이처럼 편전은 많은 장점을 지닌 조선의 대표적인 군사기술이었기 때문에, 행여나 여진족이나 일본인들이 이를 모방할까 두려워 국경 부근에서는 편전 사격 연습을 금지했다. 그러나 편전에도 몇 가지 약점은 있었는데, 가장 큰 약점은 편전 사격술을 익히기가 어렵다는 점이다. 편전은 완전히 밀폐된 통을 통해서 발사하는 것이 아니라, 절반으로 쪼갠 대롱을 통해서 발사하므로 자칫하면 화살이 통에서 벗어나 궁수의 왼 팔목을 뚫을 수 있다. 숙종 41년의 기록에도 편전을 쏠 때에 손을 다치는 경우가 많다고 했다. 이 때문에 편전은 고도로 숙련되고 거의 매일 습사를 하는 무관들만이 제대로 쏠 수 있었으며, 나머지 대부분의 농민 출신 병사들은 쏘지 못했다. 그 밖에도 편전은 자체 무게가 가볍기 때문에, 장전의 유효사거리 내에서는 편전의 관통력이 장전보다 상당히 약하다. 운동에너지는 질량과 속도의 곱인데, 활줄이 튕겨지는 속도가 한정되어 있으므로 가벼운 화살은 무거운 화살에 비해 실리는 운동에너지량 자체가 적고, 공기 저항에 의한 에너지 손실도 상대적으로 크다. 또한 편전은 발사 과정에서 통아와의 마찰에 의해 에너지 손실이 발생한다. 조선 후기에는 편전의 위력을 보완하기 위해서 편전 끝에 독을 발라서 사용하였다.

유엽전
柳 葉 箭

유엽전柳葉箭은 화살촉이 가볍고 화살깃이 작은 전투용 화살로서, 조선 시대 내내 편전과 함께 가장 주된 전투용 화살로 사용되었다.

우리 민족은 고려시대부터 화살의 사정거리를 늘리는 데 관심이 많았으며, 따라서 화살촉이 가볍고 화살깃이 작은 유엽전을 가장 보편적으로 사용했다. 세조 10년에 유엽전과 동일한 모양으로 팔방통화八方通貨라는 화폐를 매년 10만 개씩 주조하여 전시에 대비한 것만 봐도 당시의 주된 전투용 화살이 유엽전이었음을 알 수 있다. 이 유엽전이라는 이름은 버들잎처럼 생긴 화살촉의 모양에서 비롯된 것인데, 현존하는 유물을 보면 유엽전의 화살촉은 폭이 좁고 길며, 단면은 볼록렌즈 혹은 마름모 모양이다. 《세종실록》에는 이 유엽전을 마전磨箭이라는 이름으로 소개하고 있으며, 화살의 길이가 긴 화살 중에 가장 보편적으로 사용된 화살이므로 이를 장전長箭이라고 부르기도 했다.

《세종실록》오례의에 화살대의 길이는 4척(84cm) 혹은 3척 8촌(79.8cm)이라고 했다. 또한 세조 때의 기록에는 유엽전의 화살촉 길이가 1촌 8분이고 슴베의 길이가 1촌 7분이라고 했으니, 유엽전의 전체 길이는 83.4~87.8cm로 오늘날의 죽시 길이와 거의 같다. 유엽전의 화살대는 대나무로 만들고, 꿩 깃 세 개를 부레풀로 붙이며, 오늬는 싸리나무로 만든다.

시기	화살대	화살촉	습베	비고
세종 12년	3척 8촌 3척 6촌	-	-	장작/중작 (주척)
세종실록 오례의	4척 3척 8촌	-	-	화살대
단종 1년	-	1촌 5분		철전 (주척)
세조 10년	-	1촌 8분	1촌 7분	유엽전 /팔방통화
국조오례의	-	1촌 7분 3리	1촌 5분	소신기전

유엽전의 화살촉은 시대에 따라서 어느 정도 변화가 있었을 것으로 생각되지만, 조선 전기의 화살촉 유물이 흔치 않아서 명확한 결론을 내리기는 어렵다. 다만 추측해 보건대, 조선 전기의 유엽전은《무비지 武備志》의 유엽전과 같이 화살촉의 폭이 중간 정도의 크기였다가, 병자호란 등을 거치면서 살상력을 높이기 위해 조금 무거워지는 경향을 보였으며, 갑옷의 효용이 거의 사라진 조선 말기에는 조총과의 사정거리 경쟁 때문에 상당히 가볍고 폭이 좁은 쪽으로 다시 변화되었을 것이라 생각된다.

중종 이후에는 마전이라는 명칭은 사라지고 유엽전 혹은 장전이라는 명칭만이 사용되었으며, 효종 2년에 유엽전 사격이 무과시험 과목으로 채택되자 유엽전이라는 명칭은 무과시험에 사용하는 끝이 사각형인 화살을 지칭하게 되었다.

1798년에 간행된《재물보》에는 "원래의 유엽전은 화살촉이 버드나뭇잎을 닮은 비자전鈚子箭이지만, 지금 속칭 유엽전이라고 하는 것은 촉

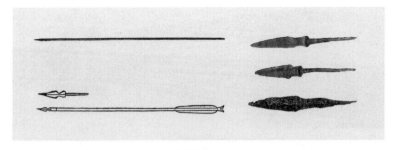

유엽전 (장전)

유엽전 혹은 장전은 조선시대의 가장 대표적인 화살이지만
무과시험용으로 사용된 비非살상용 유엽전과 자주 혼동된다.
중국《무비지》의 유엽전도 이와 형태가 거의 유사하다. 왼쪽 위부터 시계 반대 방향으로
《Korean weapons and armor》,《융원필비》, 영집궁시박물관 소장, 전쟁기념관 소장.

이 가늘고 단면이 네모난(足細而方) 화살이다.”라고 했다. 따라서 그 당
시에는 이미 현재의 죽시와 같이 화살촉 끝이 직사각형인 습사용 화살
을 유엽전이라고 했음을 알 수 있다.

대우전

大羽箭

대우전大羽箭은 화살깃이 크다고 해서 붙여진 이름이지만, 화살깃과 비
례관계에 있는 화살촉도 상대적으로 크고 무겁다. 화살촉이 무겁고 화
살깃이 크면 사정거리가 짧아지지만, 대신에 정확성이 높아지고 위력
도 강해진다. 태조 이성계는 전투시에 대우전을 즐겨 사용했다. 또한
성종 26년에는 조정에서 마전磨箭은 가벼워서 쏘아도 관통시킬 수 없
으니 호전虎箭 모양으로 화살을 만들자는 논의가 있었는데, 이 호전도
대우전의 일종이다. 하지만 사정거리상의 약점 때문에 대우전이 군사
용으로 널리 사용되기는 어려웠으며, 이 때문에 세종시대부터 이미 대

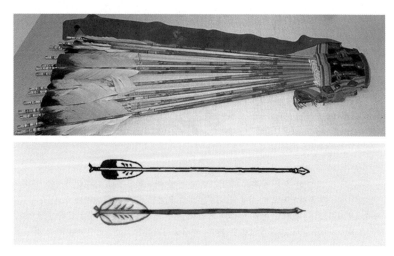

위에서부터 대우전, 시, 동시

대우전은 조선 전기부터 주로 의례용 화살로 사용되었으나
위력과 정확도가 높기 때문에 근거리 전투나 사냥에도 자주 사용되었다.
대우전(전쟁기념관), 시(경모궁의궤), 동시(철종대왕국장도감의궤).

우전은 주로 사냥과 의례용으로만 사용되었다.《세종실록》에 화살깃과
살촉이 큰 화살 종류로 붉은색의 동시肜矢와 검은색의 노시盧矢가 나오
는데, 이들도 모두 대우전 혹은 대전大箭의 일종이다.

한편《성호사설星湖僿說》병기 편을 보면, 대우전은 군중軍中에서 쓰며
호창虎𠐯이라고 부른다고 했다. 이 화살은 독수리 날개로 화려하게 꾸
미며, 일반 화살 값의 열 배에 이르지만 사정거리는 100보에도 못 미친
다고 했다.

착전

錯箭

착전錯箭은 세조 당시에 등장하여 광해군 시기까지 실록에 등장하는

전투용 화살이다. 세조 4년에 조정에서는 각 지방의 절제사에게 착전의 견본을 보내면서 이와 똑같은 모양으로 화살을 만들게 했고, 세조 12년에 군기시에 보관된 화살의 수량을 보면 마전이 1,500부, 통전 500부, 착전 880부로 착전의 비중이 상당히 높았다.

착전이 어떤 종류의 화살인지에 대해서는 아직 분명히 밝혀진 바는 없다. 다만 성종 18년의 기록에 정난종鄭蘭宗이 지금 군기시의 화살은 화살촉이 짧아서 갑옷

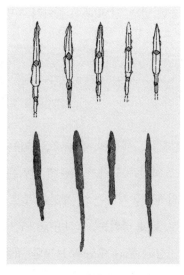

착전
화살촉이 끌처럼 길게 생긴 착전은
갑옷에 대한 관통력을 높일 목적으로
사용되었다. 임진산성 출토(위),
영집궁시박물관(아래).

의 미늘을 뚫지 못하며, 화살촉이 조금 긴 착전촉鑿箭鏃만이 사람을 상하게 할 수 있다고 했다. 그로부터 몇 년 뒤인 성종 23년에 무려 60만 개의 착전을 제조했던 것으로 보아, 착전鑿箭이 곧 착전錯箭일 가능성이 높다. 착鑿이란 구멍을 뚫는 데 사용하는 전통 끌로서, 길이가 길며 단면은 사각형이다.

평안북도 동창군 학성리에서 출토된 고려시대의 화살촉 중에는 단면이 능형이고 길이가 긴 화살촉이 포함되어 있는데, 이는 금나라에서 사용했다는 착자전鑿子箭의 일종이 아닌가 생각된다. 또한 임진산성 등에서 출토된 조선시대의 화살촉 중에도 고려의 착자전과 거의 동일한 형태를 가진 화살촉이 발견되었는데 이 화살이 곧 착전일 것으로 생각된다. 이 착전은 화살촉이 길고 가늘기 때문에 갑옷에 대한 관통력이

높은 반면, 날의 폭이 좁아서 치명도는 상대적으로 낮았을 것이다.

세전
細箭

《재물보》에서는 세전細箭을 '가는 대'라고 했다. 세전은 화살대가 가늘고 화살촉도 작기 때문에 위력은 약하지만 매우 멀리 날아간다.《조선의 궁술》저자는 이 세전이 주로 편지를 묶어서 적군이나 아군 진영으로 쏘아 날리는 데 사용된다고 했다. 세조 12년에 병조에서 군기시에 저장된 무기 수량을 보고한 내용에는 세전 4,800개가 포함되어 있는데, 이 세전은 총통으로 발사하는 화살로서 서신을 보내는 데 사용하는 조선 후기의 세전과는 다른 것이다.

철전
鐵箭

《국조오례의國朝五禮儀》에 나오는 철전鐵箭은 단순히 철촉이 달린 화살이 아니라, 화살촉이 박두(나무촉 화살)처럼 둥글고 날이 없으며 화살깃이 좁은 무과시험용 화살을 말한다. 이 철전은 조선시대에 무과시험과 습사용으로 사용되었으며 그 무게에 따라서 육량전六兩箭, 아량전亞兩箭, 장전長箭 등으로 나뉘었다. 화살촉의 무게가 6냥(240g)인 육량전은 정량전이라고도 불리며 80보(100m) 거리를 쏘아서 이보다 멀리 날아갈수록 추가 점수를 주었다. 아량전은 무게가 4냥(160g)이며 지나치게 무거운 육량전 대신 교습용으로 사용되었다. 마지막으로 장전은 화살촉 무게가 1냥(40g)이며, 세종 이전에는 180~240보의 거리를 쏘아 궁력을 시

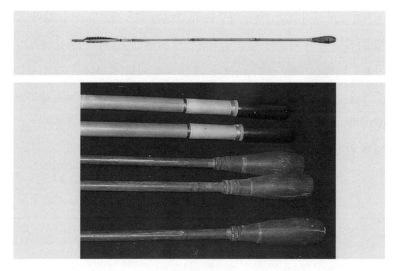

박두

고도리라고도 불리는 박두는 무과시험과 궁술 연습을 위해 사용된 화살로서,
화살의 끝에 뭉툭한 나무촉을 달았다. 이 나무 화살촉의 속을 파내고 구멍을
뚫으면 오도리, 즉 향전이 된다. 육군박물관 소장.

험했으나 세종 이후에 폐지되었다.

《단구첩록壇究捷錄》을 보면, 육량전이 원래부터 무과시험용으로만 사
용된 것은 아닌 듯하다. 육량전은 무거운 화살을 강궁으로 쏘아서 적
의 방패를 깨뜨리고 위엄을 보이는 용도로 사용되다가, 나중에는 궁력
이 지나치게 강해서 팔을 상하게 한다는 이유로 점차 무과시험용으로
만 사용된 것으로 보인다.

박두

樸頭

박두樸頭는 둥근 촉이 달린 나무로 만든 화살로서 목박두전木樸頭箭, 목

전木箭, 고도리라고도 한다. 박두는 무과시험에만 사용하는데, 살이 가볍고 깃이 좁기 때문에 상당히 멀리까지 날아간다. 무과시험에서는 박두로 240보(302m)를 쏘아 이보다 더 멀리 날아갈 때마다 추가 점수를 주었다. 화살촉은 나무를 둥글고 뭉툭하게 깎아 만들며, 오늬는 충격에 견디게 하기 위하여 반드시 광대싸리나무를 사용한다. 화살깃은 작은 새의 깃털을 사용해서 만든다.

효시

嚆矢

효시嚆矢는 화살촉에 소리통(鳴響)을 달아서 날아갈 때 높고 날카로운 소리가 나도록 만든 신호용 화살이다. 우리나라에서는 경상남도 양산 부부총에서 삼국시대의 것으로 보이는 효시의 소리통 한 점이 발굴된 적이 있으며, 고구려 벽화에 그려진 둥근 모양의 이형 화살촉도 효시라고 생각된다. 유럽의 경우에는 몽골군의 침입 당시에 처음으로 효시를 접했기 때문에, 효시의 날카로운 소리만 들어도 벌벌 떨면서 이를 '악마의 화살(devil arrow)'이라고 불렀다.

효시에도 몇 가지 종류가 있는데, 향전響箭은 한 치쯤 되는 나무의 속을 판 후 화살촉 대신 달아서 화살이 날아갈 때 바람을 받아 울도록 만든 것이고, 명적鳴鏑은 화살촉 아래에 짐승의 뼈나 뿔로 만든 조그만 소리통을 붙인 것이다.《역어유해보譯語類解補》에는 오도리(響樸頭)와 뿔고도리(骨鉳箭)라는 화살 명칭이 등장하는데, 오도리가 곧 향전이고, 뿔고도리는 명적에 해당된다.

조선의 태조는 명적 쏘기를 좋아하여, 그의 아버지 환조 앞에서 명적으로 노루 일곱 마리를 연달아 쏘아 잡은 일이 있는데, 이는 명적 끝

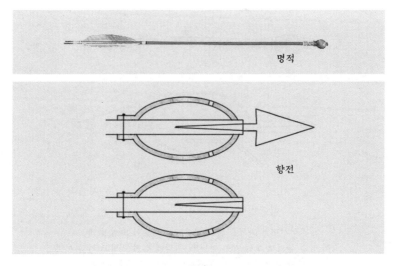

명적

항전

효시

명적과 항전은 모두 날아갈 때 소리를 내는 화살이지만,
명적은 그 끝에 화살촉이 달려 있기 때문에 살상력이 있다.

에 살촉이 달려 있기 때문에 가능했던 것이다.《제주읍지》를 보면, 당
시 제주 본영에는 모두 2,200개나 되는 명적전이 비축되어 있었다.

화전

火箭

화전火箭은 화살촉대에 화약과 유황을 천으로 감고 심지에 불을 붙여서
활로 쏘는 것을 말한다. 그러나 임진왜란 이후에는 명나라의 로켓형 화
살인 명화비전이 유입되면서 이 명화비전을 화전이라 부르기도 했다.

　조선 전기의 화전은《국조오례의 병기도설》에 그 형태가 자세히 소
개되어 있다. 이 화전은 일반 화살에 비해 긴 화살촉대 둘레에 화약이
나 유황을 종이와 포布로 감고 실로 묶은 뒤, 밀랍과 송진을 발라 방수

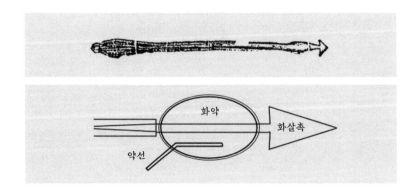

화전

조선시대의 화전은 흔히 사극에서 보듯이 화살 끝에
직접 불을 붙여서 쏘는 것이 아니라, 화약에 심지를 박고 이 심지에
불을 붙여 쏘는 화약 무기의 일종이다. 《세종실록》.

처리했다. 화전에 달린 심지에 불을 붙여 활로 쏘면 화전이 날아가 터
지면서 화염이 발생한다.

《화포식언해火砲式諺解》를 보면 조선 후기의 화전은 길이가 3촌, 위 둘
레가 3촌인 종이 통 안에 염초 4냥 5전, 석유황 2냥 1전, 화약 9전, 밀랍
1냥, 송진 5냥, 아교 가루 2전을 넣어 만들었다. 조선 후기에는 신기전
과 구분하기 위해 활로 쏘는 화공용 화살을 석류황전石硫黃箭이라고도
불렀다.

독시

毒矢

독시毒矢는 화살촉에 독을 발라서 치명도를 높인 화살이다. 화살촉에
독을 바르는 것은 선사시대의 사냥 기술에서 비롯되었으며, 고려시대
까지만 해도 김부일金富佾이 금나라의 공격에 대비하여 각 성에 화전과

함께 독시를 많이 비축할 것을 국왕에게 건의하는 등 독시의 사용이 일반적이었다. 하지만 독화살을 사용하는 것이 유교적인 도덕관념에 맞지 않았는지 조선시대에 들어서는 상당 기간 동안 독화살에 관한 기록이 나타나지 않는다.

조선에서 독화살이 다시 등장한 것은 임진왜란 이후의 일이다. 선조 27년에 국왕은 명나라의 독화살 제도를 배워 오도록 명했으나, 곽순성 郭純誠 등이 어깨너머로 배워 온 독시는 약효가 충분하지 못했다. 그해 말에 명나라의 유총병劉摠兵이 독약 네 항아리를 보내 왔는데, 이 독약을 살아 있는 닭의 가죽과 살 사이에 흠집을 내고 발랐더니 그 닭이 즉사했다고 한다. 이에 선조는 뇌물을 줘서라도 명나라의 독약 제조법을 배우도록 명했으며, 선조 34년에 약을 짓는 사람 손용孫龍이 독약 제조법을 배우는 데 성공했다.

당시에 손용이 배운 독약의 성분은 자세히 알 수 없으나, 초오草烏나 오두烏頭의 독이 그 안에 포함되었을 가능성이 높다. 중국 서적인《천공개물天工開物》에는 오두의 즙을 달여서 찐득해지면 이를 화살촉에 바른다고 했으며, 우리나라에서도 전통적으로 초오의 독을 창날이나 화살촉에 발라 사냥에 사용했다고 전해진다. 초오는 가을 산에서 야생으로 자라며, 1m 정도의 키에 잎은 쑥 잎과 비슷하다. 이 초오를 인공 재배하여 순화한 것이 오두이고, 오두의 곁에 붙어 자란 뿌리를 한방에서 부자附子라고 한다. 초오의 독은 알칼로이드 계통의 아코니틴으로 알려져 있으며, 일종의 신경독이다. 조선 후기에 간행된 작자 미상의 서적인《어초문답漁樵問答》에는 독약을 만드는 여러 가지 방법이 나오는데, 여기에도 부자와 초오는 거의 반드시 들어간다.

고시
楛矢

삼국시대에 신라와 백제 지역에서는 대나무가 자생했으므로 대나무로 만든 죽시竹矢를 사용했지만, 대나무가 자라지 않는 지역에 위치한 고구려에서는 주로 광대싸리나무(楛) 가지로 만든 고시楛矢를 사용했다. 《삼국사기》에는 고구려 미천왕 31년에 고구려가 중국 후조에 싸리나무로 만든 화살을 보냈다는 기록이 있으며, 조선을 창업한 태조 이성계도 싸리나무 가지로 만든 고시를 즐겨 사용했다.

고시는 근래에 호시라고 부르기도 하는데, 이는 잘못된 것으로《성호사설》에 고楛는 곧 화살대(矢笴)라고 했으므로 화살대라는 뜻의 '고'로 읽어야 한다. 존 부츠의 기록에서도 당시 조선인들이 싸리나무로 만든 화살을 '고시'라고 부른다고 했다. 이 고시는 일반 싸리나무가 아니라 광대싸리나무로 만드는데, 광대싸리나무는 질기면서도 가벼워서 화살대를 만드는 데 적합했다. 특히 백두산 부근의 싸리나무가 질기고 곧아서 화살을 만들기에 적당했는데, 이 싸리나무를 채취하기 전에는 반드시 제사를 지냈다고 한다.

《성호사설》의 고시석노楛矢石砮 편에는 북쪽 지방에 대나무가 흔하지 않은 까닭에 속칭 서수라西水羅라는 나무를 잘게 쪼개서 높이 매어 달고, 그 끝에 무거운 돌을 달아 하룻밤이 지나면 줄같이 곧아져서 화살대를 만들 수 있는데, 이것이 곧 싸리나무일 것이다라고 기록되어 있다.

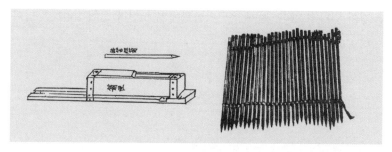

수노전

연사식 쇠뇌인 수노기에 사용하는 화살로 조선시대의 화살 중에서 가장 짧다.
화살깃과 오늬가 없는 것이 특징이다. 《훈국신조기계도설》(왼쪽), 《Korean weapons and armor》.

수노전

手弩箭

수노전手弩箭은 수노궁으로 쏘는 짧은 화살을 말하며, 수노궁시手弩弓矢
라고도 불린다. 이 수노전은 길이가 30cm 미만이므로, 조선의 화살 중
에서 가장 길이가 짧으며 화살깃이나 오늬가 없다는 점이 특징이다.
존 부츠의 기록에는 수노전의 전체 길이가 11과 5/6인치(30cm)이고, 화
살촉의 길이는 3/4인치(1.9cm)라고 했다.

수노전은 나무로 만든 탄창에 여러 개를 담았다가 아래로 하나씩 떨
어지도록 하여 발사하므로, 시위에 오늬를 끼우는 것이 불가능하다. 또
한 화살깃이 있으면 서로 얽혀서 아래로 내려오지 못하므로 깃을 달지
않는다. 어차피 수노궁은 조준 사격을 하는 것이 아니라 근거리에서
지향 사격을 하는 무기이므로, 화살깃이 없어도 큰 문제는 없었을 것
이다. 수노전의 화살촉은 쇠뇌에 걸리지 않도록 송곳처럼 뾰족하게 만
들며 미늘은 없다.

《만기요람》에는 당시 훈련도감에 9,042개, 금위영에 23,795개의 수

노전이 있다고 했다. 현재 육군박물관에 수노전 유물이 10여 점 남아
있다.

주살

영조 당시에 편찬된 《역어유해보》에는 화살에 실을 묶어서 쏘는 계사
전繫絲箭을 우리말로 '줄살'이라고 한다고 기록되어 있다. 그리고 이 줄
살을 《조선의 궁술》에서는 '주살'이라고 칭했다. 주살은 새를 쏠 때 화
살을 잃어 버리지 않기 위해, 화살의 오늬 부분에 실을 묶어서 멀리 날
아가지 않도록 한 것이다. 그 밖에도 처음 활쏘기를 배우는 초보자는
화살을 장대에 끈으로 묶어 놓고 활을 쏘아 화살이 자동으로 돌아오도
록 했다.

영전과 관이
令箭·貫耳

영전令箭과 관이貫耳는 모두 화살의 모양을 하고 있지만 무기는 아니다.
국왕의 행차나 장수의 행렬에는 반드시 왼쪽과 오른쪽에 각각 관이와
영전을 장대 끝에 받쳐 든 군사가 따르며, 장수의 군막 안에도 이 영전
과 관이가 놓인다.

영전은 신전信箭이라고도 하며, 국왕이나 장수가 명령을 전할 때 신
표로 사용하고, 성문이나 궁궐 문을 여닫거나 영문을 통과할 때도 신
표로 사용한다. 영전은 손에 들고 다니기도 하지만, 활에 걸어 쏘아서
명령을 전달하기도 한다. 정조 14년에 국왕이 야간 군영의 제도를 시험

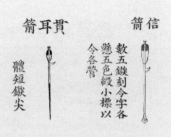

관이와 영전

관이는 사형수의 귀를 뚫어 사형수임을 표시하는 데 사용하는 화살이며,
영전은 명령을 내릴 때 신표로 사용하는 화살이다. 국왕과 장수의 의장에는
이 두 가지 화살이 반드시 포함된다. 《가례도감의궤》(왼쪽), 《속병장도설》.

했을 때, 영전 2개를 내려 명령하면 하나를 돌려보내며 명령을 전달받
았음을 확인하도록 했다. 영전의 화살촉은 평평한 마름모꼴이고, 그 위
에 영令자를 투각한다.

반면에 관이는 국왕이나 장수가 가진 생살여탈권生殺與奪權을 상징한
다. 조선시대에는 사형수를 처형하기 전에 죄인임을 표시하기 위하여
사형수의 두 귀를 각각 접어서 화살로 꿰어 조리돌렸다. 《만기요람》과
《속병장도설續兵將圖說》에 관이는 길이가 짧고 살촉이 작다고 했으며, 관
이로 범죄자의 귀를 꿰어 다른 병사들로 하여금 보게 하는 한편, 비밀
지령을 내릴 때도 사용했다고 한다. 그 때문에 일부 읍지에서는 이를
관이영전貫耳令箭이라고 기록했다.

기타 화살

조선시대의 기록에는 위에서 설명한 것 외에도 여러 가지 종류의 화살

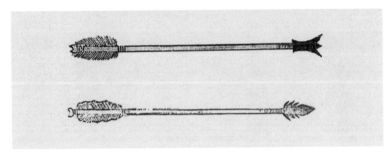

삼차전(위), 애엽전

《무비지》에 실린 각종 화살로 현재 이름만 전해지는
조선시대의 삼차전과 애엽전도 이와 유사한 형태였을 것이다.

이름이 나타난다.

세종 11년에 명나라 사신 일행이 애엽전艾葉箭 세 개를 요구하니 이를
모두 주게 했다는 기록이 있다. 여기서 애엽전이란 유엽전의 뿌리 부
분에 쑥 잎 모양의 가시가 있는 화살을 말한다.《무비지》에는 애엽전이
말을 쏘는 데 사용된다고 했다.

《역어유해》에는 중국의 삼차전三叉箭이 곧 우리나라의 세갈고리살이
라고 했는데, 이 세갈고리살은 화살촉 앞쪽이 세 갈래로 갈라져 있어
서 갑주를 입지 않은 적에게 심각한 상처를 줄 수 있게 만들어졌다.

중종 23년의 기록에는 군기시에 500부의 서보자전西甫子箭이 비축되
어 있었다는 내용이 있다. 이 서보자전은 《재물보》와 《역어유해》에 서
부자살이라고 기록되어 있다.《재물보》에서는 유엽전이 곧 비자전이라
고 했고,《역어유해》에서는 비자전이 곧 서부자살이라고 했으므로, 서
보자전은 결국 유엽전의 다른 이름일 것이다.

적마전(狄磨箭, 荻磨箭)과 적마편전狄磨片箭은 실록에 여러 차례 나타나
는 화살의 명칭이지만, 어떤 종류의 화살인지는 확인되지 않는다. 다만
존 부츠의 사진에 나타난, 촉이 길고 그 끝에 잎사귀 모양의 두드러진

부분이 있는 화살이 혹시 적마전이 아닐까 생각된다. 만일 그렇다면 적마전은 곧 착전의 일종으로 볼 수 있을 것이다.

화살의 제작과정

조선시대에는 화살 30개를 짚으로 굴비 엮듯이 엮어서 운반했는데, 이 한 묶음을 부部·浮·桴 혹은 편編이라고 불렀다. 《만기요람》을 보면 화살 한 부의 가격은 장전長箭의 경우 쌀 1석 정도의 가격이었고, 편전片箭은 그보다 조금 싸서 쌀 10두 가격에 해당되었다. 현재 우리나라에는 유영기 옹을 비롯하여 여러 분의 전통 궁시장이 전통적인 방법으로 화살을 제작하고 있다. 특히 유영기 옹은 가산을 기울여 파주에 영집궁시박물관을 건립한 분으로, 다양한 전통 무기 복원에 노력하고 있다.

(1) 화살대

조선의 화살은 대부분 전죽, 시누대라고 부르는 가는 대나무로 만들었다. 전죽은 우리나라 남부 지역에서 자생하지만, 워낙 수요가 많고 북부 지역에서는 구하기가 어려웠기 때문에, 조정에서는 각 지역의 포구 근처에 전죽을 심어 기르도록 했다.

화살대는 너무 약하면 발사될 때 허리가 휘청거리고, 반대로 화살대가 너무 강하면 무거워서 멀리 날아가지 못한다. 따라서 적절한 강도를 지닌 2~3년생 살대를 고르는 것이 중요하다. 적절한 두께와 길이의 전죽을 구하면, 살대를 불에 구우면서 형태를 곧게 만들고 마디에 구멍을 뚫어서 안쪽의 공기를 빼내는 부잡이라는 작업을 한다. 전죽의 표면은 옻칠을 하기도 하지만, 대부분의 화살대는 물모래나 어피, 짚으로 문질러 광택을 낸다. 현재 제작되고 있는 죽시竹矢는 대나무의 껍질을 벗기는데, 이렇게 하면 공기저항은 덜 받지만 습기에는 약해진다.

(2) 화살깃

조선시대의 화살깃은 수리, 매, 꿩의 깃털을 사용했다. 가장 좋은 화살 깃은 수리 깃털로 만든 것인데,《천공개물》에서는 수리 깃털로 만든 화살이 매 깃털로 만든 화살보다 빠르며 10보는 더 멀리 날아간다고 했다. 하지만 수리 깃털은 구하기가 어려웠기 때문에, 조선 초기에는 수리 대신 백조의 깃털을 사용하도록 하다가, 이마저도 값이 오르자 세종 7년에는 새의 종류를 구분하지 않고 깃을 사용하도록 했다. 하지만 거위나 기러기 깃털 등은 깃이 작을 뿐만 아니라 바람을 만나면 한쪽으로 쏠리므로 명중률이 낮았다.

현재 우리나라 국궁의 화살깃은 주로 꿩 깃을 사용하며, 특히 수컷인 장끼의 깃털이 암컷에 비해 길고 화려하기 때문에 장끼 깃털을 주로 사용한다. 꿩깃의 우측 날개깃은 좌궁깃이라고 하여 왼손잡이가 사용하고, 좌측 날개깃은 우궁깃이라고 하여 오른손잡이가 사용한다. 이를 구별하는 것은 좌우 깃털의 결이 달라서 화살깃이 손을 치고 나갈 때 마찰과 회전이 발생하는 정도가 다르기 때문이다.

(3) 오늬

오늬는 활시위를 거는 부분이다. 각궁의 활시위에 걸리는 힘은 엄청나기 때문에 오늬가 약하면 화살이 쪼개질 수도 있다. 따라서 오늬는 질

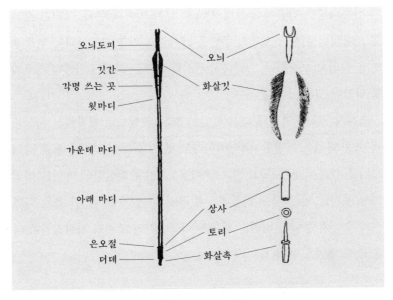

화살의 각 부분별 명칭

은오절隱五節은 화살에 있는 다섯 개의 대나무 마디 중에서
상사 안에 숨어 있는 다섯 번째 마디이며, 더데는 화살촉의 슴베와
화살촉대가 나뉘는 부분이다.《조선의 궁술》.

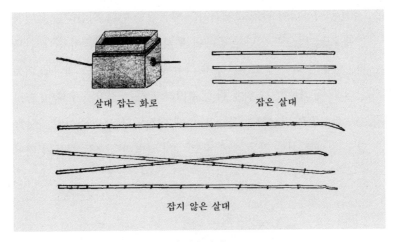

화살 부잡이

화살대를 불에 달구어 곧게 펴는 공정은 세계 어디에서나
화살을 만들 때 공통적으로 행해진다.《조선의 궁술》.

긴 산뽕나무로 만들어서 살대 안으로 깊이 박아 넣는다. 그리고 오늬를 보강하기 위해서 오늬의 주변을 쇠심줄로 감고 복숭아나무 껍질(桃皮)을 둘러서 보강한다. 그러나 조선시대의 모든 화살에 산뽕나무 오늬를 달았던 것은 아니다.

조선시대에는 현재의 죽시와 같이 오늬를 별도로 제작해서 화살대에 끼운 화살을 별괄장전別筈長箭이라고 했고, 화살대 자체에 홈을 파서 오늬를 만든 것을 자괄장전自筈長箭이라고 했다. 화살대의 마디를 직접 파서 오늬를 만들 경우 화살대가 갈라질 수 있지만, 한 번 쏘고 나면 적의 수중에 들어가 버리는 전투용 화살이라면 오히려 자괄장전이 나을 수도 있었을 것이다.

(4) 화살촉

화살촉은 철판으로 된 갑옷을 뚫을 수 있을 정도로 강도가 세야 하므로, 정철을 사용하여 단조로 제작하고 담금질을 한다. 화살촉을 살대에 박을 때 그냥 박으면 단단한 물체에 부딪혔을 때 화살촉이 살대 안으로 파고들면서 화살이 쪼개진다. 따라서 상사라고 부르는 대나무 대롱을 살대 끝에 씌우고 그 위에 다시 토리라고 하는 철띠를 두르며, 마지막으로 쇠심줄로 단단하게 묶는다. 현재 제작되고 있는 죽시의 화살촉은 달군 철사를 쇠로 만든 틀에 넣고 마치 압연과 단조를 하듯이 찍어 낸다.

四 · 활의 부속구

동개
筒箇

조선 초기에는 활을 궁대弓袋 혹은 궁건弓韃이라고 부르는 주머니에 넣어 휴대했고, 화살은 시복矢服이라고 부르는 주머니에 넣어 휴대했다. 반면, 조선 후기에는 궁대와 시복을 각각 활동개, 살동개라고 하고, 이 둘을 하나로 연결한 것을 동개筒箇라고 했다.

조선 초기의 시복은 원래 동개와 첩개貼筒 두 종류가 있었다. 세종 15년의 기록을 보면, 첩개는 모양이 좁아서 대략 활집(弓韃)과 같고 동개는 모양이 둥글어서 죽통과 같다고 했다. 당시에 동개는 당상관 이상만 패용했고, 3품 이하는 첩개를 사용하도록 했다. 하지만 성종 22년에 동개는 갑옷에 휴대하기 불편하니 첩개로 바꿔야 한다는 건의가 있었고, 이후 모든 화살통이 주머니 형태의 첩개로 바뀌게 된다. 하지만 명칭상으로는 오히려 첩개라는 이름이 사라지고, 단순히 통筒이라는 의미를 지닌 동개가 활집과 화살집을 지칭하는 데 모두 쓰이게 된다.

조선 후기의 동개는 검은 가죽으로 만들고 그 위를 두석 장식과 입사 장식으로 화려하게 꾸몄다. 당시의 그림을 보면, 활집에는 활과 등채를 넣고, 큰 화살주머니에는 화살을 넣었으며, 작은 화살주머니에는 통아를 넣었음을 알 수 있다. 동개의 한쪽에는 띠돈을 달며, 이 띠돈에 허리띠를 통과해 허리에 묶는다. 사람마다 동개를 차는 방법이 조금씩은 달랐겠지만, 대부분은 활집이 왼쪽 허리 아래에 위치하도록 하고, 화살집은 등의 왼쪽이나 가운데 오도록 하여 화살깃이 오른쪽 어깨 위로 나오도록 했다.

하지만 조선의 모든 병사가 동개를 휴대했던 것은 아니다. 주로 성벽이나 배 위에서 싸우던 하급 병사들은 천으로 만든 활집(弓家)에 활

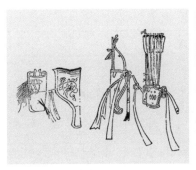

동개

가죽과 두석으로 만든 동개는 활과 화살을 함께 휴대할 목적으로 만들어졌다.
《진연의궤》의 그림을 보면 활집에는 활과 함께 등채를 넣고 화살집에는
화살과 함께 통아를 넣어 휴대했음을 알 수 있다. 위에서부터
《국조오례의》, 《진연의궤》, 독립기념관 소장.

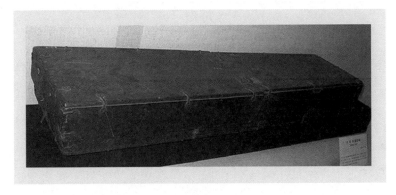

전궤

오늘날의 탄통과 마찬가지로 여러 개의 화살을 저장하거나
운반하는 데 사용된 궤짝이다. 화살을 30개씩 부 단위로 굴비 엮듯이
짚으로 엮어서 여기에 담았다. 육군박물관 소장.

을 넣어 휴대하고, 화살은 30개씩 부部 단위로 굴비 엮듯이 짚으로 엮
어 전궤箭櫃라고 부르는 나무 궤짝에 담아서 운반했다. 현재 육군박물
관에 있는 전궤를 보면, 바닥이 사다리꼴 모양이어서 폭이 넓은 쪽으
로 화살깃 부분이 오도록 화살을 담았음을 알 수 있다.

전통

箭筒

조선시대에는 평소 활쏘기 연습을 할 때 화살을 전통箭筒에 담아서 운반했다. 이 전통은 폐쇄형으로 만들어서 화살이 비에 젖지 않도록 했으며, 어깨에 멜 수 있도록 끈을 달았다. 전통은 나무나 대나무, 종이 노끈으로 만든 소박한 것도 있지만, 옻칠을 하고 자개를 올리거나 혹은 상어의 껍질로 감싼 화려한 전통도 많이 남아 있다.

깍지

角環

깍지(角環, 角指)는 궁수의 오른손 엄지손가락에 끼우는 가락지로서 가죽이나 상아, 뼈, 소뿔 등으로 만든다. 강한 활시위를 맨손가락으로 계속 당기다 보면 손가락이 잘릴 정도로 심한 부상을 입게 된다. 따라서 우리나라를 포함한 동양에서는 대부분 이 가락지에 활시위를 걸어서 당겼다. 실록을 보면, 태조 이성계는 순록의 뿔로 만든 깍지(哨)를 애용했다고 한다. 또한《세종실록》오례의에는 결決이라는 이름의 가죽제 깍지가 소개되어 있다.

현재까지 전해지는 국궁의 깍지는 두 종류가 있는데, 우리나라의 전통 깍지인 숫깍지는 긴 혀(舌)가 달려 있어서, 여기에 활시위를 걸고 검지와 장지로 깍지의 혀를 감싸 쥐고 시위를 당긴다. 반면에 암깍지는 혀가 없이 반지처럼 생겨서, 깍지 자체에 활시위를 걸고 검지와 장지로 엄지 끝마디를 감싸 쥐고 시위를 당긴다.

《연려실기술燃藜室記述》의 기록을 보면, 효종은 청나라에서 사용되는

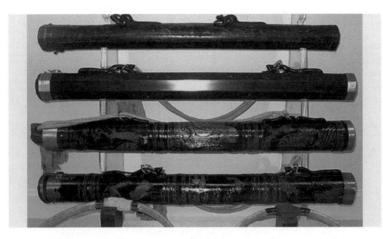

전통

한량들이 평소 활쏘기 연습을 할 때 화살을 담아 운반하는 데 사용했다.
조선 전기에 화전을 담아 쏘았던 전투용 화살통은 이 전통과 유사한
형태였을 것이다. 전쟁기념관 소장.

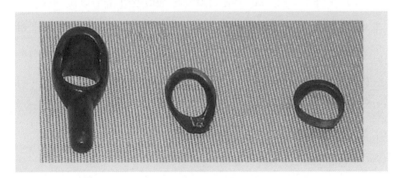

깍지

활시위에 부상을 입지 않도록 손가락에 끼우는 가락지이다.
맨 왼쪽의 깍지는 조선의 전통적인 숫깍지이며,
오른쪽의 것은 중국에서 전래된 암깍지이다. 전쟁기념관 소장.

암깍지가 더욱 효과적이라고 생각해 이를 널리 사용하도록 명했으며,
밤낮으로 깍지를 끼고 벗지 못하게 했다. 그러나 숙종 6년에 유혁연柳赫
然 등이 말하기를 "지금 두어 겹으로 된 갑옷을 달아 놓고 쏘아 보니 혀

가 있는 것으로는 능히 관통하나 혀가 없는 것으로는 관통하지 못합니다." 하니 숙종이 암깍지와 숫깍지를 모두 사용하게 했다. 강궁을 쏘는 데는 역시 전통적인 숫깍지가 훨씬 나았던 모양이다.

조선시대를 배경으로 한 근래의 영화나 드라마를 보면, 활을 쏠 때 서양식으로 검지와 장지를 이용해서 활시위를 당기는데 이는 깍지의 존재 자체를 알지 못하는 데서 나오는 실수이다.

촉도리

촉도리는 구부러진 화살촉을 바로 펴거나 화살촉을 다시 화살대에 박아 넣는 데 사용하는 도구이다. 과거에는 활터에서 유엽전을 사용했는데, 이 유엽전은 과녁에 깊이 박히므로 노루발을 이용해서 뽑아야 하고, 이 과정에서 화살촉이 빠지거나 휘곤 했다. 따라서 손상된 화살촉은 촉도리의 구멍에 끼워서 날을 바로잡고 다시 화살대에 돌려 끼워 넣은 것이다. 촉도리의 몸체는 주로 멧돼지 어금니나 짐승 뼈로 만들며, 몸체에는 청동으로 테두리를 두른 2~3개의 작은 구멍이 있다.

깔지

《국조오례의》에 그려진 활을 보면, 활고자와 줌통 부분을 끈으로 묶어 놓은 것을 볼 수 있다. 이 끈은 활을 사용하지 않을 때 활이 뒤집어지는 것을 방지하기 위하여 묶어 놓는 것으로서 '깔지'라고 한다. 실록에는 노루 가죽으로 만든 결궁장피結弓獐皮, 사슴 가죽으로 만든 결궁녹피結弓鹿

촉도리

짐승의 뿔이나 어금니로 만든 촉도리는 화살촉을 바로잡거나
화살대에 화살촉을 다시 돌려 끼우는 데 사용한다. 전쟁기념관 소장.

皮 등이 기록되어 있는데, 이들도 모두 깔지의 일종이라고 생각된다. 현
재 궁터에서 활을 묶는 방법도 조선시대와 큰 차이가 없다. 이 깔지는
활을 보호한다고 해서 다른 말로 보궁保弓이라고도 하고, 활을 쏘는 동
안에는 셋째 손가락에 묶어 놓는다고 해서 삼지끈이라고도 부른다.

시건과 노루발

활터에서 유엽전을 사용하던 시기에는 과녁에 박힌 화살을 손으로 뽑
기가 어려웠기 때문에, 쇠로 만든 노루발을 지렛대로 사용하여 화살을
뽑았다. 이 노루발은 못을 빼는 데 사용하는 장도리의 갈라진 부분과
비슷하게 생겼다.

시건炏巾은 화살대를 닦는 수건으로, 노루발과 함께 끈에 매달아 사
용한다.

습, 전비, 완대
이것은 모두 팔찌의 일종으로, 활을 잡은 왼 팔목에 둘러서 화살을 쏠 때
활시위에 의해 부상을 입지 않도록 해준다. 위의 팔찌는 군용이며,
아래의 팔찌는 습사용이다. 위의 왼쪽부터 시계방향으로 습(대사례의궤),
전비(영집궁시박물관), 완대(전쟁기념관), 완대(조선의 궁술).

팔찌

拾

팔찌는 화살을 쏠 때 활을 잡은 왼쪽 팔의 소매를 묶는 네모난 천으로,
전비纏臂 또는 습拾이라고 한다.《세종실록》오례의와 영조 당시에 간행
된《대사례의궤大射禮儀軌》에는 고급 가죽인 말위로 만든 간단한 형태의
팔찌(拾)가 그려져 있는데, 이 팔찌의 양쪽에 여러 개의 고리를 달아서
이를 끈으로 묶어 고정했다. 조선시대의 군용 팔찌는 대부분 이와 같
이 단순한 형태였으나 차고 풀기에는 불편했기 때문에, 민간에서는 긴
천으로 된 완대를 팔목에 몇 번 감아서 소매를 고정했다.

五

·

쇠
뇌

쇠뇌(弩)는 나무로 만든 활 틀 위에 활을 얹고 손이나 기계를 이용하여 활시위를 당긴 후 방아쇠로 발사하는 무기이다. 쇠뇌의 장점은 시위를 한번 걸어 놓으면 발사할 때까지 힘을 소모하지 않는다는 점과, 발이나 기계를 이용하여 시위를 걸 수 있어서 더욱 강력한 힘을 얻을 수 있다는 점이다. 반면에 쇠뇌는 활에 비해서 연사 속도가 느리다는 단점이 있다.

《오월춘추吳越春秋》에서는 전국시대에 중국 남부의 초나라에서 쇠뇌가 처음 발명되었다고 했다. 하지만 인도차이나반도의 원시적인 쇠뇌들을 보면, 이것이 원래 남아시아의 수렵 부족들에 의해 사냥용 덫으로 고안되었던 것이 아닌가 생각된다. 쇠뇌는 전국시대뿐만 아니라 한나라시대에도 주력 병기로 사용되었으며, 한반도에는 한사군시대에 쇠뇌가 전해졌을 가능성이 높다.

일제시대부터 한반도에서 발견된 대부분의 쇠뇌는 평양 부근에서 출토되었다. 평양 정백동의 낙랑태수 왕광王光의 묘와 석암리 제212호 분에서 노弩가 출토되었는데, 목질 부분에는 칠이 되어 있었고, 길이 15.9cm의 청동제 방아틀 뭉치(機)가 달려 있었다. 한편 2004년 4월에는 경북 영천시 고경면 용전리에서 가야시대의 쇠뇌 부품이 발굴되었는데, 이는 삼국시대에 신라나 가야가 중국과 같이 쇠뇌와 장창을 주 무기로 삼았음을 알려준다.

신라 문무왕 9년에 당나라 황제는 신라의 목제 쇠뇌가 1000보(약 1.2km)를 날아간다는 말을 듣고, 신라왕에게 쇠뇌를 만드는 장인을 보내 줄 것을 요청했다. 이때 당나라로 건너간 신라의 노사弩師 구진천仇珍川은 중국에 신라의 쇠뇌 기술을 넘겨주지 않으려고 겨우 30보를 날아가는 쇠뇌를 제작해 바쳤다. 나중에는 신라에 사람을 보내 활의 재료까지 구해 갔지만, 여전히 그의 쇠뇌는 겨우 60보를 날아갈 뿐이었다. 고려시대에는 수질노繡質弩, 수질구궁노繡質九弓弩 등 다양한 종류의 쇠뇌가 제작되었고, 예종 2년에는 정노반靜弩班이라는 쇠뇌 전문 부대가 있었다.

하지만 조선시대로 접어들면서 쇠뇌의 제작 기술은 거의 잊혔다. 세종 13년에 쇠뇌를 시험 제작할 때는 궁중에 있던 도자기에 그려진 쇠뇌의 그림을 참고해야 할 정도로 쇠뇌에 대한 정보가 부족했다. 세종 32년에 집현전 부교리 양성지는 고려시대부터 노의 제도가 우리나라에서 끊겼다고 했고, 그가 세조 때에 중국을 다녀와서는 명나라에서도 쇠뇌가 호랑이 사냥에만 사용되고 있다고 보고했다.

조선에서 쇠뇌가 다시 제작되기 시작한 것은 성종에서 중종 때의 일이다. 성종 6년에는 새로운 체제의 쇠뇌를 제작하여 시험했고, 성종 26년에는 국왕이 전라좌도 수군절도사 등에게 새로 창안한 쇠뇌의 견본을 보내면서 이를 제작하여 시험하도록 했다. 그 당시에 개발된 쇠뇌는 중종 5년에 제포薺浦에 침입한 왜구를 토벌하는 데 사용되었고, 그 성과에 만족한 중종은 재위 15년과 16년에 직제학 서후徐厚로 하여금 100근의 강노强弩와 극적궁克敵弓, 120근짜리 노궁弩弓 등을 만들게 했다. 임진왜란 당시에는 전주성 싸움 등에서 쇠뇌가 부분적으로 사용되었다.

임진왜란이 끝난 이후에는 한동안 화기의 발달로 인해 쇠뇌의 사용이 주춤했지만, 조총의 등장으로 인해 조선군의 전반적인 활쏘기 기술이 저하되자 별다른 훈련 없이도 사용할 수 있는 쇠뇌가 다시 각광을 받게 되었다. 숙종 41년에는 도제조 이이명의 건의로 삼군문三軍門에서 각각 수백 좌座의 쇠뇌를 만들어 북한산성에 비치했으며, 영조 1년에는 장흥의 김성대金成大가 변방에 쇠뇌 1천여 기를 설치할 것을 건의했다. 또한 영조년에 《노해弩解》라는 책이 출간되었는데, 이 책에는 쇠뇌의 제작 방법이 상세히 수록되어 있었다.

그 밖에도 조선 후기의 쇠뇌로서 특기할 만한 것은 탄창을 이용해서 여러 발의 화살을 연속해서 발사할 수 있는 수노궁이다. 《만기요람》과 각 군현의 군현지를 보면, 당시에 소형 쇠뇌인 수노궁이 주요 방어 지역에 대량으로 비축되었음을 알 수 있다.

한편, 《역어유해보》에는 노궁을 '소내활'이라고 했고, 존 부츠는 조선인들이 수노궁을 '손훼궁'이라고 부른다고 기록했다. '소내', '손훼', '쇠뇌'는 모두 한자의 소노小弩에서 비롯된 이름이라고 생각되며, 수노手弩는 '소내' 등의 이두식 표기일 것이다.

수노궁
手弩弓

수노궁手弩弓은 활 틀 위에 얹은 목제 탄창에 짧은 화살을 여러 개 넣고 뒤쪽의 손잡이를 잡아당기면 시위가 당겨졌다가 자동으로 화살이 발사되는 연사 무기이다. 전갑箭匣이라고 부르는 이 탄창에는 대개 10~20개의 화살이 장전되며, 1초에 거의 한 발꼴로 발사할 수 있다.《훈국신조기계도설訓局新造器械圖說》에 소개된 수노기의 구조를 살펴보면 크게 다섯 부분으로 나뉜다.

- **노상 弩床** : 노상은 수노궁의 기본 몸체 부분으로서, 길이가 2척 5촌 (77.5cm) 너비가 9분(2.8cm)이다. 노상의 앞쪽에는 활을 끼우는 안구처安毬處가 있고, 뒤쪽에는 배에 밀착해서 고정하는 반달 모양의 산아목雞兒木이 있다. 노상의 중간 부분에는 손을 넣어 쥘 수 있도록 타원형 구멍이 뚫려 있다.

- **전로기 箭路機** : 전로기는 화살이 지나가는 부분으로, 노상 위에 얹는다. 길이는 2척(62cm)이고, 그 위에 한 번에 발사되는 화살의 수에 따라서 1~3개의 긴 홈을 판다.

- **전갑 箭匣** : 전갑은 화살을 담는 목제 탄창이다. 이 전갑 안에는 화살 깃과 오늬가 없는 수노전이 10~20개 정도 들어가며, 중력으로 하나씩 아래로 떨어지면서 시위에 걸린다.

- **고현기 叩絃機** : 고현기는 활시위를 당겨주는 지렛대 부분이다. 고현기를 당기면 시위가 전갑 뒤의 갈고리에 걸려서 뒤로 당겨지다가 일정 위치에 다다르면 시위가 자동적으로 풀리면서 화살이 발사된다.

- **활** : 수노기의 앞부분에 끼우는 활은 대부분 산뽕나무로 만들고 쇠심줄

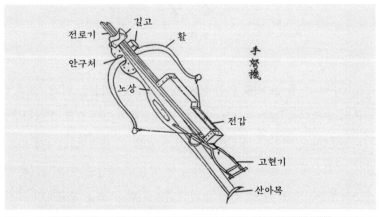

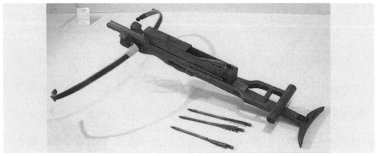

수노기, 삼시수노기

수노기 혹은 수노궁은 활 틀 위에 얹은 목제 탄창에 짧은 화살을 여러 개 넣고
뒤쪽의 손잡이를 잡아당기면 시위가 당겨졌다가 자동으로 화살이 발사되는
연사 무기이다. 위에서부터《훈국신조기계도설》, 육군박물관 소장.

을 붙이며, 그 위에 다시 검게 칠한 쇠심줄을 가로 방향으로 단단히 감는
다. 현재 연세대박물관과 서울대박물관에 수노궁의 활 부분이 소장되어
있다.

수노궁이라는 명칭은 조선 후기에 나타나지만, 그 이전에도 수노궁
과 유사한 연사 무기가 조선에서 사용되었던 것으로 보인다. 세종 6년
에 세종이 주문사 원민생에게 북경에 가서 연전連箭 하나와 쏘는 법을

배워 오라는 명을 내린 일이 있고, 선조 25년에는 경상병사 박진이 연노連弩를 사용하여 적을 크게 무찔렀다는 기록이 있는데, 이들 모두 수노궁과 거의 동일한 형태의 쇠뇌였을 것으로 보인다. 임진왜란 당시에는 명군이 수노궁의 일종인 제갈노諸葛弩를 조선군에게 소개한 기록이 있다. 수노궁은 조선 후기에 각 지방의 군영에 대량으로 비축되었으며, 《만기요람》을 보면 훈련도감과 금위영에 각각 102장과 449장의 수노궁이 비축되어 있었다.

수노궁은 나무 탄창 속의 화살을 빠른 속도로 연사하여 돌격해 오는 적을 저지할 수 있고, 상대적으로 힘이 약한 여자나 아이도 쏠 수 있는 편리한 무기였다. 하지만 수노궁의 사정거리는 몇십 보에 불과하고, 조준 사격이 불가능하며 관통력도 매우 약했다. 그 때문에 《천공개물》에서는 쇠뇌가 겨우 20보를 날아갈 뿐이며, 이는 도둑을 막는 도구일 뿐 전쟁에 쓰는 무기는 아니라고 했다. 하지만 조선 후기에는 궁술 실력이 전반적으로 저하됨에 따라서 조총의 화력을 보완해줄 새로운 수단이 필요했고, 그 때문에 수노기가 주로 성을 지키는 데 사용할 목적으로 대량 제작되었다.

궐장노

蹶張弩

궐장노蹶張弩는 발로 활을 밟고 시위를 건다고 해서 붙여진 이름이다. 《훈국신조기계도설》에 그려진 궐장노는 중국 전국시대의 고전적인 쇠뇌의 형태를 거의 그대로 유지하고 있다. 《무비지》의 궐장노와 《훈국신조기계도설》의 궐장노를 비교해 보면, 《무비지》의 것은 여러 개의 나무를 겹쳐서 활채를 만든 반면, 조선의 궐장노는 활채가 하나로 구

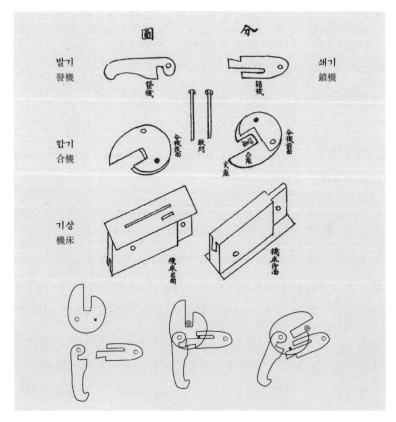

궐장노 분도

쇠뇌의 당겨진 활시위는 합기의 짧은 돌기에 걸며, 당겨진 활시위에 의해
앞쪽으로 넘어지려는 합기를 그 아래쪽의 쇄기가 지탱해 준다. 쇄기는 다시 방아쇠,
즉 발기의 홈에 걸려 고정된다. 사수가 발기의 방아쇠를 당기면 쇄기가 풀리고
이어서 합기가 앞으로 넘어지면서 화살이 발사된다.《훈국신조기계도설》.

성되어 있다.

궐장노의 구조를 보면, 긴 나무로 만든 활 틀의 앞부분에는 활 하나
를 끼울 수 있는 홈이 있고, 그 아래에는 자물쇠가 달려 있다. 활 틀 뒷
부분에는 당겨진 시위를 걸어 놓았다가 방아쇠를 당길 수 있도록 고안
된 금속제 발기처發機處가 달려 있다. 이 발기처의 구조를 좀 더 자세하

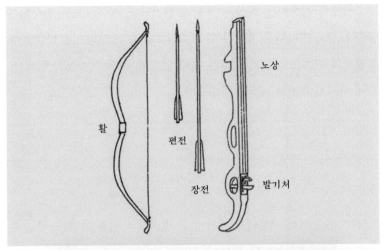

노상

활

편전

장전

발기처

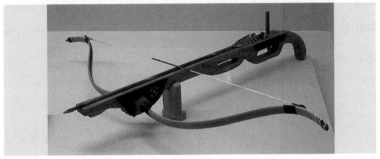

궐장노

발로 활채를 밟고 시위를 걸며, 기원전에 고안된 쇠뇌의 구조를 거의 그대로
유지하고 있다.《훈국신조기계도설》(위), 유영기 복원.

게 살펴보면 다음과 같다.

당겨진 활시위는 합기合機의 짧은 돌기에 걸며 긴 돌기는 조준간 역
할을 한다. 당겨진 활시위에 의해 앞쪽으로 넘어지려는 합기를 그 아
래쪽의 쇄기鎖機가 지탱해주고, 쇄기는 다시 방아쇠, 즉 발기發機의 홈에
걸려 고정된다. 사수가 발기의 방아쇠를 당기면 쇄기가 풀리고, 이어서
합기가 앞으로 넘어지면서 활시위가 풀리게 된다.

궐장노에 사용되는 화살은 장전과 편전인데, 이 둘 모두 발사되는 동안 노상과의 마찰을 줄이기 위해 화살촉을 송곳 모양으로 만들었다. 궐장노의 크기는 특별히 정해진 것이 없으며, 사용하는 이의 힘과 용도에 따라서 크기와 재질을 달리했다.

노궁
弩弓

노궁弩弓은 궁력이 강해서 기계의 힘을 빌려야 시위를 당길 수 있는 쇠뇌를 말한다. 조선시대의 쇠뇌에 관한 기록 중에서 활과 별도로 노기弩機가 존재하고 이를 세는 단위로 좌座가 사용되는 것들은 대부분 기계식 노의 일종이라고 할 수 있다. 영조 때 간행된《노해》에 기록되어 있는 노궁의 종류와 위력은 다음과 같다.

《노해》에는 소노小弩의 그림과 함께 노궁의 시위를 당기는 데 사용하는 녹로轆轤가 그림과 함께 자세히 소개되어 있다. 녹로는 원래 닻줄이나 기중기 밧줄을 감아 올리는 물레를 말하는데, 노궁의 경우에도 이 녹로로 시위를 당겨서 장전한다. 소노에 사용하는 녹로는 길이가 3척 4촌 5분이고 넓이는 6촌이다. 모양은 평평한 나무 판자 형태이고, 뒤쪽에는 물레를 고정하기 위한 나무 기둥 두 개를 세우고, 앞에는 노궁을 고정하기 위한 작은 나무 기둥 두 개를 세운다. 그 중간에는 노궁이 좌우로 움직이지 않도록 고정해주는 등자정을 좌우로 박는다.

노궁의 발사 과정을 간략히 살펴보면 다음과 같다. 우선 녹로를 바닥에 놓고 그 위에 쇠뇌를 얹는다. 활시위를 갈고리에 걸어 녹로에 연결하고 한 사람이 쇠뇌를 누르고 있는 동안, 나머지 두 사람은 양쪽의 물레를 돌려서 활시위를 아두牙頭, 즉 시위를 거는 부분까지 당긴다. 활

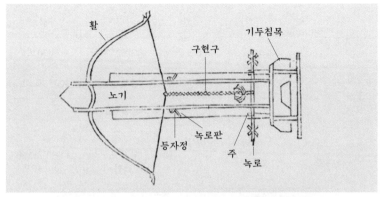

녹로노

녹로노는 물레를 이용하여 시위를 당긴 후 활을 들어 올려 발사하는 기계식
쇠뇌의 일종이다. 이런 기계식 쇠뇌는 주로 적의 성채를 공격하거나
적의 방패를 깨뜨리는 데 사용되었던 것으로 보인다. 《노해》(위), 유영기 복원.

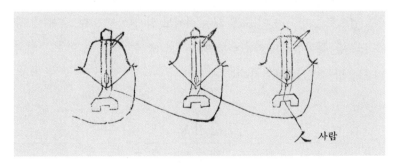

연노법

《노해》에 실린 연노법이다. 오른쪽 아래편에 있는 병사가 줄을 잡아당겼을 때
여러 개의 노가 연속적으로 발사되는 과정을 보여준다.

구분	활의 크기	궁력	화살 수	사거리
강노	10파(把)	1,000균	장전 10	1,000보
중노	9파(把)	700~800균	장전 6~7	300~400보
소노	8파(把)	300~400균	장전 3~4	-
차소제상궁	-	-	편전 2~3 편전 10	400~500보 30~40보

시위가 충분히 당겨지면 아두에 시위를 건 뒤 녹로에서 쇠뇌를 들어 올려 발사한다. 따라서 한 대의 녹로로 여러 개의 쇠뇌를 당겨서 쏠 수 있다.

《노해》에는 이 소노를 이용한 연노법連弩法이 소개되어 있다. 적의 접근이 예상되는 지점에 여러 개의 쇠뇌를 서로 연결해 놓았다가, 적이 다가오면 줄을 잡아당겨 첫 번째 쇠뇌를 발사한다. 그러면 이때 발사된 쇠뇌의 활채가 다음 번 쇠뇌의 발사 장치를 잡아당겨서 작동하게 되고, 같은 원리로 서로 연결된 모든 쇠뇌가 차례로 발사된다. 따라서 연노법으로는 한 사람이 수백 개의 쇠뇌도 발사할 수 있다. 물론 이 경우 조준은 불가능하므로 협로를 따라 침입해 오는 대규모의 적군에게나 사용할 수 있는 방법이다.

등자노
登子弩

등자노登子弩는 《만기요람》에 나오는 쇠뇌의 일종이다. 등자노의 전체적인 형태는 궐장노와 같으며, 다만 쇠뇌의 앞부분에 등자처럼 생긴 고리가 있다. 궐장노의 시위를 당기려면 바닥에 앉아서 두 발로 활을 버티고 두 손으로 활시위를 당겨야 하지만, 이 등자노는 선 채로 한 발을 이 등자 안에 넣고 양손으로 시위를 당긴다. 따라서 쇠뇌의 힘은 궐장노에 미치지 못하지만 장전 속도는 빠르다. 등자노는 동서양을 막

등자노
활채의 앞쪽에 있는 둥근 고리를
발로 밟고 시위를 당긴다.
《무비지》.

론하고 흔히 사용된 쇠뇌의 형태이고, 현재 사냥용으로 사용되는 소위 석궁힐ㄱ도 이와 거의 비슷한 구조이다. 하지만 조선시대의 기록에서는 등자노가 그리 흔하게 나타나지 않는다.

한편, 근래에 쇠뇌를 석궁이라고 하거나, 혹은 외국 서적을 번역할 때 크로스보우crossbow를 석궁으로 번역하는 경우가 있다. 하지만 이 석궁이란 원래 돌이나 납탄환을 발사하는 탄궁彈ㄱ을 의미한다. 서양 탄궁의 구조가 쇠뇌와 유사하기는 하지만, 그렇다고 해서 돌과는 아무 관계도 없는 쇠뇌를 모두 석궁이라고 부르는 것은 잘못된 일이다.

성종 궁노

成宗弓弩

성종 21년에 국왕이 전라좌도 수군절도사 박암朴巖에게 새로운 궁노의 견양을 내려 보내면서 그 성능을 시험해 보도록 지시했다. 이때 내려

진 견양에는 궁노弓弩, 통아筒兒, 편전片箭, 궁노발사소공弓弩發射小孔 등이 포함되어 있었다. 이 궁노는 3~4개의 화살을 통아에 담아서 방패에 뚫어 놓은 구멍으로 통아만 내놓은 채 발사하는 쇠뇌였던 것으로 보인다. 하지만 현재 남아 있는 유물이나 도면이 없기 때문에 그 제도를 자세히 알기는 어렵다. 다만 교서의 내용을 검토해 보면, 성종이 만든 궁노의 제도는 대략 다음과 같다.

통아, 즉 노상弩床은 화살 3~4개를 올릴 수 있는 정도의 폭으로 만들고 그 앞에는 활을 끼운다. 이 활은 평소에 휴대하기 쉽도록 가운데를 접을 수 있도록 만들어졌다. 활의 앞쪽에는 화살을 유도하는 대롱, 즉 궁노발사소공을 단다. 활시위를 당기기 위한 별도의 장치가 없는 것으로 봐서, 노궁의 시위를 걸 때는 두 발로 버티고 양손으로 당겨서 기철岐鐵에 걸었던 것으로 보인다. 이 기철은 시위를 거는 돌기 부분으로서, 활의 크기에 따라서 노상에 있는 세 개의 구멍 중 하나에 꽂는다. 이 기철에는 유철游鐵이라는 고리를 걸고, 이 고리에 구현鉤弦이라는 끈을 묶어서 방환方環이라고 하는 사각형 쇠고리에 연결한다. 이 방환을 궁노 뒤쪽에 불쑥 솟은 나무 조각에 걸면 활시위가 고정된다. 활을 쏠 때는 방패나 배의 구멍에 궁노발사소공만 내놓고 방환을 연 후 발사한다.

六 · 도검

한반도에서 발굴된 가장 오래된 칼은 신석기시대의 돌칼이다. 황해도 봉산군 지탑리에서 발굴된 이 돌칼은 길이가 18cm이고 찌르기에 적합한 구조로 만들어졌다. 청동기시대에도 편마암 등으로 제작한 다수의 돌칼이 실전에서 사용되었는데, 그 형태가 아름답고 종류도 매우 다양하다. 하지만 역시 청동기시대를 대표하는 칼은 비파형 동검과 세형 동검이다.

기원전 10세기경에 등장한 비파형 동검은 전체 길이가 40~60cm 정도이고, 날의 형태가 비파 모양으로 매우 유려하며, 주로 중국 랴오허 근처와 한반도에서 집중적으로 발견된다. 반면에 날의 형태가 가늘고 직선인 세형 동검은 기원전 5세기경에 등장했으며, 대부분의 유물이 한반도 내에서 발견된다.

철기시대로 오면 초기에는 세형 동검의 양식을 그대로 모방한 양날의 짧은 철단검이 제작되지만, 원삼국시대 초기로 진입하면서 칼날이 길고 외날이며 칼자루 끝에 둥근 고리가 달린 환두대도가 등장한다. 삼국시대의 환두대도는 칼자루 고리 안에 새긴 조각에 따라서 민고리(素環頭), 세잎고리(三葉環頭), 세고리(三累環頭), 용봉고리(龍雀環頭) 등으로 나뉜다. 삼국시대에는 그 밖에도 원두대도, 규두대도, 궐수도 등이 제작되었는데 이들은 모두 일본에서도 발견된다.

통일신라시대에는 석굴암과 불국사 석가탑 사리구 등에 환두環頭가 없는 대신에 칼자루에 둥근 코등이가 달린 외날 칼이 등장한다. 이 칼은 당나라의 횡도橫刀의 영향을 받아 만들어진 것으로 '가죽으로 된 고름에 차며 칼을 겨드랑이 아래에 가로로 차는' 도검이다. 이 횡도는 일본 다치(橫刀)의 먼 조상일 뿐만 아니라, 조선시대 환도의 조형에도 매우 큰 영향을 미쳤다.

고려 전기에도 당나라 횡도의 영향을 받은 직선형의 외날 도검이 널리 사용된 것으로 보이며, 이 시기의 도검 유물로는 용인성에서 출토된 철검 한 자루와, 숭실대학교 박물관에 소장된 짧은 양날검이 있다. 고려 중기에 송나라의 서긍이 쓴《고려도경》에서는 고려의 도검을 패검佩劍이라고 했으며, 그 형태를 다음과 같이 묘사했다.

패검은 모양이 길고 날이 예리하며, 백금과 검은 물소뿔을 섞어 만들었
다. 상어 가죽으로 칼집을 만들고, 곁에 칼집고리를 만들어 색 끈으로 꿰
거나 혹은 가죽띠와 옥으로 만든 사각 고리를 사용하여 패용하니 이 역
시 옛날의 유제이다.

고려가 몽골의 지배를 받던 고려 후기에는 몽골 환도(環刀)의 영향을 받아서
칼날이 휜 곡도(曲刀)가 등장했고, 이 곡도가 조선시대로 이어져 환도라는 조선
고유의 도검 양식으로 발전하게 된다.

환도

環刀

(1) 환도의 정의와 기원

조선시대에는 긴 외날을 가진 단병기는 대부분 환도라고 했다. 《조선왕조실록》에는 환도 외에도 외날 도검의 이름으로 운검雲劍, 패도佩刀, 패검佩劍 등이 기록되어 있다. 하지만 운검은 국왕을 호위하는 신하가 패용하는 검이므로, 칼의 장식이나 이름만 달리했을 뿐 근본적으로는 환도의 일종이다. 패도와 패검은 《조선왕조실록》에 한두 번 언급될 뿐이다. 《무예도보통지武藝圖譜通志》에는 그 밖에도 예도銳刀, 쌍수도雙手刀, 쌍검雙劍, 왜검倭劍 등의 명칭이 나타나지만, 이들은 검법의 명칭일 뿐이며, 실제로는 대부분 환도를 사용하여 수련했다. 그 밖에도 조선시대에는 왜검과 여진족의 도검, 그리고 심지어는 철종 때 이양선異樣船에서 발견된 도검도 모두 환도라고 부르고 있다. 따라서 조선시대 대부분의 외날 도검은 환도로 분류할 수 있겠다.

우리나라의 기록에서 환도라는 명칭이 처음 등장한 것은 고려가 원나라와 본격적으로 접촉하기 시작한 충렬왕 때의 일이다. 《고려사》에는 충렬왕 3년(1277) 4월에 원나라 사신 유홍홀노劉弘忽奴가 오자 왕이 이장무李藏茂를 충주에 보내서 환도 1천 자루를 함께 만들게 했다는 기록이 있으며, 그 후에도 수차례 원나라에 환도를 만들어 바쳤다는 기록이 있다.

중국의 기록에서도 환도라는 명칭이 처음 등장하는 것은 원나라시대이며, 《원사元史》에는 원세조 임자년에 황제에게 환도를 바친 자가 있었다는 기록이 있다. 《원사》에는 이 환도의 형태에 대한 직접적인

기록은 없다. 다만 황제의 의장儀
仗에 관한 규정 중 횡도橫刀에 관
한 설명 부분에 그 제도가 의도
儀刀와 같지만 다만 날이 휘었다
(曲)는 내용이 있다. 이 횡도는 당
나라 시대부터 내려온 도검으로
서 원래 직선형이었는데, 몽골이
중국을 지배하게 된 이후 갑자기
곡선형으로 바뀌게 된 것이다.
따라서 이러한 상황을 종합해 보
건대,《원사》의 횡도가 곧 몽골
족의 환도이며, 이는 중앙아시아
초원 지역의 유목 민족이 사용하
던 사브르sabre에서 비롯된 곡선
형의 칼이라고 생각된다. 그리고
고려는 원나라와의 접촉을 통해
이 환도를 받아들였던 것으로 보
인다.

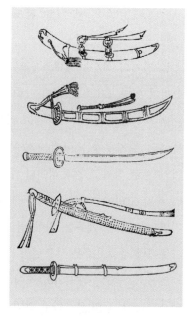

환도

조선의 환도는 고려시대에
몽골의 환도에서 비롯된 칼로서
외날이고 길이는 비교적 짧은 편이다.
칼의 휨은 중국과 일본 칼의 중간
정도이며, 띠돈을 이용하여 허리에
패용한다. 위에서부터《세종실록》,
《국조오례의》,《무예도보통지》,
《진찬의궤》,《융원필비》.

한편 환도의 환環자의 의미에 대해서는 코등이의 둥근 형태를 의미
한다는 주장과, 칼집을 허리에 매는 둥근 고리를 의미한다는《융원필
비》의 주장 등이 있다. 그러나 몽골족 사브르의 공통적인 특징은 코등
이의 형태가 아니라 칼을 매는 둥근 고리와 끈에 있기 때문에《융원필
비》의 주장이 더욱 타당하다고 볼 수 있다.

(2) 환도의 변화과정

조선 전기의 환도는《세종실록》과《국조오례의》에 그 모습이 자세히 그려져 있다.《세종실록》의 그림을 보면, 당시의 환도는 칼날이 큰 폭으로 휘었으며 길이는 상당히 짧은 편이다. 칼머리에는 두석 장식을 둘렀고, 칼자루에는 구멍을 뚫어 홍조수아紅絛穗兒를 드리웠다. 칼집은 어피魚皮로 감싸고 검은색이나 주홍색으로 칠했다. 칼집에 달린 두 개의 칼집 고리에는 끈을 꿰어 허리에 묶었다. 그림에는 나타나 있지 않지만, 환도에는 패용을 위한 별도의 가죽 띠가 있었으며 소재로는 소가죽이나 사슴가죽을 사용했다.

조선 초기에는 환도의 규격이 통일되지 않아서 그 길이가 제각각이었으므로, 문종은 신하들로 하여금 환도의 규격을 논의하도록 했다. 당시의 조정 논의 결과 정해진 조선 전기의 환도 규격은 다음과 같다(《조선왕조실록》).

• 환도의 크기

구분	칼날 길이		자루 길이		합계
	척관법	미터법(cm)	척관법	미터법(cm)	미터법(cm)
보병용	1.73척	53.63	2권	20.00	73.63
기병용	1.6척	49.6	1권 3지	16.00	65.6

*영조척營造尺: 31cm *1권拳: 10cm, 1지指: 2cm

문종 당시 정해진 환도의 규격을 주척으로 환산하면, 기병용 환도의 날 길이는 겨우 30cm에 불과하다. 따라서 문종 당시 환도의 규격은 영조척으로 환산하는 것이 옳을 것이다. 그러나 영조척으로 환산하더라

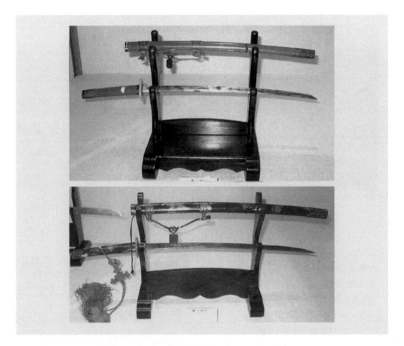

환도

조선 후기의 환도 유물은 장식이 화려하면서도 길이가 상대적으로 긴
전통적인 환도 양식과, 길이는 길지만 장식이 투박한 군용 환도, 그리고 조선 말엽에
의장용으로 사용된 매우 짧은 장식용 환도 등으로 나눌 수 있다.
육군박물관(위), 고려대학교 박물관 소장.

환도

아래의 칼 두 자루는 별운검으로 알려져 있다. 칼날이 매우 가늘고 가벼워서
조선 말기에 의장용이나 호신용으로 사용되었다. 육군박물관 소장.

책가도 병풍
그림 속의 칼은 어피 중에서도
가장 귀한 매화교梅花鮫로 칼집을
감싼 것이다. 칼이 빠지는 것을
방지해 주는 자물쇠와 칼을 차는 데
사용하는 띠돈 등이 매우 상세히
묘사되어 있다.
한국국학진흥원 소장.

도 당시의 환도 길이는 현존하는 조선 후기의 도검 유물에 비해 매우 짧은 편이다.

조선시대의 병사들은 일반적으로 활 1~2자루에 화살 20여 대 정도를 휴대하고 여기에 갑옷까지 입었다. 이 정도의 중무장은 보병이 감당하기에는 힘든 무게였으며, 조선 초기에는 갑옷을 입고 활과 화살, 환도를 지닌 채 300보를 달려갈 수만 있어도 갑사로 채용될 수 있었다. 따라서 당시 병사들이 가벼운 칼을 선호하는 것은 당연했다. 게다가 당시에는 갑주를 입은 적을 상대했기 때문에 베기보다는 찌르기 위주의 공격이 이루어졌고, 찌르기 공격에는 직선형의 짧은 칼날이 보다 효과적이었다. 이 때문에 문종 당시 함길도 절제사였던 이징옥李澄玉은 환도의 칼날이 곧고 짧은 것이 급할 때 쓰기가 편리하다고 주장한 것이다.

그러나 이미 임진왜란 이전부터 조선 조정에서는 환도의 길이가 너무 짧다는 논의가 있었고, 임진왜란을 겪는 과정에서도 일본도에 대항하기에는 조선의 환도가 너무 짧다는 점이 확인되었다. 이로 인해 조선 후기의 환도는 길이가 상대적으로 길어지는데,《무예도보통지》에 기록된 조선 후기의 환도 규격은 다음과 같다.

• **환도의 크기**

구분	갈날	갈자루	무게	길이 환산	무게 환산
환도	3척 3촌	1척	1근 8냥	90.3cm	963g

*주척周尺: 21cm

이 당시에 정해진 환도 규격은 조선 말기로 오면서 좀 더 짧아지게 된다. 결국 궁수이거나 조총수일 수밖에 없는 당시의 조선군에게 길이가 긴 칼은 환영받기 어려웠을 것이다. 조선 말기가 되면 환도는 무기로서의 의미가 점차 사라지고 일종의 의장품화되면서, 길이가 50cm 정도밖에 되지 않는 짧은 환도나, 동아대학교 박물관 소장 소환도처럼 칼날을 아예 대나무로 만든 것들이 제작된다. 또한 채용신의 〈자화상〉에서 볼 수 있듯이 청나라 패도의 영향을 받아 칼자루에 가는 철 띠를 넓은 간격으로 감은 칼이 등장하고, 〈철종 어진〉의 소환도처럼 서양 사브르의 영향을 받아 칼자루에 울(knuckle bow)을 두른 환도가 등장한다.

(3) 환도의 각 부분별 명칭

다음에서는 조선시대의 문헌 기록을 중심으로 전통 도검의 각 부분별 명칭을 정리하고 자료가 부족한 부분에 대해서는 장도粧刀의 세부 명칭을 차용하여 설명했다.

- **칼자루 柄**: 손으로 칼을 잡는 부분이다.
- **뒷매기 柄頭**: 칼자루의 끝, 즉 칼머리에 덧댄 철물이다.
- **유소 구멍 刀穴**: 색실을 매는 구멍이다.
- **유소 流蘇**: 갖가지 색실을 꼬아서 끈목을 만들고 이 끈목으로 다양한

매듭을 지은 것이다. 그 끝에는 술을 드리운다.

- **칼자루 싸개 沙魚皮** : 칼자루가 손에서 미끄러지지 않도록 하기 위하여 어피, 정확히는 상어나 가오리의 가죽으로 감싼 것이다.

- **칼자루 감개 柄卷** : 칼자루에 감은 끈(가죽, 면)이다.

- **슴베 구멍 刀眼** : 칼날을 칼자루와 결합시키기 위해서 슴베와 칼자루에 뚫어 놓은 구멍이다.

- **나무못 目釘** : 칼자루와 칼날을 고정시키기 위해 슴베 구멍에 끼우는 대나무 못이다. 우리나라의 환도는 원래 가운데 구멍이 있는 대롱 모양의 리벳으로 칼날을 고정시켰지만, 조선 후기에는 일본식으로 대나무 못을 사용하여 칼날을 고정하기도 했다.

- **앞매기 緣** : 칼자루와 코등이가 만나는 부분에 철물을 둘러서 칼자루를 보강하고 슴베가 칼자루에 단단히 고정되도록 해주는 부분이다.

- **코등이 譚** : 칼자루와 칼날 사이에 끼워서 손을 보호하도록 만든 원형의 철물이다. 조선시대에는 이 부분을 양마兩馬라고 했다. 코등이는 콧등이라는 말에서 유래된 근세의 명칭으로 보인다.

- **덧쇠 㘞㘞** : 덧쇠는 코등이의 앞뒤에 덧붙이는 구멍 뚫린 작은 원판이다. 코등이의 앞뒤로 각각 1~2개가 들어가며, 코등이가 칼날 및 칼자루와 단단히 결합되도록 해준다.

- **환도막이 銅護刃** : 칼날의 뿌리 부분을 구리로 감싸서 보호한 것이다. 동호인이라고도 한다.

- **슴베 莖** : 칼날 중 칼자루 안으로 삽입되어 고정되는 부분이다. 조선시대에는 수메라고 했다.

- **칼날 刀刃** : 물체를 베는 칼의 날 부분이다.

- **칼끝 鋒** : 칼의 앞쪽 끝 부분으로, 적을 찌르는 부분이다.

- **칼등 刀背** : 칼날 반대편의 날이 없는 부분이다.

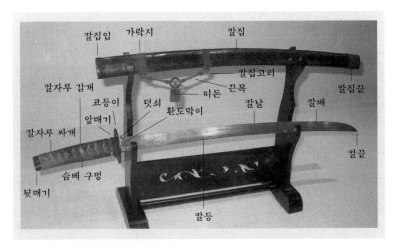

칼집입　가락지　　　　　칼집

칼집고리

칼자루 감개　　　　　　　　　띠돈　끈목　　　　　　칼집끝

코등이　덧쇠　환도막이　　칼날　　칼배

칼자루 싸개　　　앞매기

습배 구멍　　　　　　　　　　　　　　　　　칼끝

뒷매기

칼등

칼의 각 부분별 명칭

- **칼배** : 칼등과 칼날 사이 부분이다.

- **칼날턱** : 칼날의 뿌리에 나 있는 턱이다.

- **칼등턱** : 칼등의 뿌리에 나 있는 턱이다.

- **골 血漕** : 칼의 무게를 줄이고 적의 피가 흘러나올 수 있게 칼날 표면에
  파 놓은 긴 홈이다.

- **칼집 刀礦** : 칼을 넣는 목재 용기이다.

- **칼집입 礦口** : 칼을 넣는 칼집의 입구 부분 및 입구를 보강하는 철제 띠
  고리를 말한다.

- **칼집끝 礦鋒** : 칼집의 아랫부분 및 이를 보강해 주는 철제 캡이다.

- **가락지 腰帶兀** : 칼집을 강화하기 위해 칼집 위에 두른 금속 띠를 말
  한다.

- **칼집고리 腰帶穴** : 허리에 칼을 차기 위해 칼집의 가락지에 부착한 작은
  고리를 일컫는다.

- **띠돈 帶金** : 칼집을 허리띠에 매는 데 사용하는 금속 고리를 말한다.

- **끈목** : 칼집고리와 띠돈을 연결한 끈이다.
- **칼띠 腰帶** : 가죽이나 천 등으로 만든 허리띠를 말한다.

(4) 조선 환도의 특징

《무예도보통지》와 《융원필비》 등의 조선시대 기록과 현존하는 환도 유물을 종합하여 살펴보면 조선 후기의 환도는 다음과 같은 특징을 지닌다.

① 칼날의 길이

조선시대의 환도 길이는 시대에 따라서 변화했을 뿐만 아니라, 같은 시대에 있어서도 소환도小環刀, 중환도, 대환도 등으로 그 크기가 다양했으므로 환도의 표준적인 길이를 제시하기는 어렵다. 다만 상세 제원이 공개된 육군박물관 환도의 실측 자료와 칼집을 포함한 전체 길이가 공개된 타처 소장 환도 자료 등 총 27점의 환도 측정 자료를 종합하여 환산한 결과, 환도의 평균 칼날 길이는 59.27cm였다. 이 길이는 《무예도보통지》에 나오는 환도 칼날의 길이인 69.3cm보다는 약 10cm 정도 짧고, 문종조의 보병용 환도 날 길이인 53.63cm보다는 약 6cm 긴 수준이다. 일본의 가타나의 날 길이는 약 70~80cm 전후이므로 조선의 환도는 일본도에 비해서 10~20cm 정도 짧다.

② 칼날의 단면

환도는 단면의 형태에 따라서 배형도, 삼각도, 편삼각도, 육각도, 의사도 등으로 나뉜다.

조선 환도의 대부분을 차지하는 배형도舟形刀는 단면의 구조가 완만

한 배 모양이다. 이 배 모양의 단면 구조는 중국에서도 당나라 이후 가장 보편적으로 사용되었으며, 삼각도에 비해 구조적인 강도가 뛰어나다.《성호사설》을 보면, 우리나라 사람이 일본도를 얻으면 경사면을 갈아 냈다는 이야기가 있다. 당시 조선에서는 일본의 육각도를 수입한 경우에도 이를 갈아 배형 구조로 만들어 사용했던 것으로 보인다.

날의 단면이 직삼각형인 삼각도三角刀는 가장 초기적인 형태의 칼날 구조이다. 삼각형의 날은 단조하기도 쉽고 절삭력도 뛰어나지만, 구조적으로는 취약하다. 삼국시대의 환두대도는 대부분

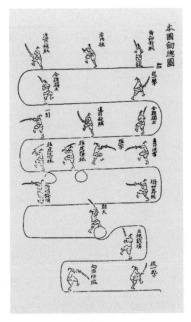

본국검총도

《무예도보통지》는 한, 중, 일
삼국의 검술의 정수가 총망라되어
있으므로 무예사를 연구하는 데
있어서 매우 귀중한 가치를 지닌다.
그 중 본국검은 조선의
고유 검술로서 그 의미가 크다.

이 삼각도이며, 환도 중에는 무게가 가벼운 별운검류의 도검과 죽장도에서 삼각도가 많이 발견된다.

편삼각도片三角刀는 칼날의 한쪽 측면은 평평하고, 나머지 한쪽 측면에 튀어나온 마루가 있는 칼이다. 일본에서는 이런 형태를 가타기리하즈쿠리(片切刃造)라고 부르며, 요즘의 생선회칼도 편삼각도에 해당한다. 이러한 칼날은 절삭력이 매우 뛰어나고 연마가 용이한 대신 구조적인 강도는 떨어진다. 육군박물관의 칠성은입사환도七星銀入絲環刀가 편삼각도에 해당한다.

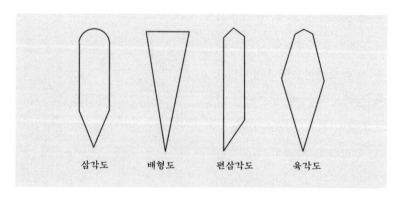

칼날의 단면

육각도六角刀는 날의 단면이 육각형일 뿐만 아니라, 칼배의 양 측면에 시노기(鎬)라는 이름의 두드러진 부분이 존재한다. 육각도는 일본에서 비롯된 칼날 형태로서 시노기 즈쿠리(鎬造)라고 불리며, 헤이안 이후 모든 시대의 다치와 가타나가 육각도에 해당한다. 우리나라에 육각도가 도입된 것은 임진왜란 이후인 것으로 생각되며, 영빈이씨 패월도, 훈명흑칠환도 등이 모두 육각도에 해당한다. 조선시대의 육각도 중 상당수는 일본인에 의해 제작된 칼날일 것으로 추정된다.

의사도擬似刀는 칼끝에서 일정 부분까지는 양날이고 나머지는 외날인 도검이다. 일본에서는 이를 기쓰사키 모로하 즈쿠리(鋒兩刃造)라고 부른다. 효령대군의 10대손인 이형상李衡祥의 유품 중에 의사도가 존재하는데, 칼코의 두툼한 형태나 혈조로 보아 중국에서 전래된 것이 아닌가 생각된다.

③ 칼날의 휘임각

우리나라 칼의 휘임각은 중국과 일본의 중간 정도라고 볼 수 있다. 육군박물관에 소장된 환도의 실측 자료를 보면, 대부분의 환도 휘임각은 대략 5도에서 8도 정도이다. 중국은 원나라의 지배 이후 곡도가 널리 사용되었으나, 명나라와 청나라시대를 거치면서 점점 더 직선화되는 경향을 보였고, 일본은 시대에 따라서 휘임각이 조금씩 변화했지만 기본적으로 곡도로서의 특징은 언제나 유지되었다. 우리나라의 환도는 조선 초기에 곡도로 출발하여 직도에 가깝게 변화해 오다가, 임진왜란을 거친 이후에는 일본도보다는 작지만 분명한 휘임각을 갖는 곡도로 정착된다. 조선 후기의 환도는 전체 칼날 중에서 코등이 쪽의 2/3는 거의 직선에 가깝고, 칼끝 쪽의 1/3은 완만하게 휜 형태가 일반적이다.

④ 칼끝

일본도는 칼날과 칼끝의 경계가 요코테(橫手)에 의해 분명히 나뉘며, 섬뜩한 느낌을 주는 예리하고 각진 모습이다. 반면에 조선시대의 칼은 칼날과 칼끝이 모호하고 칼끝이 자연스러운 곡선을 그리며 위로 약간 솟아오른다. 하지만 버선코 모양의 높이 솟아오른 칼끝은 환도에서는 거의 발견되지 않는다.

⑤ 코등이

이충무공 장검을 포함해서 조선 후기 도검 중 일부에는 일본도에나 있을 법한 소병궤혈小柄櫃穴(kozuka hitsu ana), 계궤혈笄櫃穴(kogai hitsu ana) 등이 뚫려 있는데, 이는 조선의 장인들이 그 구멍의 용도도 정확히 모른 채 일본 코등이를 모방한 결과라고 판단된다. 이 구멍들은 일본도에서 작은 칼(소병小柄, kozuka)과 머리 손질 도구(계笄, kogai) 등을 끼우기 위해 뚫어 놓은 것으로, 우리 환도에는 이런 구멍이 존재할 이유가 없다. 우리 고유의 코등이는 구멍이 하나도 없든지, 아니면 비녀장을 끼우기 위한 원형의 구멍이 칼등과 칼날 방향으로 하나 혹은 두 개가 존재한다. 환

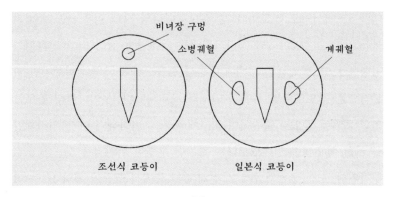

코등이의 구조

전통적인 조선 환도의 코등이에는 칼등 쪽에 비녀장을 채우기 위한 작은 구멍이
하나 있다. 반면에 일본도와 일본도의 영향을 받아서 만들어진 조선의 환도에는 칼날의
좌우에 작은 칼과 머리카락 다듬개를 꽂기 위한 구멍이 각각 하나씩 있다.

도의 코등이는 그 형태에 따라서 원형, 타원형, 꽃잎형, 사각형, 팔각형
등으로 구분된다.

⑥ 패용 장식

환도는 띠돈을 이용하여 허리띠에 매달아 휴대한다. 띠돈은 칼집 고리
에 묶은 두 개의 끈목을 하나로 묶어 허리에 거는 두석豆錫 장식이다.
중국 청나라의 패도에도 거의 동일한 형태의 띠돈 장식이 있는데, 중
국의 띠돈은 띠에 거는 부분의 한 면이 트여 있는 갈고리 방식인 반면,
조선의 띠돈은 트인 부분이 없는 사각형의 구멍 형태가 일반적이다.
이 구멍에 가죽띠를 통과시켜 허리에 찬다. 환도의 휴대 방법에 대해
서는 별도로 다루기로 한다.

⑦ 칼자루

칼자루에 어피나 가죽 끈을 감는 것은 우리나라 청동기시대의 석검이

나 환두대도에서도 나타나지만, 우리나라는 일본에 비해 습도가 낮은 편이기 때문에 일반 호신용 도검에는 칼자루감개나 칼자루싸개가 없는 경우가 많다. 다만 조선 후기의 군용 도검에는 칼자루를 가죽 끈으로 감는 것이 보편적이었던 것으로 보인다.

칼자루를 감는 방식을 보면, 《무예도보통지》의 칼자루 감기는 한쪽 방향으로 엇갈려 감기를 했으며, 《융원필비》의 감기는 일본도의 방식과 유사하지만 감은 횟수가 훨씬 적다.

(5) 환도의 휴대 방법

조선시대의 도검 패용 방법은 여러 가지가 있으나, 가장 대표적인 것은 띠돈을 이용하여 칼자루가 등 뒤를 향하도록 하고 칼집 끝이 전방 아래쪽으로 늘어지도록 허리에 차는 띠돈 매기 방식이다. 칼자루가 등 뒤로 향하도록 하여 칼을 차는 것은 중국 청나라와 근세 유럽, 그리고 일본의 군도 패용 방식에서도 나타나는 보편적인 패검 방식의 하나이다. 하지만 현대의 한국인들이 워낙 일본의 가타나 식 패용 방법에 익숙하기 때문에 이를 생소하게 느낀다. 칼자루가 등 뒤로 향하도록 하여 칼을 차는 것은 활동상의 편의성, 특히 활을 쏘는 데 있어서의 편의성을 고려한 것이다. 동개를 착용하고 있는 경우, 활을 활집에서 꺼내는 동작과 활을 당겨 쏘는 동작에 있어서 배꼽이나 명치 높이에 돌출된 칼자루는 상당한 불편을 초래한다. 그 밖에도 상체를 좌우로 돌리거나 아래위로 구부리는 동작을 할 때도 칼자루가 등 뒤로 향하도록 하는 편이 훨씬 편하다.

칼자루가 등 뒤로 향하도록 칼을 차면 운신이 편하지만, 칼을 뽑는 데는 물론 불편하다. 그러나 두 개의 끈목을 하나의 원형 고리에 묶어

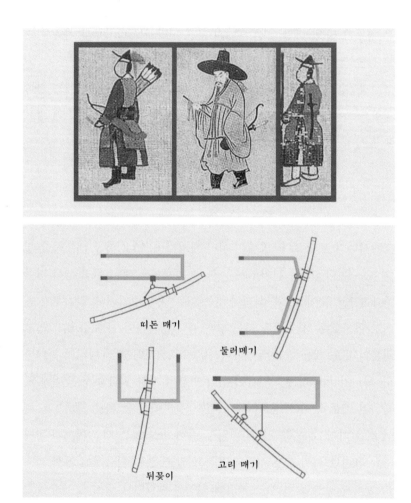

환도의 휴대 방법

조선시대의 환도는 대부분 띠돈을 사용하여 칼자루가 등 뒤로 가도록 패용했다.
조선 후기에는 일반 병졸을 중심으로 칼을 허리 뒤춤에 꽂는 뒤꽂이
방식이 널리 사용되었다.

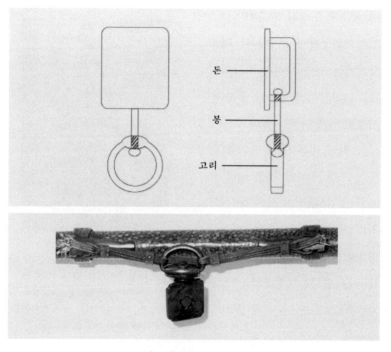

띠돈의 구조(위)와 띠돈

조선시대에 환도를 패용하는 데 사용했던 띠돈의 구조이다.
띠돈의 중앙에 있는 봉이 환도를 앞뒤로 쉽게 돌려 찰 수 있도록 해준다.
띠돈은 고려대학교 박물관 소장

서 칼을 앞뒤로 쉽게 돌릴 수 있게 하는 방법이 먼저 고안되었고, 이어서 띠돈이 고안됨으로써 필요할 경우 칼자루를 쉽게 앞쪽으로 돌려 찰 수 있게 되었다.

띠돈은 원형 고리와 봉棒, 사각 고리 등 세 부분으로 구성되며 재질은 대부분 놋쇠이다. 특히 회전이 가능한 봉은 칼을 앞뒤로 쉽게 돌려서 찰 수 있도록 해주는 핵심 부품이다. 이 띠돈의 표면에는 조각을 하거나 칠보로 꾸며 장식을 하기도 하며, 고급품의 경우 옥으로 장식하기도 한다. 띠돈의 형태가 분명하게 확인되는 가장 오래된 유물은

1688년에 조성된 휘릉徽陵의 무인석이다. 휘릉 무인석의 패용 장식에는 원형 고리와 사각형의 돈, 그리고 이 둘을 이어주는 봉이 분명하게 나타나 있다.

구한말에 서양인이 남긴 조선의 포도대장 사진이다. 칼자루가 뒤로 향하도록 허리에 환도를 차는 경우, 상대방은 일본의 가타나 패용 방식과는 사뭇 다른 느낌을 받는다.

그 밖에 띠돈 매기 방식과 더불어 조선 후기에 가장 널리 사용된 도검 패용 방식은 등 뒤의 허리띠에 칼을 찔러 넣는 뒤꽂이 방식이다. 정조의 화성 행차를 묘사한《원행을묘정리의궤園幸乙卯整理儀軌》를 보면, 활로 무장한 장수들과 상급 군관들은 환도를 왼쪽 허리에 차고 있는 데 비해, 조총수와 창수 등 하급 군졸들은 환도를 등 뒤의 허리띠에 꽂고 있는 것을 볼 수 있다. 환도에는 가타나의 율형栗形이나 반각返角이 없기 때문에, 칼을 뒤춤에 그냥 찔러 넣어 휴대하는 경우에는 칼이 아래로 빠져버리게 된다. 따라서 조총수와 창수들은 칼집 중간의 끈목 안쪽으로 전대戰帶를 통과시켜서 환도가 빠지지 않도록 고정시켰던 것으로 보인다. 이러한 뒤꽂이 방식의 환도 패용은 조선 후기에 나타난 것으로 보이는데, 앉고 일어서기를 반복하면서 사격해야 하는 조총수의 동작을 편하게 하기 위해서 칼을 등 뒤에 꽂았던 것으로 보인다.

그 밖에도 조선시대에는 칼을 등이나 어깨에 메거나, 혹은 칼집에 수직으로 고정된 사각 고리를 이용하여 허리에 찼다.

운검

雲 劍

운검은 도검의 한 종류를 지칭하는 말이자, 동시에 당상관 중에서 차출되어 검을 차고 국왕을 호위하는 임시 직책을 지칭하는 말이기도 하다. 도검으로서의 운검은 원래 국왕의 보검을 의미한다. 용이 나타나면 구름이 모인다고 하였으니, 운검雲劍에서 구름이란 곧 국왕의 임재를 의미한다. 궁중에서 사용된 운검과 인검, 정대업무에 사용되는 목검 등에는 모두 구름 모양의 운두雲頭가 달려 있다. 하지만 국왕이 직접 칼을 차고 다닐 수는 없는 일이므로, 조선 전기의 경우 종 3품의 대호군大護軍이 국왕의 운검을 받들고(捧) 다녔다. 조선 후기에는 형식상 정 2품의 도총관이 보검寶劍이라는 이름으로 운검을 받들고(捧) 다녔지만 이들은 실질적으로 국왕을 호위하는 역할을 수행하였고, 단순히 국왕의 운검을 운반하는 역할은 운검차비雲劍差備 혹은 봉운검수문장捧雲劍守門將이라는 하급 무관에게 다시 넘겨졌다.

조선 전기의 경우 《세종실록》에는 운검의 "칼집은 어피魚皮로써 싸고, 칠은 주홍색을 사용하고, 장식은 백은白銀을 사용하며, 홍조수이紅絛穗兒로써 드리우고, 띠는 말위라는 가죽을 사용한다."라고 하였으며 나머지 제도는 환도와 동일하다고 하였다.

조선 후기의 경우 《진연의궤》와 《진찬의궤》에 그려진 운검을 보면 칼머리 부분에 구름 모양의 운두雲頭 장식이 달려 있으며, 두 개의 칼집 고리 사이가 환도에 비해 상당히 넓어서 주로 등에 메거나 혹은 어깨 위에 지고 다니기에 편하도록 만들어졌다. 또한 서울대학교 박물관에 소장된 《정조세자책봉의례도》와 기타 반차도들을 보면 조선 후기 운검의 길이는 일반 환도에 비하여 훨씬 길었다. 그러나 육군박물관 패

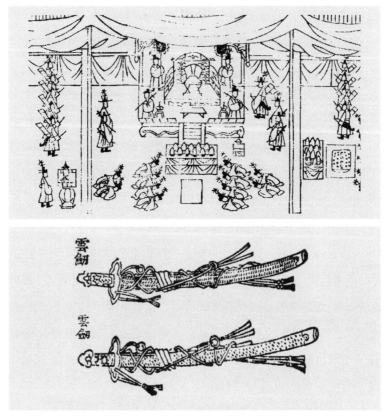

《진찬의궤》를 보면 어좌의 앞쪽 좌우로는 두 명의 당상관이 길이가
상당히 긴 보검을 어깨에 메고 있고, 그 아래쪽 좌우로는 별운검이 각각 두 명씩
짧은 운검을 허리에 차고 있다. 아래의 《진찬의궤》 및 《진연의궤》에
그려진 조선 후기의 운검은 칼머리에 운두 장식이 있고
칼집 고리 사이의 간격이 매우 넓은 편이다.

월도佩月刀의 예로 볼 때, 이는 칼집의 길이만 긴 것이며 그 안에 들어있
는 칼날은 일반적인 환도 길이와 큰 차이가 없었을 것이다.

한편, 조선시대에는 2품 이상의 무관 중에서 두 명 혹은 네 명을 선
발하여 검을 패용佩用하고 국왕의 바로 곁에서 호위를 하도록 하였는
데, 이들의 임시 직책을 별운검別雲劍 혹은 운검雲劍이라고 하였다. 운검

의 직책은 반드시 무반武班이 맡은 것은 아니며 한명회 등 문반文班 출신도 자주 운검을 맡았고, 조선 후기에는 2 품 이상이라는 조건도 그리 엄격하게 적용되지 않았다.

이들이 별운검 혹은 운검의 직책을 맡았을 때 패용하던 칼은 별도의 형식이 정해져 있는 것이 아니므로, 그저 고급스러운 외장의 환도라고 보면 될 것이다. 현재 운검이나 별운검이라고 불리는 유물들은 운두도 없고 칼집 고리 사이의 폭도 좁으며 칼집의 길이도 일반 환도와 비슷한 수준이다. 따라서 이들은 대부분이 운검의 직책을 맡았던 이들이 패용했던 일반 환도일 뿐이다.

쌍검
雙 劍

쌍검은 양손에 각각 잡고 사용하는 한 쌍의 짧은 칼을 말한다.《무예도보통지》에는 쌍검 칼날의 길이가 2척 5촌, 칼자루 길이가 5촌 5분으로, 총길이가 3척 5분(64cm)이라고 했다. 칼의 무게는 8냥(321g)이며 하나의 칼집에 두 개의 칼을 넣어 휴대한다. 쌍검은 보병과 기병이 모두 사용했으며, 기예도 각각 쌍검과 마상쌍검으로 구분하여 전해진다.

《만기요람》에는 용호영에 쌍검 10쌍이 있다는 기록이 있고,《살수색중기殺手色重記》에는 쌍검 26자루가 무위소에 소장된 기록이 있다.《살수기계복색신조소입마련책殺手器械服色新造所入磨鍊冊》을 보면, 당시 쌍검 한 자루의 가격은 환도의 50% 정도였고, 쌍검에는 코등이와 칼자루 감개가 없었다.

현재 우리나라에는 조선시대의 쌍검 유물이 남아 있지 않다. 조선 후기에는 대부분 일반 환도 중에 가장 짧은 것으로 쌍검을 대신 연마

마상 쌍검

말 위에서 두 자루의 칼을 사용하는 마상 쌍검은 난이도가 매우 높은 무예였다.

했으므로, 쌍검 유물은 달리 전해지지 않는 것으로 보인다. 도봉서원에는 '쌍검'이라는 이름을 가진 특이한 도검이 한 쌍 전해지고 있지만, 이는 월도류의 장병기로《무예도보통지》의 쌍검과는 관계가 없다.

검

劍

외날의 도끼는 신석기시대부터 생활 도구로 사용되었으며, 청동기시대에 이르러서야 양날의 전투용 도검이 처음 등장했다. 당시에 이 전투용 양날 도검은 생활 도구인 도와 구분해서 검이라고 불렀으며, 따라서 이때까지는 도와 검의 구분이 명확했다. 하지만 한나라 때 외날이면서 동시에 전투용 도검인 환두대도가 등장하자 도와 검이라는 단어 사이에는 혼란이 생기게 된다. 이후 중국과 우리나라에서는 도와 검을

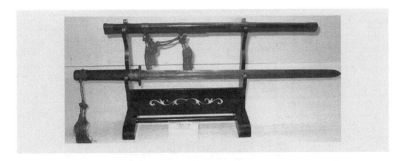

이억기 하사 보검

선조가 이억기 장군에게 하사했다고 전해지는 양날검이다. 칼날에는
칠성문이 새겨져 있다. 칼날의 형태를 제외하면 나머지 양식은
일반 환도와 거의 동일하다. 육군박물관 소장.

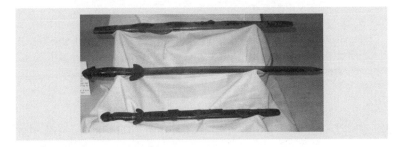

검

중국 당나라에서 기원한 당검 양식의 양날 칼이다. 조선시대에는
양날검이 실전용으로 사용되지 않았으며, 선비들이 마음을 수양하는
방편으로 널리 소장했다. 육군박물관 소장.

혼용했으며, 거의 같은 시대에 편찬된 《무예도보통지》와 《융원필비》에
서도 각기 다른 의미로 도와 검을 정의하고 있다. 하지만 역사적으로
보자면 검은 양날과 외날을 따지지 않고 전투용 도검 모두를 총칭하는
단어로 사용되었으며, 그 중에 특히 양날 칼만을 지칭할 때도 검이라
는 단어를 좁은 의미로 사용했다. 반면에 도는 외날을 가진 무기와 날
붙이 생활 도구를 지칭했다.

　한반도에서는 청동기시대와 초기 철기시대까지만 해도 길이가 짧

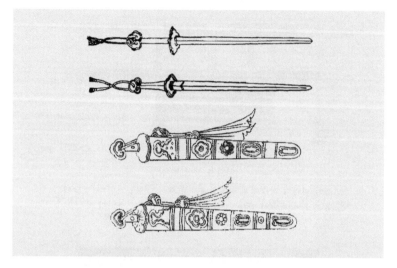

《악학궤범》과 여러 의궤에 그려진 양날검은 의식에 사용되었던 의장의 일종이다.
이런 종류의 칼에는 대부분 국왕을 상징하는 운두가 칼머리에 달려 있다.
위에서부터 검(악학궤범), 검(경모궁의궤), 은장도 · 금장도(세종실록).

은 양날의 검이 실전에 사용되었다. 그러나 환두대도가 보급되기 시작한 원삼국시대 이후로는, 무게가 무겁고 제작비가 많이 드는 양날검은 전투용 무기로 거의 사용되지 않았다. 다만 조선시대에는 양날검이 신비한 힘이나 권위를 상징하기 위하여 왕릉의 무인석과 사천왕상, 탱화 속의 신장神將 등에 묘사되었으며, 실제로 제작된 양날검은 대부분 사인검과 마찬가지로 벽사辟邪의 의미를 지니거나 감상을 목적으로 만들어졌다. 이 때문에 대부분의 조선시대 양날검에는 북두칠성과 같은 벽사 문양이 새겨져 있다.

북두칠성이 새겨진 검을 칠성검이라고 하는데 이 칠성검의 원래 이름은 구성벽마참사검九星辟魔斬邪劍으로 원래 9개의 별이 달려 있었으나 현천상제가 칼을 뽑는 과정에서 2개의 별이 떨어져 나가서 칠성검이 되었다고 한다. 따라서 실제로 검신에 새겨진 별의 숫자를 세어 보면

조선세법과 예도

중국 《무비지》에 실린 조선세법(왼쪽)과 《무예도보통지》에 실린
예도(오른쪽)는 칼의 형태만 다를 뿐 검술 동작은 동일하다.

여섯 번째 별의 좌우로 각각 하나씩 작은 별이 추가되어 모두 9개이다. 이는 동양 고대의 칠성 신앙에 기문둔갑의 구궁九宮 개념이 도입되면서 나타난 변화일 것으로 생각된다. 이렇듯 북두칠성이 새겨진 양날검에는 하늘의 신성한 기운이 담겨 있으므로, 조선의 선비들은 즐겨 검을 구하여 벽에 걸어 두고 삿된 기운을 몰아내는 한편 스스로의 마음을 수양한 것이다.

한편, 조선의 검과 관련해서 《무비지》에 실린 조선세법朝鮮勢法에 대한 이야기를 하지 않을 수 없다. 1621년 모원의가 《무비지》를 편찬할 당시에 중국에서는 검술의 맥이 완전히 끊긴 상태였으므로 외날의 도법은 왜검술을 인용했고, 양날의 검법으로는 조선에서 전래된 조선세법을 소개했다. 조선세법은 안법眼法, 격법擊法, 세법洗法, 자법刺法, 격법格法으로 구성되어 있으며, 그 내용이 심오하고 폭이 넓어 검술의 높은 경지를 보여 준다. 다만 이 조선세법은 조선에서 중국으로 건너가게

된 경위가 불명확하며, 과연 원래부터 양날의 검을 사용하는 검법이었는지가 불분명하다.《무예도보통지》에서는 이 조선세법을 예도銳刀라고 소개했으며 검 대신 환도를 사용하여 수련했다.

참사검
斬 邪 劍

참사검은 호랑이와 용 등 특정한 지지地支가 중복되는 시간에 만들어진 칼로서, 주로 궁중에서 사귀邪鬼를 쫓고 왕실의 안녕을 빌기 위해 제작했다. 그 중 대표적인 참사검인 사인검四寅劍은 인년寅年 인월寅月 인일寅日 인시寅時에 제작되었다. 12년마다 돌아오는 호랑이 해의 정월 상인일上寅日에는 궁중에서 각지의 장인과 군사들을 동원해 크게 산역山役을 일으켜 많은 수량의 사인검을 제작하였다. 하지만 인시 동안 제조할 수 있는 칼의 수량은 얼마 되지 않았으므로, 인시 이외의 시간에도 칼을 만들고 이를 삼인검三寅劍이라고 불렀다. 용의 해에 만든 사진검四辰劍이나 삼진검三辰劍도 넓은 의미에서는 사인검과 그 의미가 같다. 다만 조선시대에는 호랑이 부적이 삼재三災를 몰아낸다고 믿었고, 용 부적은 집안에 복운을 불러들인다고 믿었기 때문에, 이 양자 간에는 어느 정도 의미의 차이는 있었을 것으로 생각된다.

사인검은 재질이 연철軟鐵이고 담금질을 제대로 하기 어려웠기 때문에 실제적인 의미에서는 칼이라고 보기 어렵다. 이 사인검은《기문둔갑장신법奇門遁甲藏身法》의 사독갑귀법使獨甲鬼法에 나타나듯이 귀신을 쳐서 복종시키는 데 사용되는 법기法器의 일종이며, 신흠申欽의《사인도가四寅刀歌》의 내용에서 알 수 있듯이 그저 소지하는 것만으로도 삿된 귀신과 요괴를 물리치는 강력한 부적이다. 사인검은 또한 그 표면에 온갖

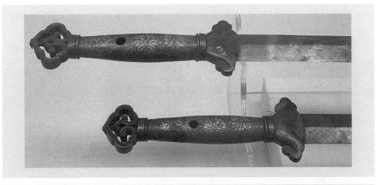

사인검

도교의 영향하에서 악귀를 물리칠 목적으로 제작된 검을 말한다.
사인검의 표면에는 면상감 기법과 입사 기법으로 주문과 부적,
화려한 무늬가 새겨져 있어 신비로운 느낌을 준다. 육군박물관 소장.

기이한 주문과 기호, 다양한 별자리를 금과 은으로 아로새겼기 때문에
조형적으로도 아름다울 뿐만 아니라 동양적인 신비감마저 느껴진다.

주술적인 의기인 사인검의 상징체계는 칼(刀), 인寅, 성수문星宿文 등
핵심적인 부분과, 범어 주문, 한문 주문, 부적 등 보완적인 부분으로 나
누어 볼 수 있다.

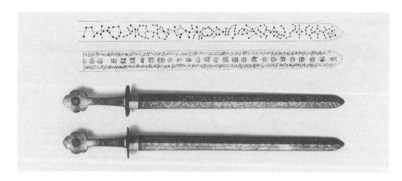

사인검의 명문

사인검의 표면에는 28수의 별자리와 한문 주문, 법어 주문, 그리고 부적이
새겨져 있다. 한문 주문에는 이 칼이 도교의 뇌법에서 비롯되었음을 암시해 주는
내용이 있다. 국립중앙박물관 소장.

(1) 칼

칼로 사귀를 물리칠 수 있다는 믿음은 우리의 무속 신앙에도 뿌리 깊
게 자리 잡고 있으며, 도교 신앙에서도 현천상제의 칠성검七星劍, 장릉
의 참사검斬邪劍, 여동빈의 순양검純陽劍 등은 모두 하늘의 기운을 담아
사악한 요괴를 물리치는 신령스러운 칼이다. 사인검은 우리의 전통 무
속과 도교의 영향하에서 칼의 형태로 만들어진 부적이라고 할 수 있다.

(2) 인

열두 지지 중의 하나인 인寅은 양陽에 해당하며, 그 중에서도 특히 만물
의 시작인 춘양春陽에 해당한다. 그리고 양에 해당하는 지지인 자子, 인
寅, 진辰, 오午, 신申, 술戌이 들어가는 간지에는 천간天干도 반드시 양에 해
당된다. 양의 기운은 그 자체가 음陰에 해당하는 귀신을 물리치는 능력
이 있다고 믿었다. 중국과 우리나라에서는 인불제사寅不祭祀라 하여 인

일寅日에 제사뿐 아니라 귀신에게 비는 것조차 하지 않았는데, 이는 인일에 양의 기운이 강하여 귀신이 힘을 쓰지 못하기 때문이었다.

그러나 도교의 측면에서 보자면 이 양의 기운은 그 자체로 벽사의 의미를 가질 뿐만 아니라, 귀신을 쫓는 가장 적극적인 방술인 뇌법雷法을 행하는 과정에서 강력한 벼락의 힘을 칼에 담기 위한 필요조건이 된다. 도교에서는 귀신에게서 비롯되는 대부분의 질병과 고통은 스스로의 죄악에서 비롯된다고 보고 회개와 제사 행위를 통해 귀신을 물리쳤지만, 아무런 이유 없이 인간을 괴롭히는 악귀는 번개의 힘을 빌려 물리쳤다. 조선에서 귀신을 쫓고 병을 고칠 때 가장 흔히 독경되었던 《옥추보경玉樞寶經》도 이 뇌조雷祖 신앙을 바탕으로 하고 있다. 뇌법을 행할 때 도사道士들은 스스로의 몸에 양의 기운을 가득 채움으로써 번개의 힘을 받아들이며, 사인검 또한 같은 이유로 양의 기운이 강한 시간에 제작되었다.

(3) 성수문

사인검에는 대부분 북두칠성이나 동양의 고대 별자리 중에서 가장 중시되었던 28성수星宿가 새겨져 있다. 북두칠성은 북극성의 바로 옆에 국자 모양으로 늘어서 있는 7개의 별이고, 28성수는 적도대赤道帶를 28구역으로 나누어 각각을 하나의 별자리로 구성한 것이다. 북두칠성과 28수를 새기는 것은 모두 칠성신앙의 표현이다.

고대로부터 북극성은 북극의 하늘에 머물러 움직이지 않으면서 수억 개의 별을 지배하는 우주의 중심으로 여겨졌기 때문에 원시신앙의 대상이 되었다. 도교에서는 원시천존, 옥황상제가 모두 이 북극성에 머물러 천계를 지배한다고 보았다. 북극성과 그 자리에 머물러 있는 천신은 북두칠성을 다스리며 이 북두칠성을 통하여 28수 300의 성좌와 1,460개의 별 모두를 다스리는 것이다. 따라서 북두칠성을 새기거나 28수를 새기는 것은 모두 천제의 힘과 지배력을 상징한다.

(4) 기타

그 밖에 사인검의 표면에는 입사와 상감으로 주문呪文, 부적, 범어진언梵語眞言, 길상문吉祥紋 등을 새겨 검의 신비한 힘을 더했다. 사인검에 새겨진 주문의 내용은 다음과 같다.

四寅 斬邪劍
사인 참사검

乾降精 坤援靈 日月象 岡澶形 攝雷電
하늘은 정精을 내리시고 땅은 영靈을 도우시니,
해와 달이 모양을 갖추고 산천이 형태 이루며 번개가 몰아치는도다.

運玄坐 推山惡 玄斬貞
현좌를 움직여 산천의 악한 것을 물리치고,
현묘한 도리로써 베어 바르게 하라.

위의 문장은 사인검에 두 부분으로 나뉘어 적혀 있는데, 앞부분의 열다섯 자는 음양오행의 이치를 설파하는 부분이며, 뒤의 아홉 자는 직접적인 벽사의 의미를 담고 있다. 우선 앞 문장은《주역》8괘의 원리에 따라서 하늘에 해당하는 건乾과 땅에 해당하는 곤坤이 각각 일월의

정精과 산천의 영靈을 내고, 건곤이 만나면 맏아들에 해당하는 뇌雷가 가장 먼저 태어남을 설명했다. 이 뇌는 이미 설명한 바와 같이 도교 신앙에 있어서 악귀를 물리치는 가장 강력한 수단이 된다.

다음의 아홉 자 중 첫머리에 나오는 현좌玄坐는 원시천존元始天尊이나 옥황상제를 상징하며, 현좌를 움직인다는 것은 사인검으로 이들 천신을 움직여 힘을 빌린다는 의미이다. 다음 구절의 퇴산악摧山惡은 '산과 같은 악을 물리친다'로 해석할 수도 있겠지만, 《사인도가》에서도 볼 수 있듯이 사인검이 제압하고자 하는 대상은 산과 같이 어마어마한 악령이 아니라, 숲속의 풀과 돌 등 미물의 음기가 뭉쳐서 생성되는 요괴들인 만큼 '산천의 악한 것들을 물리친다'로 해석하는 것이 옳을 것이다. 마지막 구절의 현참정玄斬貞은 현玄으로 악한 것들을 베어 바르게 한다는 의미인데, 여기서 현이란 음도 아니고 양도 아닌 것으로서 깊고도 깊으며 현묘한 도리, 즉 도道를 의미한다. 정貞은 단순히 바르다는 의미를 갖기도 하지만, 《주역》에서는 정을 양에 해당하는 건乾이 갖는 네 가지 덕 중의 하나로 설명한다.

결국 위의 내용을 종합해 보면, 사인검의 명문은 도교의 우주관을 담고 있으며, 뇌조와 현천의 힘으로 산천의 악귀를 제거하고자 하는 소망이 담겨 있다고 할 것이다.

도교의 경전인 《상청함상감검도上清含象鑑劍圖》나 《전당시全唐詩》에 수록된 아래의 경진검명景震劍銘이 위의 사인검명의 원형에 가까울 것으로 보이지만, 전승 과정에서의 변형을 반드시 오류로 볼 것은 아니며 자연스러운 변용으로 보는 것이 타당하다.

乾降精, 坤應靈 日月象, 嶽瀆形

攝雷電, 運玄星 摧兇惡, 亨利貞

창포검

菖 蒲 劍

《역어유해보》에는 날이 양쪽에 있는 칼(兩刃刀)을 창포검이라고 한다고 했다. 이 창포검이라는 명칭은 좁은 칼날이 마치 창포의 잎과 같다고 해서 붙여진 것으로서, 조선시대에는 실전에 사용되는 양날검은 모두 창포검이라고 불렀던 것으로 보인다. 창포검은 서양의 소드 스틱 sword stick이나 중국의 지팡이 검과 마찬가지로 칼을 비밀스럽게 소지하기 위하여 제작한 칼로, 칼날의 폭을 좁게 만들기 때문에 베기보다는 찌르기에 적합하다. 이 창포검은 숙종 때 일종의 범죄 결사 집단이었던 살주계殺主契의 무리들이 지녔다는 기록이 있고, 《만기요람》에는 금위영에 창포검 한 자루가 있었다고 한다.

창포검 중에도 특히 칼집과 칼자루를 대나무로 만든 것을 죽장도竹杖刀라고 하는데, 이 죽장도는 좁은 대나무자루 안에 칼날을 숨겨야 하므로 칼날의 폭이 좁으며, 창처럼 주로 찌르는 용도에 적합하다.

횟대검은 길이가 짧아서 숨겨 휴대하기에 더욱 적합한 창포검을 말한다. 이 횟대검은 평소에는 옷을 걸어 놓는 횟대로 사용하다가 위기가 발생했을 때 뽑아 사용한다고 해서 횟대검이라고 부른다는 설이 있지만, 그보다는 칼의 형태가 횟대를 닮았기 때문에 그렇게 불린 것으로 보인다.

육군박물관에는 창포검이 한 점 있는데, 검신에는 보조寶釣 치천금値千金이라는 문구가 새겨져 있다. 보조는 곧 이 칼로 보화를 얻겠다는 의미이고, 치천금은 천금의 가치가 있다는 뜻이다. 조선시대에 창포검으로 보화를 얻으려고 했던 것을 보면 이 칼의 주인은 상당히 고약한 사람이었던 듯하다.

창포검

조선시대에는 날이 양쪽에 있는 칼(兩刃刀)을 창포검이라고 했다.
이 창포검이라는 명칭은 좁은 칼날이 마치 창포의 잎과 같다고 해서
붙여진 이름이다. 육군박물관 소장.

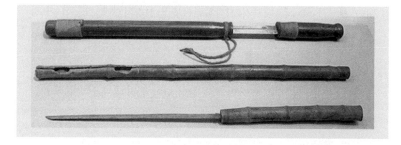

횟대검

횟대검은 옷을 걸어 놓는 횟대와 모양이 비슷한 칼로서
길이가 짧아서 숨겨 휴대하기에 적합하다. 전쟁기념관 소장.

쌍수도

雙手刀

쌍수도는 중국의 쌍수장검雙手長劍에서 비롯된 칼로서 칼날의 길이는
5척, 칼자루의 길이는 1척 5촌으로, 전체 길이가 6척 5촌이며 무게는
2근 8량이다. 칼날의 아랫부분에 구리로 감싼 환도막이는 길이가 1척
이다. 이를 주척으로 환산하면 다음과 같다(《무예도보통지》).

• 환도의 크기

구분	칼날	칼자루	무게	길이 환산	무게 환산
쌍수도	5척	1척 5촌	2근 8냥	136.5cm	1.6kg

명나라시대에 왜구가 중국 남부 지방을 번번이 약탈했는데, 이때 왜구가 휘두르는 커다란 왜검을 중국의 짧은 칼로는 당할 수가 없었다. 척계광은《기효신서》에서 당시의 상황을 다음과 같이 기록했다.

이는 왜구가 중국을 범하기 시작하면서부터 시작되었다. 그들이 이 칼을 가지고 휘둘러 섬광이 번뜩이면 그 앞에 선 우리 병사는 기운을 잃어버렸다. 왜구가 한 길 너머 한 번 뛰면 그 앞에 있는 자가 양단되어버리는 것은 칼이 예리하고 두 손을 사용하여 힘이 실리기 때문이다. 하지만 칼만을 쓰면 스스로를 지키지 못하므로 오직 조총수만이 가히 겸하여 쓸 수 있다. 적이 멀리 있으면 총을 쏘고 가까이 있으면 칼을 쓴다.

척계광은 이 같은 경험을 통해 일본도의 장점을 인정하고 이를 본받아 쌍수장검을 만들었다. 이 쌍수장검을 휴대하는 조총수는 어차피 방패를 휴대할 수 없었기 때문에, 적이 접근하면 조총을 버리고 긴 쌍수장검 하나를 양손으로 쥐고 휘둘렀다.

조선은 명나라를 통해서 쌍수장검과 그 검법을 받아들였으며, 태귀련과 이무생이 제작한 이충무공 장검도 이 쌍수장검의 일종이다. 이충무공 장검 두 자루의 길이는 각각 197cm와 196.8cm이며, 칼집을 뺀 칼날의 무게는 각각 4.320kg과 4.205kg이다. 이 칼은 의장용으로 제작된 것이기는 하지만, 당시 명나라에서 전해진 쌍수장검과 왜검 그리고 조

쌍수도

쌍수도는 가깝게는 중국의 쌍수장검, 멀게는 일본의 야태도에서 비롯된 칼이다.
《무예도보통지》.

선 고유의 환도 양식이 융화되어 탄생한 명검이다.

이순신 장군은 무인으로서의 기개와 탁월한 군사적인 식견을 갖추었을 뿐만 아니라 고매한 학식을 지녔고, 여기에 더하여 부모와 자식에 대한 따뜻한 사랑과 부하에 대한 애정을 갖추었던 분이기에 우리 역사에서 아무 거리낌 없이 존경하고 숭배할 수 있는 몇 안 되는 인물 중의 한 사람이다. 도검 유물이 턱없이 부족한 우리나라에서 이순신 장군과 같은 존경스러운 분의 장검이 두 자루씩이나 온전하게 오늘날까지 전해지고 있다는 것은 너무도 기쁘고 다행스러운 일이다. 다만 이충무공 장검이 본연의 광채를 잃은 채 하얀 얼룩에 덮여 일반 진열장 속에 방치되어 있는 것이 못내 가슴 아플 뿐이다.

쌍수도는 조선에서 대량으로 제작되어 사용된 적은 없는 것으로 보인다. 조선에서는 쌍수검법만이 쌍수도, 평검平劍, 용검用劍이라는 이름

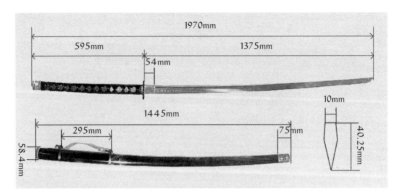

이순신 장군 장검 제원

현충사에 소장된 이순신 장군 장검은 길이가 거의 2m에 달하고
무게가 4.3kg이나 된다. 이 칼은 의장용 칼로 제작되었지만 한, 중, 일 삼국의
도검 양식이 결합하는 과정을 잘 보여 준다.

으로 전수되었으며,《무예도보통지》에는 "오늘날에는 쌍수도의 제도制
度를 사용하지 않고 오직 요도腰刀로써 대신 연습한다. 단지 그 이름만
이 남아 있을 뿐이다"라고 했다.

왜 검
倭 劍

우리나라는 고려시대부터 이미 왜검을 수입했으며, 조선 초기에는 왜
인들이 상당량의 왜검을 진상하기도 했다. 또한 조선 초기의 기록을
보면, 조선으로 귀화한 왜인이 조선에서 왜검을 제작하거나 혹은 조선
인이 일본에 건너가서 직접 왜검 제작 기술을 익히고 돌아오기도 했
다. 하지만 조총이 등장하기 이전에는, 조선이 편전과 총통으로 원거
리에서 왜구를 충분히 제압할 수 있었기 때문에 단병기인 왜검에 대한
관심은 그리 높지 않았다.

임진왜란이 발발하자 왜인들은 조총 사격으로 아군의 활과 재래식 총통을 무력화시키고, 예리한 왜검으로 돌격하여 커다란 타격을 입혔다. 이에 우리 조정에서는 일본의 도검 제작 기술을 도입하는 한편, 잘 발달된 일본의 검술을 습득하기 위해 노력했다. 이순신 장군은 임진왜란 직후부터 왜검 제작 기술을 익히기 위해 노력했으며, 그 결과 1596년 1월에 갑사 송한宋漢이 배 위에서 왜검 두 자루를 만드는 데 성공했다.

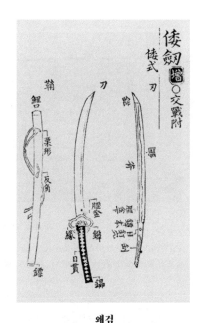

왜검

일본의 왜검은 조선에 대량으로
보급되지는 않았지만 그 조형적 특징은
조선 후기의 환도에 상당한
영향을 미쳤다.《무예도보통지》.

하지만 조선의 병사들은 임진왜란 이후에도 여전히 '곧고 짧은 칼'을 선호했기 때문에 왜검이 대량 보급되지는 못했고, 다만 왜검의 조형이 조선 후기의 환도에 어느 정도 영향을 미쳤을 뿐이다. 일본에서 전래되었거나 일본도를 모방하여 만든 칼로는 왜검, 왜별장검倭別長劍, 왜장검倭長劍 등이 있었다.

장도
粧 刀

장도는 조선시대에 남녀가 패용하던 도자刀子, 즉 손칼이다. 장도의 전체 길이는 대략 10~30cm 정도이며, 옷고름이나 허리춤에 매어 생활

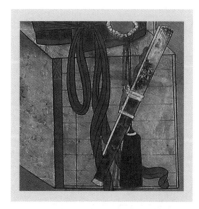

책가도 병풍(왼쪽), 장도

일반적으로 잘 알려진 여성용 은장도 외에도 조선시대에는 남자들이 한 자 길이의
호신용 장도를 흔히 패용했다. 책가도 병풍(한국국학진흥원), 장도(온양민속박물관).

도구 및 장신구로 사용했다. 하지만 조선시대에 남자들이 패용한 장도
중에는 길이가 1자 이상인 것이 많았으며, 이런 종류의 장도는 먼 길을
갈 때 호신용으로도 사용되었다. 길이가 짧은 여성용 장도는 조선 여
인들이 자신의 정절과 목숨을 지키기 위한 무기로 사용되었다.

《동국신속삼강행실도東國新續三綱行實圖》를 보면, 충주 목사 원신元愼의
처인 원주 심씨는 왜적이 가까운 곳까지 쳐들어오자 두 개의 장도를
옷고름에 달고 다니다가 왜적이 그녀를 겁탈하려 들자 장도를 빼어 들
고 적을 꾸짖다가 살해되었다. 또한 서울에 사는 부제학 신체제의 딸
은 정유재란 때 부친을 따라 산속으로 피난을 갔다가 왜적을 만나게
되자, 오른손에 장도를 들고 왼손에 각목을 휘두르며 욕설을 퍼붓고
항거하니, 적이 그녀의 어깨를 찔러 땅에 쓰러뜨려 죽였다고 한다. 외
침에 시달리던 조선의 슬픈 역사 속에서 조선의 장도에는 마치 장미의
가시처럼, 자신이 허락하지 않은 접근을 용납하지 않는 조선시대 여인
의 긍지와 자부심이 담겨 있다.

최남선은《고사통故事通》에서 특별한 근거를 제시하지 않은 채, "남녀의 옷고름에 차는 장도는 그 형제形制와 패용법이 순전히 몽골풍일시 분명한 것이다."라고 했으나 이는 도자 패용을 오랑캐의 습속으로 보고 천시한 데 따른 주장일 뿐이며, 짧은 칼을 소지하여 생활 도구로 사용하는 관습은 이미 청동기시대부터 우리나라에 존재했다. 그리고 장도를 "장식적 목적이 강조된 손칼(刀子)"로 정의한다면, 삼국시대의 금은제金銀製 소도자小刀子가 우리나라 장도의 기원이라고 할 수 있을 것이다. 현재의 장도 형식이 완전히 성립된 것이 언제인지는 알 수 없으나, 장도의 가장 중요한 특징인 원장석과 탄구형吞口形 칼집, 칼을 패용하기 위해 부착하는 메뚜기 장석 등은 삼국시대의 환두대도의 조형과 상당히 유사하다.

조선 초기에 명나라에 보낸 장도의 종류를 보면 당시 장도의 종류가 매우 다양했음을 알 수 있다.

삼사도자 三事刀子, 삼병도자 三幷刀子

중양삼사도자 中樣三事刀子 중삼도자 中三刀子

소양삼사도자 小樣三事刀子 소삼도자 小三刀子

오사도자 五事刀子, 오병도자 五幷刀子

칠사도자 七事刀子

은장화류초오병도자 銀粧花榴礁 五幷刀子

은장도 銀粧刀

은장도자 銀粧刀子

백어피초아도자 白魚皮礁兒刀子,

백어피과 白魚皮裹 삼병도자 三幷刀子

단도자 單刀子

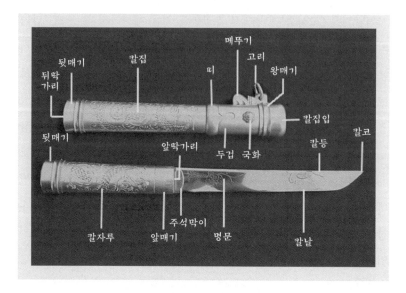

장도의 각 부분별 명칭

위의 장도 명칭 중에서 소양小樣, 중양中樣, 대양大樣은 장도의 크기를 의미하며, 삼사三事, 오사五事 등은 젓가락, 귀이개, 부채 등 장도에 부착하는 부속 도구의 개수를 의미한다. 삼병도자三幷刀子, 오병도자五幷刀子는 삼사도자三事刀子, 오사도자五事刀子의 다른 이름이다.

조선 초기에는 장도를 장식하는 데 주로 은을 사용했으며, 어피로 칼자루와 칼집을 감싸기도 했다. 하지만 태조 3년에 왕실을 제외하고는 금 장식을 사용할 수 없도록 했고, 은 또한 일정 용도에만 사용할 수 있도록 규제했다. 연산군 4년의 사치금제奢侈禁制에서는 서민이 은장도를 사용하는 것을 금했으며, 중종 17년에는 당상관 이상만이 은장도를 사용할 수 있도록 했다. 이러한 은장도 금지령은 조선 후기 현종 때까지 반복적으로 내려졌지만, 임진왜란 이후에는 금령이 유명무실해지면서 민간에서도 은장도가 사용되었다. 〈완판본 열녀 춘향 수절가〉

를 보면 춘향이가 천은장도天銀粧刀를 패용했는데, 이 천은은 순도 100%
의 고품위 은을 말한다. 그 밖에도 이 작품에는 밀화장도蜜花粧刀, 옥장
도玉粧刀, 대모장도玳帽粧刀 등이 등장하는데 이는 당시에 장도를 사치스
럽게 꾸미는 것이 상당히 유행했음을 보여 준다.

조선 후기에는 은이나 다른 보석류의 값이 비쌌기 때문에, 대부분
의 서민들은 목장도를 사용하거나 혹은 백색의 구리합금인 백통(cupro-
nickel) 장도를 사용했다. 조선시대의 백통은 구리 75%·니켈 25% 혹은
구리 58%·아연 5%·니켈 37%의 비율로 합금한 것이며, 현재 은장도라
고 전해지는 조선시대의 장도 유물은 대부분이 백통장도이다.

언월도

偃月刀

언월도는 관우의 청룡언월도로 잘 알려진 장병기이다. 하지만 관우 당
시에는 아직 언월도가 존재하지 않았으며, 송나라시대에 와서야 비로
소 언월도류의 무기들이 등장했다. 중국 송나라에서는 요나라와 금나
라의 철기鐵騎를 상대할 목적으로 언월도와 같은 대도大刀류의 무기들
이 성행했지만,《고려도경》을 보면 당시 고려에서는 대도를 거의 사용
하지 않았던 것으로 보인다.

조선은 임진왜란 때 명나라의 기병이 언월도를 사용하여 왜군을 크
게 무찌르는 것을 목격한 이후 언월도의 기예를 도입했다.《무예제보
번역속집武藝諸譜飜譯續集》에 실린 청룡언월도 기예는 명나라 장수로부터
직접 전수 받았던 것으로 보이며, 이를 전수한 명나라 장수로는 선조
28년 조선에 무예교사로 파견되었던 양귀楊貴가 유력하다.《무예도보통
지》는《왜한삼재도회倭漢三才圖會》를 인용하여 "왜인의 신묘한 칼 솜씨도

월도(왼쪽), 언월도(가운데와 오른쪽)
언월도는 임진왜란 당시에 중국에서 전래된 장병기로서 주로 기병이 사용했다.
보병이 사용한 언월도는 대부분 의장용이다. 《Korean weapons and armor》(왼쪽),
서울대학교 박물관(가운데), 궁중유물전시관(오른쪽) 소장.

언월도의 휘두름 아래서는 피할 곳이 없었기에, 언월도를 칼 중에 제일이라고 하는 것은 헛말이 아니다."라고 했다.

반면에 모원의는 《무비지》에서 "언월도는 조련하고 익힐 때 그 웅대함을 보이는 것일 뿐, 진중에서는 사용할 수 없다."라고 했는데, 이는 중량이 지나치게 무거워 "보통 사람은 감히 들지도 못하게 만든" 중국의 화려한 언월도에 대한 이야기인 것으로 보인다. 중국의 언월도에 비해서 "가을 낙엽처럼 엷고, 형식은 조열觕劣"한 조선의 월도가 오히려 실전에 적합한 무기였다. 《연병지남》에서는 기병의 돌격 시에 사용하는 무기 중의 하나로 언월도를 꼽고 있다.

《무예제보번역속집》에 나오는 청룡언월도는 자루의 길이가 5척이고, 날 길이는 2척, 날폭은 2촌이다. 반면에 《무예도보통지》의 언월도는 자루의 길이가 6척 4촌(134.4cm), 칼날의 길이가 2척 8촌(58.8cm), 전체 무게는 3근 14냥(24.9kg)이다. 언월도의 칼등에는 곁가지가 있고, 이 가지에 소꼬리(髦)를 드리운다. 코등이와 장식은 황동을 사용하며, 자

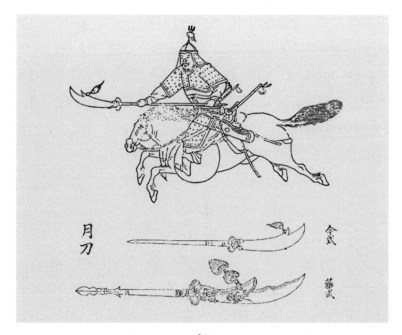

월도
중국의 월도는 장식이 화려하고 무게가 무거워서 단지 위용을
보여줄 뿐이라는 평가를 받았지만, 조선의 언월도는 얇고 가벼웠으며
실전에서 사용되었다. 《무예도보통지》.

루 아래에는 철준鐵鐏을 단다. 이 철준은 물미라고도 하며, 들기름을 태
운 연기를 쏘여 녹이 슬지 않게 한다.

조선의 17대 왕 효종은 무예를 좋아하여 한가한 날이면 비원에서 말
을 달리며 무예를 시험하곤 했는데, 이때 청룡도와 철퇴를 사용했다고
한다. 또한 어릴 적부터 효종을 닮았다는 이야기를 자주 들었던 사도
세자는 겨우 15, 16세에 힘센 무사들도 들기 어려워하는 효종의 언월
도와 철퇴를 휘둘렀다고 한다.

하지만 조선 후기에는 언월도가 주로 의장용으로만 사용되었다. 조
선 후기의 반차도에는 갓과 도포 차림의 벼슬아치가 언월도를 들고 행

렬 앞에 서거나, 궁문을 지키는 병사들이 시위용으로 언월도를 소지하고 있을 뿐이다. 《만기요람》을 보면, 오군영에는 매우 적은 수량의 언월도만이 비축되어 있었다. 현재 궁중유물전시관에는 거대한 크기의 검은색 언월도 한 점이 소장되어 있다. 그리고 서울대학교 박물관에는 《무예도보통지》의 중국식 언월도와 유사한 언월도 한 점이 온전한 형태로 소장되어 있는데, 이 칼의 전체 길이는 230cm이다.

협도
夾刀

한반도에서는 이미 초기 철기시대부터 긴 외날이 달린 장병기를 사용했다. 하지만 고려시대를 거치면서 대부분의 장병기가 소멸되고 1장 길이의 장도만이 남았다. 고려시대의 장도는 《원사》 여복輿服 의장儀仗에 나오는 외날의 장병기인 장도와도 관련이 깊은 무기이다. 고려의 장도에서 비롯된 조선 전기의 장검은 날의 길이가 2척 5촌(52.5cm)이고, 자루의 길이는 5척 9촌(123.9cm)이다. 자루는 붉은색이나 검은색으로 칠한다. 자루 아래에는 덮어씌운 쇠(冒鐵)가 있는데, 둥글고 뾰족한 모습이다. 이 장검을 지닌 검수劍手는 보병의 다섯 병종 중의 하나로, 방패군 뒤에 서서 적을 찌르거나 위에서 베어 공격했다.

《무예도보통지》에 나오는 협도挾刀는 《세종실록》의 장검과 그 형태나 기능이 거의 동일하다. 다만 협도는 장검에 비해 코등이와 칼등의 가지 및 소꼬리 장식이 추가되었으며, 길이도 좀 더 길다. 협도는 자루 길이가 7척(147cm), 칼날의 길이는 3척(63cm)이며, 무게는 4근(25.7kg)이다. 자루에는 붉은 칠을 하고 칼등에는 소꼬리를 드리운다. 칼날 아래에는 코등이가 달려 있고 그 위로 작은 동호인이 있다. 언월도는 주로

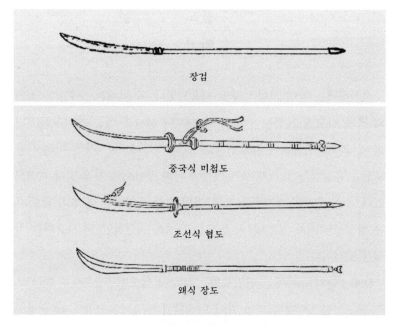

장검

중국식 미첨도

조선식 협도

왜식 장도

장검(위)과 협도
조선 전기의 장검과 조선 후기의 협도는 그 형태와 기능이
거의 동일한 외날 장병기로서 주로 보병이 사용했다.
장검(세종실록), 협도(무예도보통지).

기병이 사용한 반면, 협도는 주로 보병이 사용했기 때문에 협도의 길
이가 더 길고 무겁다. 또한 월도가 칼날의 무게를 이용하여 찍듯이 베
어 공격하는 데 반해, 협도는 찌르기와 베기를 균형 있게 사용한다.

《만기요람》에는 어영청과 금위영에 각각 250자루와 209자루의 협
도가 있다고 했는데, 이 정도 수량이면 단순한 의장용이 아니라 실전
용으로 사용된 것으로 보아야 할 것이다. 현재 서울대학교 박물관에
는 완전한 형태의 협도 두 점이 소장되어 있다. 이 협도의 전체 길이는
211cm이며 자루는 붉게 칠했다.

참도

斬刀

조선시대에는 칼이 처형 도구로 사용되었다. 목을 베는 참수형은 죄인의 몸에 난도질을 하는 능지처사凌遲處死나 사지를 찢는 거열형車裂刑처럼 지나치게 잔혹하지 않으면서도, 교형絞刑이나 사약死藥에 비해서 공포심을 유발하는 효과가 컸기 때문에 처형 방법으로 가장 널리 채택되었다. 조선 후기의 읍지들을 보면, 지방의 각 군영에는 몇 쌍의 참도 혹은 참형도斬刑刀가 있는데, 이 참도는 군법을 시행하는 데 사용하는 처형용 도검이다.

또한《만기요람》에는 언월도와 구분하여 월도月刀, 월도형대도月刀形大刀, 월도형장도月刀形長刀라는 칼이 언급되어 있고, 그 수량도 각 군영별로 8~39자루에 이르는데, 이 또한 수도手刀와 비슷한 형태의 처형용 도검이라고 생각된다.

조선시대의 참수도와 형구

일본인이 촬영한 것으로 참수도는
칼날과 칼자루가 모두 두텁고 육중하며
모양은 비교적 조악한 편이다.

조선시대에 죄수의 목을 베는 데 사용했던 칼의 모양은 조선 말기에 김윤보金允輔가 그린《형정도첩》이나 일제시대의 기록 사진 등에서 살펴볼 수 있다. 여기에는 근래의 사극에 나오는 소위 망나니 칼이 아니라, 긴 자루가 달린 언월도 형태의 참수도가 묘사되어 있다.

기록에 따라서 조금씩 다르기는 하지만, 조선시대의 처형 과

참수

《형정도첩》(왼쪽)은 그 이전에 존재하던 화첩을 모방해서 그린 것으로 알려져 있다.
그림에는 귀를 뚫은 관이와 목을 받쳐 놓은 목침, 효수를 위한 장대 등이
정확히 묘사되어 있으며 참수도는 언월도와 유사한 형태이다.
〈기산풍속화〉(오른쪽)는 처형 장면을 실제로 보지 않고 그린 그림으로 생각된다.
다만 망나니가 치켜든 참수도는 현존하는 참수도 유물과 닮은 형태이다.

정은 대략 다음과 같다. 우선 사형을 하기 전에 사형수의 두 귀를 접고
이를 화살로 꿰어(貫耳) 사형수임을 표시하며, 얼굴에는 물을 뿜고 석
회를 뿌려서 눈을 뜨지 못하게 만든다. 죄인은 두 발과 두 손을 밧줄로
묶어 멍석 위에 엎어 놓고 머리카락은 기둥에 묶는다. 사형수의 목 아
래에는 목침을 대어 목이 깨끗하게 잘릴 수 있도록 한다. 처형 시각이
되면 희광이라고도 불리는 망나니가 칼을 들고 다가서는데, 이때 사용
하는 칼은 언월도처럼 칼날의 무게가 상당히 나가는 칼로, 이 칼날의
무게로 내려찍듯이 목을 벤다. 목이 잘리면 머리카락을 묶었던 밧줄을
당겨 효시梟示를 하게 된다.

기산箕山의 풍속화 중에도 처형 장면이 있기는 하지만, 이 그림 속의
사형수는 관이貫耳도 하지 않고 팔다리도 묶지 않는 등 전반적으로 사
실감이 떨어진다. 아마도 기산은 처형 장면을 직접 보지 않고 그저 이
야기만 듣고 그렸던 것 같다.

전통 환도의 제작 과정

우리나라의 도검 제작 기술은 맥이 끊어진 지 오래이다. 그러나 다행히도 장도 제작 기술이 광양의 박용기朴龍基 옹, 울산 병영의 임원중林元重 옹 등 여러 장인들에 의해서 지금까지 전승되고 있으므로, 장도 제작 기법을 참고하고 도검 유물 및 관련 문헌자료를 심도 있게 연구한다면 여타의 전통 도검 제작 기술도 상당 부분 복원이 가능하다고 생각된다.

조선시대의 환도는 중앙의 군기감軍器監에서 일부를 제작했고, 나머지는 지방의 소규모 대장간에서 제작되어 공납되었다. 세종조 병진년에 병조에서 군기감의 장인을 늘리는 일에 대해서 보고한 내용을 보면, 환도장環刀匠은 6명이지만, 환도장과는 별도로 마조장磨造匠, 주성장鑄成匠, 소목장小木匠, 노야장爐冶匠, 동장銅匠이 있었으므로 이들이 분업적으로 환도 제작에 참여했던 것으로 보인다. 《만기요람》을 보면 환도 한 자루의 가격은 쌀 2석 5두로, 각궁 한 자루의 가격과 비슷했다.

(1) 철광석의 채취

조선시대의 장도 제작이 사철이 풍부한 지역에서 주로 성행했음을 볼 때, 환도의 경우도 주로 순도가 높은 사철에서 철을 얻었을 것으로 보인다. 《세종실록》 지리지에 따르면 세종 당시 우리나라의 철 산지는 34개소인데, 이 가운데 사철 광산이 21개소이다. 사철은 대개 산에서 캐낸 후 물로 일어 비중이 큰 사철만 남게 하는 수도법水淘法을 써서 선별한다.

(2) 철의 생산

조선시대에 철의 종류를 일컫는 단어는 다양하지만, 대표적인 철의 종류로는 무쇠, 시우쇠, 참쇠, 뽕쇠가 있다.

무쇠란 물쇠, 즉 쇠를 물처럼 녹여내는 선철銑鐵을 의미하며 생철生鐵 혹은 수철水鐵이라고도 한다. 무쇠는 무질부리가마(鑄物爐)에서 1,400도 이상으로 10시간 이상 철광석을 가열하여 얻는데, 여기서 얻은 무쇠는 탄소량 2% 이상인 주철이므로 단조 가공은 불가능하고 주물 작업을 통해 가마솥이나 농기구를 만든다.

시우쇠라는 이름은 숙철熟鐵이라는 한자에서 유래된 것으로서 탄소량이 낮아 단조가 가능한 철이다. 철광석을 쇠부리가마(製鍊爐)에서 1,200도 이상 1,300도 이하로 장시간 가열하면 묵철 덩어리 혹은 잡쇠 덩이가 바닥에 생기는데, 이 덩어리를 다시 강엿쇠둑(精鍊爐)과 판장쇠둑(鍛造爐)에서 분쇄하고 가열하여 만든 저탄소강이 곧 시우쇠이다. 우리의 대장간에서 단조로 만들어지는 대부분의 철 연장은 시우쇠로 만든다. 이 시우쇠는 쇠똥의 형성 과정에서 탄소가 들어가고, 다시 강엿쇠둑에서도 숯을 이용한 침탄浸炭이 이루어지므로 해면철에 비해서는 탄소량이 높은 편이다.

참쇠는 시우쇠를 정련한 것으로서 정철精鐵이라고 부른다.《본초강목本草綱目》에는 "철을 연성鍊成하여 된 것으로 정철精鐵이 있다. 백 번 연성하여 강철이 나온 것은 서남해 산중에 있는데, 상태가 자석영紫石英과 같다. 무릇 도刀, 검劍, 도끼(斧), 끌 등 여러 도구의 날들은 이 강철이다."라고 했다. 처음 생산된 시우쇠를 신철薪鐵이라고 하는데, 이 신철 1근을 두드려 정련하면 열품劣品 4냥의 정철이 생산된다고 한다. 이때 제거되는 나머지 부분은 맥석 혹은 맥석이 산화철과 결합한 파얄라이트

fayalite가 대부분이다. 환도는 주로 이 정철로 제작한다.

마지막으로 뽕쇠, 강쇠, 깡쇠라고 불리는 철은 고탄소 공구강의 일종으로, 공구를 제작하거나 칼날의 끝부분을 제작하는 데 사용한다. 장도장 박용기 옹의 증언에 의하면, 장도날의 재료는 철을 제련할 때 화덕 밑에 응고되고 남은 뽕쇠로 만들었으며, 뽕쇠로만 만들면 지나치게 강해서 부러지기 쉬우므로 시우쇠에 뽕쇠를 넣어서 외유내강한 성질의 칼날을 만들었다고 한다.

(3) 칼날의 제작

칼날의 제작 과정은 쇠를 불에 달구어 망치로 형태를 잡는 단조 작업과 숫돌로 가는 연마 작업, 그리고 광을 내는 마광 작업으로 나뉜다.

① 단조

김홍도의 대장간 그림을 보면, 대장간의 주인인 대장大匠은 달군 쇠를 집게로 집어 원통형의 모루 위에 올려놓고, 두 명의 메질꾼은 커다란 망치로 이 쇠를 두드린다. 어린 풀무꾼은 발풀무로 열심히 화덕에 바람을 불어넣고 있으며, 그 옆에는 어린 소년 하나가 깨진 술병의 물을 숫돌에 부어가며 낫을 갈고 있다. 대장의 오른편에는 담금질에 쓰는 나무 물통 하나가 놓여 있고, 대장의 뒤편에는 상자 모양의 풀무와 도구를 담는 넓은 나무 상자가 있다. 조선시대의 일반적인 대장간 모습은 바로 이러했을 것이다. 지금은 몇 군데 남지 않은 한국의 전통 대장간에서는 현재도 조선시대의 방식 거의 그대로 작업을 하고 있으며, 다만 일손을 덜기 위해서 전동 해머와 연삭기, 전기 풍구 등을 사용할 뿐이다.

김홍도의 <대장간>

대장장이는 메질과 담금질을 번갈아 하면서 참쇠를 다듬는데, 어느 정도 기물의 형태를 잡는 것을 대장간에서는 '깜을 잡는다'라고 한다. 어느 정도 깜이 잡히면 슴베 부분을 만드는데, 이는 메질을 계속해 뾰족하게 쇠를 뽑아내는 방식이다. 환도의 단조 과정에서 일본도에서와 같은 접쇠(folding) 공정의 적용 사례는 발견되지 않는다. 흔히 일본의 접쇠 공정에 대해서 지나치게 신비감을 갖는 경우가 있는데, 사실 우리나라의 삼국시대에는 철 제품의 원료가 되는 철정 자체부터가 접쇠 방식으로 제작되었다. 그 이후 시기에 접쇠 공정이 사라진 것은 강철 생산 및 가공 기술의 발달로 인하여 접쇠의 필요성이 감소했기 때문이다.

장도장들의 증언을 참고해 보면, 환도에 쓰이는 철은 'ㄷ'자형으로 구부린 시우쇠 판 안으로 뽕쇠 판을 물려서 단접했던 것으로 보인다. 이는 뽕쇠를 시우쇠로 완전히 감싸는 것이 아니라 칼날 부분만 남겨 놓고 감싸서 뽕쇠의 칼날이 1/3 정도 드러나도록 하는 방법으로, 일본 도의 복합 재질 구조와 유사하다.

② 담금질

칼날의 제작에 있어서 담금질(燒入)은 칼날의 강도와 경도를 결정짓는 가장 중요한 과정이다. 그럼에도 환도의 담금질 방법에 대해서는 기록이 전혀 없는 실정이다. 담금질이란 강철을 변태점變態點보다 30~50도 높은 온도로 가열한 후, 물이나 기름에 넣어 빠르게 냉각하는 것이다. 담금질을 하게 되면 723도 이상에서 오스테나이트austenite로 존재하던 철이 탄소를 과다하게 함유한 불안정한 상태의 마텐사이트martensite가 된다. 이 마텐사이트는 탄소 원자가 철 원자 사이를 꽉 메워주므로, 철 원자의 이동이 어려워져 쇠의 강도가 높아지는 것이다.

전통 방식의 담금질 중에 가장 단순한 방법은 시골 대장간에서 부엌칼을 만들 때 행하는 방식으로, 칼날을 불에 달군 후 칼날 끝부분만 수평으로 찬물에 잠시 넣었다가 꺼내는 방식이다. 이렇게 함으로써 칼날의 경도는 강해지고, 칼등 부분은 서서히 냉각하는 과정을 통해 연성이 개선된다. 하지만 장도 제작 시에 사용되는 담금질 방법은 좀 더 정교하다.

장도장 박용기 옹의 설명에 의하면, 장도날은 도신 면적의 1/4 정도에 된장을 얇게 바른 다음 화덕에 넣어 800~900도로 달구며, 이를 황토와 물을 3 : 7의 비율로 섞은 물에 칼날 2/3 가량을 담근다고 한다. 이렇게 하면 된장을 바른 칼날 끝의 1/4은 경강硬鋼이 되고, 황톳물에 들어간 2/3는 중강中鋼이 되며, 물에 들어가지 않은 부분은 연강軟鋼이 된다고 한다. 그 밖에 다른 방법으로는 장도의 도신에 머리카락을 감고 된장과 고추장을 버무려서 도신에 바른 다음, 그릇에 황톳물을 담아 놓고 칼날 끝부터 칼등까지 일직선으로 담그는 방법이 알려져 있다.

③ 연마

칼날을 단련하는 장인은 단조 작업을 통해서 칼날의 형태를 잡은 뒤, 까끌질과 거친 숫돌질로 칼날의 기본 형태를 잡아 마조장磨造匠에게 넘긴다. 마조장은 이미 칼의 형태가 드러난 칼날을 숫돌에 갈아서 날을 세운다. 《산림경제山林經濟》에는 녹슨 칼을 가는 방법에 대해서 다음과 같이 설명되어 있다.

칼을 가는 데는 물과 추석麤石을 써서는 아니되고, 마땅히 향유香油를 이석膩石에 붓고 오래 갈아서 녹을 제거한다.

추석이란 거친 숫돌을 말하며, 이석은 매끄러운 숫돌을 말한다. 칼을 가는 데 기름을 쓰는 것은 요즘에도 행해지는 방법이며, 기름의 윤활 작용으로 인해 날이 좀 더 곱게 갈리는 효과가 있다.

④ 마광

마광磨光이란 금속 제품의 표면 마무리를 위하여 연마제와 광쇠로 문질러 광을 내는 공예 기법이다. 《산림경제》에는 민간에서 칼날에 광을 내는 방법을 다음과 같이 기록하고 있다.

…쇠부리둑(鐵爐邊)을 쳐서 떨어진 철아이鐵蛾兒 3냥을 목탄 1냥에 넣어 수은 1전과 함께 가루로 만들어 칼 위에 뿌리고, 베조각으로 기름을 찍어 오래도록 문지르면 그 광光이 거울과 같다. 그 다음 솜으로 깨끗이 닦아 우유를 발라서 걸어두면 오래도록 녹이 슬지 않는다. ─《거가필용》

철아이는 쇠똥의 일종이라고 생각되는데, 이 쇠똥의 가루를 숯과 수은에 섞어 연마제를 만들고 기름 묻힌 삼베 조각으로 닦는 것이다. 전통적인 마광은 금속 표면을 숯가루로 닦아 낸 후 광쇠로 문지르는데, 환도의 경우에도 광쇠로 문지르는 과정이 있었던 것으로 보인다.

(4) 칼집의 제작

① 목공 작업

우리나라에서 칼자루와 칼집을 만드는 데 사용된 목재는 주로 강도가 높은 벚나무 등이지만, 나중에는 일본도의 영향으로 오동나무 등 가벼운 목재도 사용되었다는 기록이 있다.

칼집은 두 개의 나뭇조각에 각각 칼날 모양을 파고, 이 두 조각을 찹쌀 풀을 이용해서 붙여 만든다. 우리나라의 칼집은 일본에 비해 나무의 두께가 얇은 편인데, 이는 칼집을 전통 한지나 삼베 등에 풀을 발라 단단히 감쌌기 때문에 가능한 것이다. 종이나 삼베, 무명에 풀을 발라서 칼집을 완전히 감싸면, 풀이 마르면서 매우 단단하게 고정된다.

② 옻칠

옻칠은 우리나라를 포함하여 중국, 일본, 베트남 등에서 행해진 전통 칠 예술로서, 옻나무에서 채취한 천연 옻 수액을 나무나 금속 표면에 발라 아름답게 꾸미는 동시에 오래 보존되도록 한다. 일단 옻이 굳으면 산이나 알칼리, 염분에 부식되지 않기 때문에, 천 년이 지난 유물이 거의 원형 그대로 발견되기도 한다.

옻칠은 천연 옻을 여과기로 거른 생칠生漆과, 생칠을 가열·정제한 정제칠精製漆로 나뉘며, 정제칠은 다시 투명칠透明漆과 흑칠黑漆로 나뉜다. 투명칠에는 각종 염료를 첨가하여 여러 가지 색을 낼 수 있다. 옻칠은 칠의 바탕 즉 소지素地 혹은 태胎에 따라서 여러 가지로 나뉘는데, 환도의 경우 나무 바탕에 그대로 칠을 한 목심칠木心漆, 삼베나 무명으로 나무를 감싼 뒤 그 위에 칠을 하는 탈태칠脫胎漆, 나무에 한지를 바른 후 그 위에 옻칠을 하는 지태칠紙胎漆 등이 사용되었다.

근래에는 칼집을 도색하는 데 캐슈cashew를 주로 사용하는데, 일부 도검사에서는 이 캐슈를 옻의 일종이라고 설명한다. 하지만 캐슈는 우리가 술안주로도 흔히 먹는 캐슈나무 열매의 껍질에서 얻는 것으로, 옻나무 수액에서 채취하는 전통 옻과는 전혀 무관하다. 물론 캐슈도 옻나무과에 속하지만, 같은 옻나무과에 속하는 망고나무 수액을 옻이라고 부르는 사람은 없다.

(5) 칼자루의 제작

칼자루는 칼집과 동일한 목재로 만들고 그 위에 옻칠을 올리게 된다. 그리고 가끔은 사어피沙魚皮로 싸고 가죽 끈으로 감기도 한다.

① 칼자루 감개
《무예도보통지》 예도 편에 그려진 환도를 보면 칼자루에 가죽 등으로 촘촘하게 감은 모습이 뚜렷이 나타나 있고,《살수기계복색신조소입마련책》에는 지급된 공임 중에 병감기가柄甘其價가 있다. 하지만 《세종실록》에 나타난 환도를 보면 칼자루에 끈으로 감은 모습이 보이지 않으며, 현재 남아 있는 환도 중에도 가죽 끈으로 칼자루를 감는 것이 오히려 적은 편이다.

② 칼자루 싸개

우리나라 환도 중 고급스러운 것은 사어피를 얇게 다듬고 녹색이나 붉은색으로 물들여 칼자루와 칼집에 감기도 한다. 사어는 원래 상어를 말하는데, '魚'의 고음이 옛 이응 '어'였기 때문에 '상어'로 발음하는 것이다. 《본초강목》에서는 교어피鮫魚皮가 곧 사어피라고 했다. 하지만 가오리 중에도 우리나라의 저자가오리(Brevira jaisotrachys), 동남아 등지에서 잡히는 노랑가오리(Stingray) 등은 상어 가죽과 마찬가지로 등 쪽에는 작은 좁쌀 모양의 돌기가 있어서 상어 가죽 대신 사용하기도 한다. 가오리 가죽은 다른 가죽과 달리 칼로 찢어도 찢어지지 않고 불로 태워도 타지 않는 특징이 있다.

③ 유소

《세종실록》에는 환도의 칼자루에 홍조수아를 드리운다고 했다. 이 홍조수아는 붉은색의 유소流蘇를 길게 드리워 칼을 장식한 것을 말한다. 하지만 이 유소는 단순히 장식만을 목적으로 한 것은 아니다. 효종은 병사들이 전투 도중에 칼을 놓치지 않도록 칼자루 끈을 손목에 묶고 싸우도록 지시하기도 했다.

유소는 실을 합사해 여러 가닥을 꼬아 만든 끈목으로 만드는데, 이 끈목을 조선시대에는 다회多繪라고 하고, 끈목을 만드는 것을 '다회친다'라고 했다. 유소의 중간 부분에는 끈목을 엮어 만든 매듭이 있고, 그 아래로는 술을 드리운다. 술의 종류에는 봉술, 딸기술, 방망이술, 낙지발술, 방울술, 전복술 등 여러 가지가 있으나, 환도에는 딸기술이나 방망이술, 봉술 등을 쌍으로 단 예가 많다.

(6) 두석 장식

환도의 두석 재료로는 구리와 주석을 합금한 청동이 주로 사용되지만, 주석의 가격이 비싸기 때문에 아연을 섞은 황동을 사용하기도 했으며, 조선 후기에는 은은한 흰빛을 내는 백동(구리, 니켈 합금)을 사용하기도 했다. 그 밖에도 힘을 많이 받는 부분에는 튼튼한 철장석鐵裝錫을 사용했다.

　장석을 만드는 공정은 먼저 합금 재료를 넣은 도가니를 불 위에 얹어서 가열하여 녹이고, 이것을 골판에 부어 식혀서 작대기 모양의 쇠까치를 만든다. 이것을 모랫둑에 놓고 망치로 두들겨서 0.5mm 정도의 판으로 늘린다. 이때 수천 번의 망치질을 하는데, 힘 조절을 잘해야 고른 면을 얻을 수 있다. 판이 완성되면 깎칼로 면을 반듯하게 깎아 내고 여러 가지 조각을 한다. 조각이 완성된 두석은 기름을 묻힌 걸레에 사기나 오지 분말을 묻히고 문지르면서 광택을 낸다.

(7) 코등이 제작

《살수기계복색신조소입마련책》에는 양마철가兩馬鐵價 3전을 지급한 기록이 나오는데, 이 양마兩馬는 코등이를 말한다. 환도의 코등이는 철, 놋쇠, 옥 등으로 만들었는데, 형태상으로는 원형이 일반적이지만 운현궁 환도처럼 팔각형이거나 육군박물관 패도처럼 타원형인 경우도 발견된다. 코등이에는 호랑이, 당초문, 국화문 등이 조각되어 있다.

(8) 칼의 조립

칼의 각 부분이 완성되면 환도장이 이들 부속품을 모아 하나의 환도로 조립한다. 완성된 칼날에는 환도막이, 즉 동호인銅護刃을 매는데, 조선의 동호인은 탈착이 가능한 일본의 동호인과는 달리 얇은 놋쇠 판으로 칼날의 뿌리 부분을 완전히 감아 고정시킨다.

환도막이를 두른 다음에는 칼자루에 슴베를 집어 넣고 나무 못이나 관 모양의 리벳으로 고정시키며, 이 과정에서 코등이와 덧쇠도 제자리에 끼워 넣는다. 칼자루의 앞매기와 뒷매기는 칼자루에 감은 후 땜을 하고, 뒷매기에는 작은 구리 못을 박는다. 칼집의 가락지는 제 위치에 감은 뒤 땜을 하여 고정시킨다. 이렇게 칼이 다 완성되면 비로소 끈목을 칼집고리와 띠돈에 묶고 유소를 드리워 마무리 장식을 하는 것이다.

七 · 창

창은 주로 찌르는 용도로 사용되는 짧은 날이 달린 장병기를 말한다. 가장 원시적인 형태의 창은 긴 나무 자루의 끝을 뾰족하게 다듬고 이를 불에 구워서 강화시킨 것이다. 후기 구석기시대에는 나무 자루 끝에 뿔이나 뼈, 돌로 만든 날을 달기 시작했으며, 신석기시대에는 깬 돌과 간 돌로 만든, 보다 발전된 형태의 석창이 등장한다. 삼국시대의 창 유물을 보면 가장 흔한 창의 형태는 단순 직선형의 날이 달린 투겁창이다. 고려시대에는 모矛와 과戈 등이 사용되었는데,《고려도경》에는 3만 명에 달하는 용호중맹군龍虎中猛軍이 각각 작은 창(矛)을 들고 창 위에 구름 문양이 그려진 흰색 기를 달았다고 한다.

조선시대에도 창은 단병접전 무기 중에 가장 중요한 위치를 차지했다. 궁병이 활을 쏘아 적의 대열을 무너뜨리면, 창으로 무장한 기병과 보병이 뒤를 이어 적진을 유린했다. 하지만 조총이 보급되면서 단병기는 전반적으로 쇠퇴했고, 조선 후기의 창은 단지 의장용이나 포졸들의 무기로 전락했다.

한편, 동양에서는 창을 분류함에 있어서 고대로부터 과, 모, 극戟, 창槍 등으로 분류했다. '과'는 날이 창자루에 직각으로 부착되어 있는 꺽창으로서 주로 전차전에서 널리 사용된 무기이다. '모'는 창날 아래에 달린 대롱에 창자루를 삽입하는 투겁창이며, '극'은 과와 모를 겸하도록 수직 창날과 직각의 창날을 모두 붙여 만든 장병기이다. '창'은 찌르기 전용의 짧은 창날이 붙은 장병기를 모두 일컫는데, 창과 모의 차이점에 대해서는 여러 이견이 있을 뿐, 명확한 설명이 제시되지 못하고 있다.

그 밖에 창과 관련하여 한 가지 생각해 볼 것은 창이라는 단어의 순 우리말이 무엇인가 하는 문제이다. 전통 무기 중에서 칼의 고어인 '갈(割)'은 '가르다'라는 동사에서 파생되어 선사시대 이전부터 사용되었을 것으로 생각되며 활은 이미 고려시대에도 '활弧'이라고 불렸다. 그러나 창의 경우에는 이에 해당하는 순 우리말이 현재 남아 있지 않다.《조선왕조실록》의 선조 22년 기록에는 창으로 무장한 여진족의 부대를 '관적군串赤軍'이라고 했는데 이 관적군은 우리식 독음으로 곳치군이 된다. '곳'은 뾰족한 것을 의미하는 우리말로서 '송곳' '곳감' 등의 형태로 현재에도 사용되고 있다. 따라서 창에 해당하는 순우리말 은 '곳이' 혹은 '고치'였을 것으로 추측된다.

창

槍

조선 전기의 창은《국조오례의》와《악학궤범樂學軌範》에 그려진 그림을 통해서 살펴볼 수 있다. 이 창은 창날이 비파형의 곡선을 지니며, 날 폭이 비교적 넓고 창자루가 창날 아래의 대롱에 삽입되는 투겁창 형태이다.《국조오례의》의 창은 날 길이가 1척 5촌(31.5cm)이고, 나무로 만든 자루의 길이는 10척(210cm)이다. 창자루 아래에는 모철冒鐵이 있는데, 그 둘레는 둥글고 끝은 뾰족하다. 이 모철은 철준鐵髏, 미철尾鐵, 물미라고도 하며, 창자루 끝을 보호하는 역할을 하지만, 필요할 경우 무기 대용으로도 사용 가능하다. 창자루는 주사朱沙를 이용하여 붉게 칠하거나 생옻과 숯 등으로 검게 칠한다. 창날 아래에는 영창이라고 하는 긴 술이 달려 있어서, 적을 찔렀을 때 피가 튀거나 아래로 흘러내리는 것을 막아준다.

창자루는 튼튼하고 가벼우면서도 탄력이 있는 이년목二年木을 최상품으로 쳤다. 이 이년목은 가서목哥舒木과 함께 가시나무과에 속하는 나무인데, 이 두 나무 모두 조선시대에 창자루나 화살대 등을 만드는 목재로 가장 인기가 높았다. 가시나무는 참나무의 일종으로서 1년 내내 잎이 지지 않는 상록수이고, 주로 남해안 지방과 제주도에서만 자란다. 이 나무를 가시나무라고 부르는 것은 가지에 가시가 있기 때문이 아니라, 제주도에서 가시라고 부르는 도토리 비슷한 열매가 열리기 때문이다. 다만 조선시대에도 이 두 나무를 제대로 구분하지 못했던 듯하며, 오늘날에도 이년목과 가서목이 가시나무과의 여러 수종 중에서 어떤 종류를 지칭하는지 명확하게 확인되지 않는다.

세종 7년에는 충청도 절제사의 진언에 따라서 구하기 어려운 이년

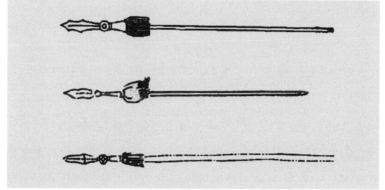

창검수와 창

조선 전기의 창은 창날이 비파형의 곡선을 지니며 날 폭이 비교적 넓고
창자루가 창날 아래의 대롱에 삽입되는 투겁창이다. 창 자루는 이년목을 사용했다.
위에서부터《가례도감의궤》,《경모궁의궤》,《악학궤범》,《세종실록》.

목만을 고집하지 않고, 단단하고 질긴 나무라면 수종에 관계 없이 사
용할 수 있도록 했다. 창의 길이도 원래는 8척에서 13척까지 다양했는
데, 높고 낮은 차이가 있어서 불편하므로 세종 13년에 병조의 주청을
받아들여《국조오례의》에 있는 규격대로 11척 5촌으로 통일했다.

조선 전기의 오위진법에서 보병의 20%는 창으로 무장한 창수였고,
기병의 40%는 창으로 무장한 기창騎槍이었다. 기병의 창 사용 방법은

기창교전

《무예도보통지》에는 마상에서 장창을 이용한 약속 대련 방법이 수록되어 있다.

태종 11년에 병조에서 정한 무과 시험 요령을 통해 알 수 있는데, 먼저 짚으로 만든 인형 다섯 개를 땅에 세워 놓고 두 차례 말을 달려가며 창으로 찌르는데, 한 차례 찌를 때마다 다섯 가지 기창 자세를 취하도록 했다. 인형의 얼굴을 맞힌 자는 7점을 주고, 추가로 맞힐 때마다 7점을 더 주었다.

그 밖에도 세종 17년의 기록을 보면, 지금의 예비군에 해당하는 잡색군雜色軍은 각자가 갑옷, 투구, 환도를 지니는 한편, 각 패牌의 3/5은 활과 화살을 준비하고 2/5는 창을 준비하도록 했다. 물론 이들 하급 군사들이 사용하던 대부분의 창은 《국조오례의》의 창과 같이 장식이 잘된 것이 아니라, 매우 단순한 구조의 투겁창이었을 것이다. 임진산성에서 출토된 임진왜란 당시의 투겁창은 그 형태가 수렵용 외발창이나 마를 캘 때 사용하는 마창과 크게 다르지 않다.

장창

長槍

《무예도보통지》에 나오는 장창은 조선 후기의 가장 대표적인 창으로 서, 목장창木長槍이라고도 한다. 장창은 조선 후기에 조선이 채택한 절 강병법에서, 한 대隊를 구성하는 열두 명의 병사 중에서 네 명이 소지 하는 무기이며, 단병접전에 있어서는 가장 주된 공격 수단이 된다.

《무예도보통지》의 장창은 길이가 1장 5척(315cm)이고, 그 끝에는 짧 은 창날이 달려 있다. 장창의 창날은 기창과 동일한 직선형인데,《국 조오례의》에 나오는 조선 초기의 창날과는 그 형태가 사뭇 다른 반면 에, 삼국시대에 신라에서 사용되던 단순한 직선 형태의 창날과 유사하 다. 창날의 길이는 기창과 동일한 9촌(18.9cm)으로 추정되며, 창날의 양 쪽에 날이 있고 그 가운데에 혈조血槽가 있다. 창날의 아래에는 둥근 석 반錫盤이 달려 있는데, 이 석반은 창날이 지나치게 적의 몸 깊숙이 박히 는 것을 막아주고, 창날이 창자루 안으로 파고드는 것도 막아준다. 적 이 석반을 잡는 것을 막기 위해 석반의 가장자리는 날카롭게 간다. 창 자루는 나무로 만들고 자루의 윗부분에 흰색, 검은색, 붉은색을 번갈아 칠한다. 자루 아래쪽에는 철준을 단다.

현존하는 장창 유물 중에 가장 보존 상태가 양호한 훈련대장 이완李 浣의 장창 유품을 살펴보면, 창날의 길이는 20cm이고, 단면은 마름모 꼴이다. 창날의 중앙에는 10.5cm×0.5cm의 골이 있으며, 이 골에는 금 박으로 상감을 넣었다. 창자루 끝에는 톱으로 40cm 정도를 파고, 여기 에 22.3cm 길이의 슴베가 들어갈 자리를 만든 후 슴베를 끼워 넣고 못 으로 고정시켰다. 석반이 없는 대신 창날이 자루 안쪽으로 파고드는 것을 방지하기 위해 창날 아래에는 폭 2cm의 사다리뿔 모양의 철제 고

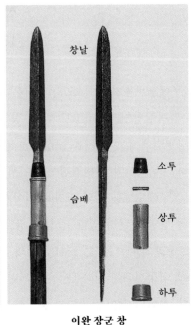

장창

《무예도보통지》의 장창은
조선 후기의 대표적인 창으로서
길이가 1장 5척(315cm)이다.

이완 장군 창

현존하는 장창 유물 중에서 가장
보존 상태가 양호한 훈련대장 이완의
장창 유품이다. 창날의 길이는 20cm이며
금박을 사용하여 장식했다.

리를 끼웠고, 창자루 끝의 갈라짐을 방지하기 위해서 습베의 바깥쪽에
도 금으로 도금한 폭 0.5cm의 링과 길이 6.3cm의 원통을 씌웠다. 창자
루에는 삼베를 감고, 그 위에 숯가루를 섞은 옻칠을 올렸으며, 그 위에
다시 투명 옻칠을 했다. 자루의 일부에는 옻칠 위로 다시 얇은 금박을
입혔다.

죽장창

竹長槍

죽장창은 대나무로 만든 장창이다. 정조 이전까지는 대나무로 만든 죽장창이나 나무로 만든 목장창의 기예를 모두 구분 없이 장창이라고 부르다가, 정조 2년에 대나무로 만든 것은 죽장창으로 구분하여 부르기 시작했다.

《무예도보통지》에 소개된 죽장창은 자루의 전체 길이가 20척(420cm)이고, 손잡이 부분의 길이는 5척(105cm)이다. 창날은 형태도 단순할 뿐만 아니라, 길이도 겨우 4촌(8.4cm)에 불과하다. 죽장창의 자루에는 손잡이 부분을 제외한 나머지 부분에 흰색과 검은색을 번갈아 칠했다. 일본의 죽장창은 대나무를 쪼개서 안쪽의 흰 부분을 모두 파내고 푸른 부분만을 다시 모아, 나무 자루 위에 아교로 붙이고 옻칠을 하여 만들었다.

반면에 우리나라의 죽장창은 통 대나무(全竹)를 사용하기 때문에 무게가 가볍고, 가격도 목장창의 1/10밖에 안 되지만, 대신에 창자루의 강도가 약하다. 죽장창은 길이가 4m 이상이기 때문에, 진의 전열에서 기병의 공격을 저지하거나 적 보병의 방패

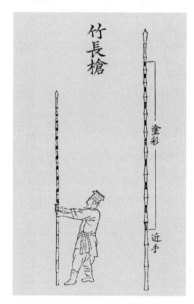

죽장창
이 창은 대나무로 만든 장창으로서
자루의 길이가 20척(420cm)이고 창날의
길이는 4촌(8.4cm)에 불과하다.
《무예도보통지》.

사이를 공격하는 데 사용했다. 조선 후기에는 길이가 긴 장창은 대부분 대나무로 만들었던 것으로 보이며,《만기요람》에 나오는 죽절장창竹節長槍, 죽절중창竹節中槍도 모두 죽장창의 일종이다.

기창
旗槍

기창은 원래 단창短槍으로 불리다가, 정조 2년에 이름을 기창으로 바꾸었다. 기창은 그 형태가 장창과 거의 동일하며, 다만 창자루의 길이가 9척(189cm)으로 짧고 창자루 끝에 깃발을 달아 사용한다. 창날의 길이는 9촌(18.9cm)이고, 창날 아래에 석반이 달려 있다. 창자루에는 흰색 두줄과 검은색 세 줄을 교대로 칠하며, 자루 끝에 철준을 달았다. 기치는 노란색이나 붉은색을 사용한다.

기창은 조선 후기의 속오법에서 열두 명으로 구성된 대의 대장이 소지했으며, 그 밖에도 각 부대에는 기치를 맡은 다수의 병사들이 있었다. 조선 후기에는 창검의 효용이 거의 상실되었기 때문에, 대부분의 창이 실전용보다는 의장용 기창으로 사용되었으며, 현존하는 몇 안 되는 창 유물도 대부분이 기창의 일종이다.

기창
단창이라고도 하며 길이만
짧을 뿐 나머지 형태는 장창과 같다.
《무예도보통지》.

《무예도보통지》를 보면, 기창은 병기라는 측면에서는 장창 등 다른 병기에 비해 특별한 기능을 갖고 있는 것은 아니지만, 어차피 누군가가 기창을 들고 전쟁에 나가기 때문에 "호미와 고무래도 병기가 된다"는 생각으로 기창의 제도와 그 운용 방법을 설명했다고 한다.

삼지창

三枝槍

근래의 사극에서 조선군은 대부분 삼지창을 사용한 것으로 묘사되고 있으며, 이 삼지창이 곧 중국에서 유래된 당파(또는 당파창)라고 알려져 있다. 하지만 엄밀한 의미에서 삼지창과 당파는 다른 무기이며, 조선시대에 삼지창이 보편적으로 사용되었다는 증거도 없다.

날이 3개 혹은 4개 달린 창은 원래 농어업이나 수렵 도구에서 발전된 무기이며, 우리나라의 경우 이미 삼국시대부터 갈래창이 발견된다. 하지만 창날 끝에 미늘이 달려 있거나 날 끝이 부채꼴로 퍼진 대부분의 삼지창은 수렵 도구였던 것으로 생각되며, 다만 전남 나주군 신촌리에서 발굴된 백제의 삼지창이나 경주 황남면 110호 분에서 출토된 신라의 삼지창과 같이 가운데의 긴 날 좌우로 거의 직각에 가깝게 2개의 보조 창날이 뻗어 있는 삼지창은 무기로 사용되었음이 분명하다.

조선 초기의 기록인 《국조오례의》 군례서례에는 이 삼지창이 '극戟'이라는 이름으로 소개되어 있지만, 그림을 보면 원래 의미의 극과는 전혀 무관한 병기임을 알 수 있다. 이 극은 삼지창의 일종이며, 길이가 1장 6척(336cm)으로, 임진왜란 이후에 중국에서 전래된 당파보다 훨씬 길고 아래에 모철이 달려 있으며, 나무 자루는 붉게 칠하거나 검게 칠했다. 《국조오례의》의 삼지창에서 중앙의 긴 창날인 원援은 길이가 7촌

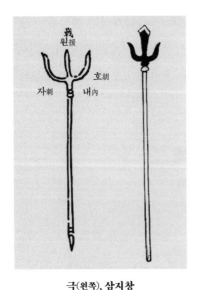

극(왼쪽), 삼지창

삼지창은 삼국시대부터 사용되었으며
《세종실록》에는 이를 극이라고 했다.
조선 후기에는 주로 국왕과 장수,
관아의 위엄을 상징하는 의장용 무기로
사용되었다. 극(세종실록),
삼지창(순종효황제산릉주감의궤).

반이고, 좌우로 뻗은 보조 창날인 호胡는 6촌이며, 창날 아래에 자루를 끼우는 부분인 내內는 길이가 4촌 반이다.

조선 후기의 삼지창은 주로 국왕의 의장행렬이나 관아의 의장물로 사용되었다. 이 시기의 반차도를 보면 용기龍旗의 깃대는 길이가 5m가 넘는 긴 삼지창이었으며, 둑기纛旗 는 그보다 조금 짧은 삼지창을 사용했다. 그 밖에도 행렬도나 반차도에도 삼지창이 등장하는데, 이 삼지창은 그 자체의 실제적인 효과보다는 홍살문 위에 달려 있는 삼지창과 마찬가지로 군왕과 관아의 권위와 위엄을 상징하는 상징물이었다. 관아에서 사용하는 삼지창은 나졸들이 문을 지키거나 죄인을 추포할 때 사용했는데, 이 또한 실전 무기라기보다는 관아와 포졸의 신분을 상징하는 의장에 가까웠다. 한편,《만기요람》을 보면 삼지창의 가격은 요구창이나 당파와 마찬가지로 쌀 4석 5두인데, 이는 일반 창의 가격인 쌀 2석의 두 배가 넘는다.

당파

鐺鈀

당파는 임진왜란 당시에 조선이 척계광의 《기효신서》를 받아들이면서 도입한 병기이다. 당파의 길이는 7척 6촌(159.6cm)이고 무게는 5근(3.2kg)이다. 《무예도보통지》에는 중국식 당파 두 자루와 조선식 당파 한 자루가 그려져 있는데, 중국의 것은 창날을 일체형으로 만드는 데 반해, 조선식은 좌우의 날을 별도로 만들고, 그 가운데에 긴 날을 끼워서 제작했다.

　이 당파는 원래 중국 남부 지방의 농민들이 사용하던 쇠스랑에서 비롯된 무기로서 단병접전용으로도 사용되었지만, 주된 역할은 화전을 발사하는 발사대로서의 기능이었다. 《기효신서》에 의하면 당파수 한 명당 30발의 화전을 부대원이 나누어 지녔다가, 적을 만나면 당파의 창날 위에 화전을 걸고 발사했다. 따라서 당파는 화기의 일종이라고 볼 수도 있으며, 화전의 발사를 위해서 자루를 짧게 만들었기 때문에 《기효신서》에서는 당파를 단병기로 분류했다. 당파는 크고 무거운 창날이 달려 있어서 그 실전성을 의심 받기도 하지만, 세 갈래로 나뉜 창날은 훈련이 덜 된 농민 출신의 병사들이 왜구의 칼을 방어하거나 빠른 속도로 달려오는 북방 기마병을 정확히 찌르는 데 효과적이었다. 《연병지남》에서는 단병접전 시 당파수가 적 기병의 목을 찌르거나, 말의 눈을 노리고 찌르라고 가르치고 있다. 하지만 조선 후기에 조총이 충분히 보급되고 사격 기술도 개선되면서 화전의 효용은 감소했고, 이에 따라서 당파의 존재 의미도 사라졌다.

　한편, 현재 남아 있는 삼지창 중에서 명나라에서 전래된 당파와 조선 고유의 삼지창을 구분하기는 쉽지 않다. 다만 당파는 화전을 쏘아

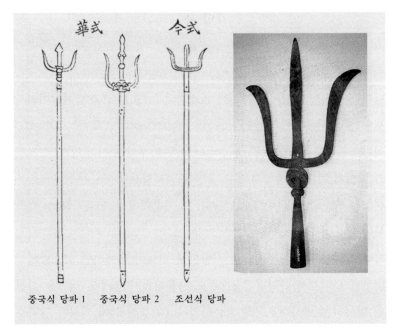

당파

원래 중국 남부 지방의 농민들이 사용하던 쇠스랑에서 비롯된
무기로서 주로 화전을 발사하는 발사대로 사용되었다.
《무예도보통지》(왼쪽), 전쟁기념관 소장.

야 하기 때문에, 좌우의 보조 창날이 평평해야 하며 그 폭도 상당히 넓
어야 한다.

낭선
筅 狼

《무예도보통지》의 낭선은 중국 명나라의 척계광이 남중국을 침범하던
왜구들을 소탕하기 위해 도입한 독특한 형태의 장창이다. 낭선은 길이
가 1장 5척(315cm)이고, 전체 무게는 7근(4.5kg)이며 날의 무게는 반근

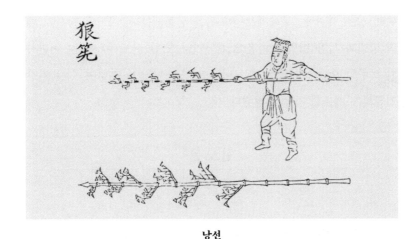

낭선

죽장창의 일종이지만 대나무의 곁가지를 그대로 두고 그 끝에 독을 바른
철편을 붙인다는 특징이 있다. 이는 살상 무기라기보다는 적의 진격을
저지하는 장애물에 가깝다. 《무예도보통지》.

(0.32kg)이다. 낭선은 죽장창의 일종이지만, 대나무의 곁가지를 그대로
두고 그 끝에 독을 바른 철편을 붙인다는 특징이 있다. 낭선의 가지는
번갈아 가면서 하나는 앞쪽을 향하도록 하고 다음 것은 뒤쪽을 향하도
록 하며, 방수를 위해서 동유桐油, 즉 유동나무 열매 기름에 적신다.

척계광이 중국 남부의 습지대에서 왜구와 싸울 때, 적의 돌격을 저
지할 만한 방어무기가 마땅치 않았고, 대나무로 만든 죽장창은 일본
도에 의하여 쉽게 잘려나갔다. 따라서 대나무의 가지를 남겨 쉽게 베
지 못하게 하고, 그 끝에 독을 바른 철편을 붙여 적이 접근하지 못하게
만든 것이 낭선이다. 낭선은 현대의 철조망처럼 적의 접근을 견제하는
것이 주된 목적이며, 밀집된 낭선은 날아오는 화살도 어느 정도 막을
수 있다. 하지만 《기효신서》에서 설명하듯이 낭선은 방어하는 데 사용
할 수 있을 뿐이지, 적을 적극적으로 살해하는 데는 미치지 못한다.

조선은 임진왜란 이후 절강병법의 구현에 필요한 무예를 보급하기

위해 선조 31년에 《무예제보武藝諸譜》를 편찬했는데, 여기에 낭선의 제작 방법과 사용 방법이 처음 소개되었다. 또한 선조 40년에는 비변사가 북방의 오랑캐를 막는 데는 낭선만 한 것이 없다고 하여, 이를 가장 긴급하게 제조할 것을 주청했다.

협도곤
夾刀棍

협도곤은 타격 무기인 곤방에서 비롯된 무기로서, 자루의 길이는 7척, 날의 길이는 5촌(10.5cm)에 불과하다. 명나라의 척계광이 북방 이민족의 철기鐵騎와 싸울 때, 장창은 적의 기병과 부딪히면 쉽게 부러졌으므로, 이를 폐기하고 대신에 자루가 두텁고 날이 짧은 곤방으로 병사들을 무장시켰다. 이때 곤방에 5촌 길이의 날을 달고 이를 협도곤이라고 이름했다. 이 협도곤은 《연병실기》와 함께 조선에 도입되었으며, 한교가 지은 《연병지남》에는 이미 장창수의 무기가 협도곤으로 대체되어 있다. 협도곤의 형태와 사용 방법은 《무예제보번역속집》에 실려 있다.

협도곤은 《무예도보통지》의 협도와 혼동되기도 하는데, 이러한 혼동은 정조 2년에 각 군문의 기예 명칭을 통일하면서 협도곤을 협도라고 한다(挾刀棍曰挾刀)고 한 데서 비롯된다. 하지만 《무예도보통지》의 협도는 칼날의 길이가 2척 5촌(52.5cm)에 달하는 칼이며, 창과 몽둥이의 기능을 겸한 협도곤과는 전혀 다른 무기이다. 조선에서는 《무예제보번역속집》 간행 이후에도 협도곤을 널리 사용하지 않았던 것으로 보이며, 대신에 조선 전기부터 내려온 장병기인 장검(훗날의 협도)으로 협도곤의 기예를 연마했던 것으로 보인다. 협도곤은 짐을 나르는 데 쓰는 편담扁擔에 창날을 붙여서 만든 것이므로 편담창扁擔槍이라고도 한다.

협도곤

타격 무기인 곤방의 끝에 10cm 정도 되는 창날을 부착한 단창이다.《무예제보번역속집》.

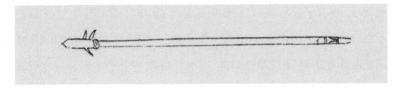

구창

창날의 좌우에 갈고리가 달린 기병용 장병기로서, 신라와 가야 지역에서 발굴되는
유자창과 매우 유사하다.《무예제보번역속집》.

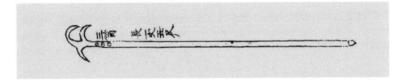

요구

적을 끌어당겨 공격하는 갈고리의 일종으로, 주로 해전에서 사용되었다.《기효신서》.

구창

鉤槍

구창은 갈고리가 달린 장병기로서 구철鉤鐵이라고도 한다. 삼국시대의
유물을 보면, 고구려가 갈고리 형태의 구창을 주로 사용한 반면, 신라
와 가야 지역에서는 창날의 좌우로 예리한 가시가 있는 유자창有刺槍을
주로 사용했다.《무예제보번역속집》에 소개된 구창은 그 형태나 용도
가 신라의 유자창과 거의 동일하지만, 이는 임진왜란을 전후한 시기에

새로이 명나라에서 도입된 것이다. 척계광이 북방 기병을 상대하기 위해 개발한 이 구창은 창의 길이가 8척 5촌(178.5cm)이며, 창날의 좌우에 세 개의 갈고리가 달려 있다. 이 구창은 《연병실기》에서 기병이 사용하는 무기로 소개되어 있다.

한편 《역어유해보》에는 중국의 구창은 곧 우리나라의 요구창이라고 했는데, 이 요구창은 하나의 창자루 끝에 세 개의 갈고리가 달려 있는 것으로서, 창날 허리에 갈고리가 달린 요구창腰鉤槍과는 다르며 《무예제보번역속집》의 구창과도 다른 것이다. 여몽 연합군이 일본을 침략했을 당시의 일본측 기록화에는 요구창을 들고 있는 몽골군 병사가 그려져 있으며, 《기효신서》에는 요구창의 그림을 그려 놓고 이는 오직 수전에서만 사용할 뿐이라고 했다. 조선시대의 기록에 요구獠鉤, 요구금腰鉤金이라고 되어 있는 것도 창날이 없는 단순 갈고리를 의미하는 것으로 보인다.

겸 창
鎌 槍

겸창은 창자루 끝에 낫을 달아서 적을 끌어당겨 베는 장병기이다. 겸창 중에도 특히 낫의 형태가 갈고리처럼 생기고 갈고리의 안쪽으로 날이 있는 것은 구겸창鉤鎌槍이라고 한다. 겸창은 수전에서는 적선의 돛줄을 끊고 적병을 찍어서 배에서 끌어내리거나 물에 빠진 적을 베는 용도로 사용한다. 육상 전투에서는 말의 다리를 베거나 적 기병을 말에서 끌어내리는 데 사용한다.

초기 철기시대와 삼국시대에도 낫처럼 생긴 철기가 고분에서 다수 발견되는데, 이들 중 일부는 분명히 무기로 사용되었을 것으로 보인

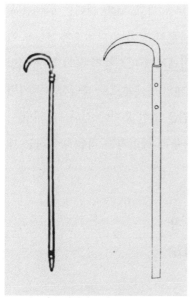

상투
하투
미철

槍刃 창인

모矛(왼쪽), 장병겸	요구창
장병겸은 노 구멍에 비끄러매어서 헤엄치는 적을 공격하는 데 사용했던 긴 낫이다. 모도 갈고리와 낫의 기능을 겸했던 것으로 보인다.	《훈국신조기계도설》의 요구창은 국왕의 어가를 호위하는 협련군들이 사용했던 갈고리창으로 길이는 2.5m 내외이다.

다.《세종실록》에는 구겸창 한 점이 '모'라는 이름으로 소개되어 있다. 이 모는 반원형의 칼날이 달려 있고, 전체 길이는 2장(420cm)이다. 성종 22년에 북방의 야인 올적합을 정벌할 때 단병접전 무기로 낫(鎌)을 준비한 기록이 있는 것으로 봐서, 당시의 구겸창은 육전에서도 사용된 것으로 보인다.

임진왜란 당시 왜군의 종군신부로 참여한 스페인 신부는 조선군이 해전에서 긴 자루가 달린 갈고리를 교묘히 이용하여 왜군을 공격했다고 기록하고 있다. 이때 스페인 신부가 목격했던 겸창은 장병겸長柄鎌이라고 하는데,《이충무공전서》에 그림과 함께 그 규격이 기록되어 있다.

이 장병겸은 날의 길이가 1척 6촌(33.6cm)이고, 날의 넓이는 3촌(6.3cm)이다. 가서목, 즉 가시나무로 만든 자루의 길이는 14척 2촌(298.2cm)이다. 《이충무공전서》에 장병겸은 배 아래쪽에 비스듬히 묶어 놓아 헤엄쳐서 접근하는 적을 막는다고 했다. 배의 아래쪽으로 장병겸을 묶자면 그 위치는 노구멍뿐이므로, 이 장병겸은 조선 후기에 김해읍의 수군이 보유했던 노혈창櫓穴鎗처럼 노구멍을 통해 헤엄치는 적을 공격하는 데 사용했던 것으로 보인다.

요구창

腰 鉤 槍

《원행을묘정리의궤》 등 조선시대의 반차도를 보면, 국왕의 어가를 호위하는 협련군挾輦軍들은 모두 긴 창날 옆에 갈고리가 달린 미늘창을 들고 있다. 이 창은 허리에 갈고리가 달려 있다고 해서 요구창腰鉤槍이라고 하며, 다른 기록에서는 요구창撩鉤槍, 요구창鐐鉤槍, 요구창鐐口槍이라고 했다. 반차도에 나오는 요구창의 보조창날은 주창날의 반대 방향으로 뻗어 있기도 하고, 혹은 주창날과 같은 방향으로 뻗은 경우도 있다.

조선 후기 요구창의 자세한 제원과 형태는 《훈국신조기계도설》에 소개되어 있다. 요구창의 자루는 길이가 7척 5분(218.55cm)이고, 창날의 길이는 1척 5촌(46.5cm)이며, 날 폭은 7분(2.17cm)이다. 역날의 길이는 5촌 5분(17.05cm)이며, 전체 창날의 무게는 1근 8냥(963g)이다. 자루 끝에는 4촌(12.4cm) 길이의 철준이 달려 있다. 창자루 끝에는 자루의 갈라짐을 막아주는 상투上套를 먼저 끼우고, 그 위에 투겁창 구조의 창날을 끼운 뒤 못으로 고정했다. 창자루의 위쪽은 붉게 칠하고 아래는 검게 칠했다.

이 요구창은 연산군시대부터 국왕의 가마를 호위하는 시위군사들이 사용했다. 연산군 10년에 국왕이 "창검에 역인逆刃을 덧붙여 사람들로 하여금 범하지 못하게 하라."라고 명했던 것으로 보아, 요구창의 갈고리는 실전적인 목적보다는 위엄을 보이려는 목적에서 달았던 것으로 보인다.

《만기요람》을 보면, 요구창은 협련군을 맡았던 훈련도감에 수백 자루가 보관되어 있고, 그밖의 군영에도 소량이 비축되어 있다.

한편《만기요람》을 보면 금위

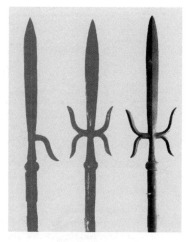

요구창, 요구삼지창

존 부츠가 남긴 사진(왼쪽과 가운데)에는 창날의 곁에 갈고리가 달린 요구창과 삼지창 밑에 두 개의 갈고리가 달린 요구삼지창이 있다. 이중 요구삼지창과 거의 동일한 창 유물(오른쪽)이 육군박물관에 소장되어 있다.

영에 160자루의 난후창欄後槍이 있는데, 난후欄後는 어가의 뒤쪽을 말하므로, 이 또한 국왕의 행차 시에 어가 뒤쪽을 호위하는 병사들이 지녔던 창이다. 다만 당시에 난후대欄後隊는 훈련도감 소속이었으므로, 금위영에 비축된 난후창은 난후대가 아니라 이와 유사한 역할을 수행했던 금위영의 창검군이 사용했던 것으로 보인다.

삼아창

三丫槍

선조 30년의 기록을 보면, 첨지중추부사 유응수柳應秀가 선조를 알현했을 때 선조는 전에 보고한 삼아창의 제작이 어떻게 진행되고 있는지

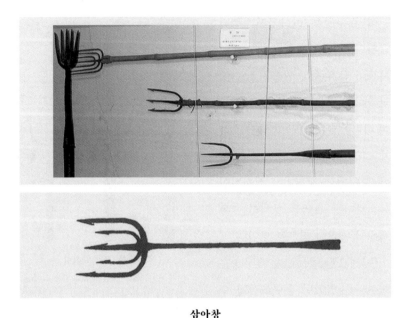

삼아창

3개의 창날이 부채꼴 모양으로 펼쳐진 삼아창은 원래 농업, 어업이나
수렵용 도구였으나 임진왜란 당시 무기로 사용되어 상당한 성과를 얻은 바 있다.
온양민속박물관(위), 《Korean weapons and armor》.

를 묻는다. 이 삼아창은 원래 북쪽 지방의 백성들이 도적을 막는 데 사
용했던 민간의 무기였으나, 임진왜란 초기에 왜적과 싸울 때 유응수가
일으킨 의병이 이를 사용하여 상당한 전과를 거두었다. 이에 유응수는
삼아창의 도면을 병조에 보내 대량 제작하도록 했다. 아Y는 갈라졌다
는 의미이므로, 이 삼아창은 삼지창의 일종에 해당된다. 하지만 굳이
이를 삼아창이라고 구분해서 부른 것은 '3개'의 창날이 '아'자 형태로
부챗살처럼 펼쳐진 형태였기 때문이라고 생각된다. 《경국대전》에 민간
인이 소지할 수 있는 무기 종류로 열거된 것 중에는 어차漁叉와 화차禾叉
가 있는데, 이는 각각 고기잡이와 농사일에 사용하는 갈래창이며, 삼아
창과 같이 서너 갈래의 부챗살 모양의 창날이 달려 있다.

3개 혹은 4개의 가는 창날이 부챗살 모양으로 펼쳐진 창은 이미 원삼국시대부터 어업과 수렵용으로 사용되었으며, 삼국시대에는 대형 분묘 부장품으로도 발견되는 것으로 보아 무기로도 사용된 것으로 보인다. 조선시대에도 이 삼아창은 민간에서 수렵과 어업용으로 사용되다가, 전란을 맞이하여 전투용 무기로도 전용된 것이다.

왜장창
倭長槍

왜장창은 임진왜란 당시에 일본에서 전래된 장창이다. 왜장창의 자루는 대나무로 만든 것과 나무로 만든 것이 있고, 창날은 단순 직선형과 십자형 등이 있다.

임진왜란 당시 조선군은 대량의 왜창을 노획했으며, 이 중 일부는 변방의 군사에게 지급하거나 청나라 사신에게 예물로 주었다. 하지만 조선 후기의 왜창 혹은 왜장창은 일본의 장창을 모방하여 조선에서 제작한 것이다.《훈국신조기계도설》에는 고종이 훈련대장 신헌에게 하사한 왜장창의 구조가 매우 자세하게 그려져 있다. 이 왜장창은 자루의 길이가 14척 2촌(440.2cm)이고, 창날의 길이는 4촌 7분(14.57cm), 창날 폭은 7분(2.17cm)이다. 자루의 재질은 나무이며, 그 위에 쇠심줄을 세로 방향으로 붙이고 삼끈으로 감은 뒤 옻칠을 했다. 창날의 형태는 단순한 직선형이며, 뒤쪽에 긴 슴베가 달려 있다. 이 슴베와 창자루 사이에는 소투小套라고 하는 작은 쇠고리를 끼워서, 창날이 자루 안쪽으로 파고들지 못하도록 했다. 그리고 다시 자루 끝의 갈라짐을 방지하기 위해 자루 위쪽과 아래쪽에 각각 상투와 하투라고 하는 철띠를 둘렀다. 창자루의 중간에는 손이 앞쪽으로 밀려 나가는 것을 막아주는 작은 고리

왜장창

《훈국신조기계도설》의 왜장창은 국왕이 신헌에게 하사한 것으로서
창자루에 쇠심줄을 세로 방향으로 붙이고 삼끈으로 감은 뒤 옻칠을 했다.

(錫環)가 둘러져 있고, 맨 아래에는 4촌(12.4cm) 길이의 철준이 있다. 이
왜장창은 지방의 병영에서도 발견되는데,《청송군지》를 보면 진보의
군기고에 피갑皮匣이 딸린 왜창 열두 자루가 있다고 했다.

영조 18년에 국왕이 임진왜란 당시에 왜군에게 도굴을 당했던 선릉
과 정릉에 거둥했을 때, 마침 위사들이 왜창을 들고 있는 것을 보자 이
를 모두 치워 버리도록 한 일이 있다. 조선에서는 왜국에 대한 이러한
심리적인 거부감 때문에 왜창이나 왜검이 널리 사용되지 못했다.

이두표
犁頭標

이두표는 그 모양이 밭을 가는 보습(犁)처럼 생긴 대형 투창이다. 길이
는 7척이며 무게는 2근, 머리의 지름은 1촌, 꼬리 지름은 3분이다.《병
학지남》에서는 수전을 벌일 때 적선이 가까이 다가오면, 망루 위에 있
는 병사와 배의 후미에 있는 병사들이 이두표를 적선으로 던진다고 했
다. 이두표는 높은 곳에서 아래를 향하여 던지므로, 사람이 맞으면 가

이두표

비교적 크기가 큰
투창의 일종으로 주로
해전에서 사용되었다.
《기효신서》.

외발창

산간 지방에서 멧돼지 등을 사냥할 때 사용하는
투겁창으로서, 단번에 치명상을 주기 위해 창날의
폭을 넓게 만드는 것이 일반적이다. 이와 유사한
형태이지만 창자루가 짧은 마창은 마를 캘 때 사용한다.
온양민속박물관 소장.

루가 되고 배에 맞으면 구멍이 뚫린다고 했다. 이두표는 중국의 《기효
신서》에서 비롯된 무기였지만, 조선 말기까지 각 지방의 수군 군영에
서 실제로 사용되었다.

외 발 창

현재 우리나라의 박물관에 소장된 창 유물의 대부분은 민간에서 사용
하던 외발창 혹은 마창麻槍이다. 외발창은 산간 지방에서 멧돼지 등을

사냥할 때 사용하는 투겁창으로서, 단번에 치명상을 주기 위해 창날의 폭을 넓게 만드는 것이 일반적이다. 반면에 마창은 땅 속을 쑤셔서 마를 찾거나 캐내는 데 사용하는 매우 짧은 창이지만, 이 역시 투겁창 형태이므로 창날 자체만을 놓고 보면 외발창과 구분하기 힘들다. 이 외발창과 마창은 모두 시우쇠를 두드려 적당히 만든 생활 도구에 불과하지만, 의병 전쟁 시기에는 의병의 주요 무기로 사용되었고, 임진왜란 시기에도 이러한 형태의 조악한 창들이 의병들에 의해서 널리 사용되었을 것으로 보인다.

기 타 창

《융원필비》에는 모두 여덟 종류의 창이 그려져 있으며, 이 중 일곱 종류는《훈국신조군기도설訓局新造軍器圖說》에도 소개되어 있다. 이들은《무비지》에 소개되어 있는 중국식 창으로서 실제로 조선에서도 제작되어 사용되었다.

독일 라이프치히 그라시 민속박물관에 소장된 쟁어 컬렉션에는 사모蛇矛, 무차武叉, 마병창馬兵槍, 용도창龍刀槍이 포함되어 있다. 국내적으로는 마병창馬兵槍이 고종 12년의《군기색중기》에 소장 기록이 있고, 서울대학교 박물관에도 실물이 한 점 남아 있다.

한편, 신헌은《훈국신조기계도설》에 원래 슴베식이었던 마병창을 투겁식으로 개조하여 이를 마상창馬上槍이라고 소개하였다. 이 마상창은 창날이 유난히 길고 창날 중간의 폭이 약간 잘록한 형태이다. 창날 뿌리 부분에는 동호인이 있고 그 아래로 덧쇠와 호로, 그리고 상투 순으로 조립되어 있다.

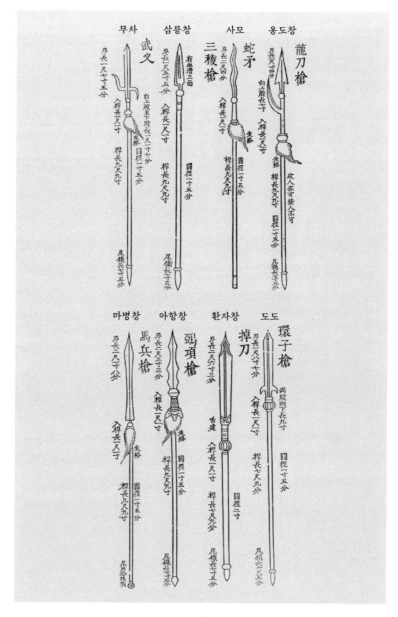

창

《용원필비》는 《무비지》에 소개되어 있는 중국식 창들을 거의 그대로 옮겨 소개했다.
이중 일부는 실제로 조선에서도 제작되어 사용되었다.

八 · 타격기

한반도에 인류가 살기 시작한 것은 기원전 30만 년경의 구석기시대이다. 이 당시에 사용되었던 대표적인 무기는 주먹도끼와 나무 몽둥이였는데, 이 두 가지는 모두 타격계 무기였다. 신석기시대가 되면 돌을 직사각형으로 다듬은 돌도끼가 제작되는데, 이 돌도끼의 주요 용도는 나무를 베는 등의 생활 도구였겠지만, 가끔은 적의 머리를 부수는 데도 사용되었을 것으로 보인다. 청동기시대가 되면 무기 전용으로 사용되는 독특한 형태의 돌도끼가 제작되는데, 달도끼, 별도끼라고 불리는 이 도끼는 돌판을 원형이나 톱니바퀴 형태로 잘 연마한 후, 그 중앙에 구멍을 뚫고 자루를 박아 만들었다.

삼국시대와 고려시대에도 도끼가 전투용으로 사용되었으며, 고려의 궁예가 철퇴로 자기의 자식과 여러 신하들을 때려죽인 일이 있었던 것으로 봐서, 이 당시에도 철퇴가 널리 사용되었던 것으로 보인다. 조선시대에 들어서는 수성전과 해전에서 목봉이 사용되었고, 임진왜란 이후에는 명나라에서 전래된 편곤이 기병의 주력 단병기로 사용되었다. 그 밖에도 철추, 철편, 육모곤 등은 모두 포도청의 포졸들과 권세가의 하인들이 즐겨 사용하던 무기였다.

편곤

鞭棍

(1) 편곤

편곤은 조선 후기의 기병이 주력 무기로 사용하던 도리깨 모양의 타격 병기이다. 편곤은 원래 서융西戎이 사용하던 것인데, 한나라시대에 중국으로 전해졌고, 우리나라에는 임진왜란 때 명군을 통하여 철편鐵鞭 혹은 철련협봉鐵鍊夾棒이라는 이름으로 전해졌다. 편곤은 도리깨의 이두식 표기인 회편回鞭, 철회편鐵回鞭 등으로도 불린다.

임진왜란 당시 명군에 속해 있던 타타르족 기병들이 편곤으로 왜군 보병 수천 명을 무찔렀고, 고양 사람 명회命會가 이끄는 복수군은 철회편으로 왜적을 거의 400여 명이나 죽였다고 한다. 이에 선조 26년에 조정에서는 즉시 전화를 덜 입은 전라도 지방에서 편곤을 제작하도록 했다. 인조 때는 반란을 일으킨 이괄의 기병 700명이 모두 편곤을 사용하여 관군을 공격했는데, 그 위력이 대단했다고 한다.

《무예도보통지》에는 조선과 명나라의 편곤이 모두 그림으로 소개되어 있다. 편곤은 보병이 사용하는 보편곤步鞭棍과 기병이 사용하는 마편곤馬鞭棍으로 나뉘는데, 보편곤의 편의 길이는 8척 9촌(186.9cm)이고, 자편子鞭은 2척 2촌 5분(47.25cm)이다. 마편곤은 편의 길이가 6척 5촌(136.5cm)이고, 자편은 1척 6촌(33.6cm)이다. 모두 단단한 나무로 만들어 황유를 바르고 붉게 칠하며, 그 끝에는 철고리를 달고 이를 쇠사슬로 연결한다. 중국의 철련협봉과 우리나라의 편곤을 비교하자면, 중국의 철련협봉은 모편과 자편 사이에 긴 쇠사슬이 달려 있는 반면에 조선의 편곤은 모편과 자편 사이에 겨우 1~2개의 쇠고리만 달려 있기 때문에

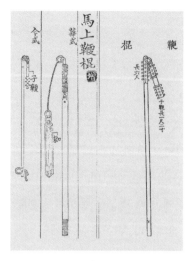

편곤

편곤은 서융에서 비롯된 철련협봉과 조선 고유의 도리깨가 접목되어 만들어진 타격 병기로서, 조선 후기 기병의 주력 단병접전 무기로 사용되었다. 《무예도보통지》(왼쪽), 《융원필비》.

그 형태와 기능이 오히려 전통적인 도리깨에 가깝다.

《융원필비》에는 마편곤만 소개되어 있는데, 편의 길이는 6척(126cm)이고, 자편의 길이는 1척 2촌(25.2cm)이다. 또한 그림에 나타난 형태를 보면, 고리가 하나뿐이고 굵기가 비교적 가는 점 등은 대부분《무예도보통지》의 마편곤과 비슷하지만 길이는 약간 짧아졌다.

《만기요람》을 보면, 훈련도감의 기병들은 환도와 함께 편곤을 반드시 휴대했으며, 정조 때에 간행된《병학통兵學通》에는 적이 100보 밖에 이르면 기병이 활을 쏘다가, 적이 50보에 이르면 일제히 편곤을 들고 돌격한다고 했다.《무예도보통지》의 마상 무예 그림을 보면, 월도나 쌍검을 사용하는 기병도 언제나 편곤 한 자루를 말안장 뒤에 꽂고 있는데, 이는 월도나 쌍검이 단순히 기예를 드러내는 병기일 뿐이며 실제로는 편곤이 기병의 주력 무기였음을 보여준다. 하지만《만기요람》을 보면, 오군영이 보유한 기병용 편곤이 4천 자루가 넘는 데 반해서, 보병이 사용하는 보편곤은 오군영을 통틀어서 14자루에 불과했다.

편곤은 도리깨와 같은 구조이므로, 농민 출신의 병사들이 쉽게 사용법을 익힐 수 있었으며, 특히 접근전에서 갑주를 착용한 적을 공격하는 데도 매우 효과적인 무기였다. 이익이《성호사설》에서 "조총이 등장

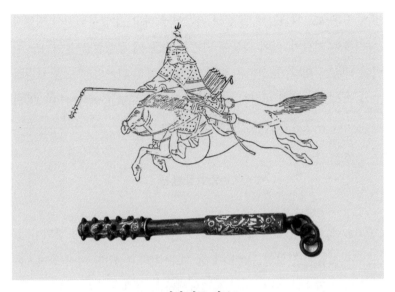

마상 편곤, 편곤

편곤은 주로 기병이 사용했으며 기병용 편곤은 보병용에 비해서
길이가 짧았다.《무예도보통지》(위), 육군박물관 소장.

하니 궁노가 무용지물이 되고, 도리깨가 등장하니 칼이 무용지물이 되
었다.”라고 했을 정도로 조선 후기에는 편곤이 중요한 무기로 자리잡
았으며, 무과 시험 과목에 포함되기도 했다. 그러나 화기의 성능이 점
차 개선되자 기병에 의한 돌격 전법은 거의 사라지게 되고, 편곤도 아
울러 사라져 가게 되었다.

(2) 착근편곤

《만기요람》에는 용호영에 669자루의 착근편곤着筋鞭棍이 있다고 했다.
이 착근편곤이란 편곤의 긴 자루에 쇠심줄을 붙인 것이다.《무예도보
통지》에는 병자호란 때 조선의 금군禁軍이 고양高陽에서 청나라 기병을

맞아 편곤으로 싸웠는데, 조선의 편곤이 약하고 쉽게 부러져서 패했다는 기록이 있으며, 이에 덧붙여 편곤을 만들 때 쇠심줄을 붙이기도 한다는 내용이 있다. 조선군은 고양의 패배 이후 편곤의 강도를 보강하고자 쇠심줄을 곱게 빗어서 편곤의 자루에 아교로 얇게 붙이고, 그 위를 천이나 끈으로 묶었던 것으로 생각된다.

(3) 능인창편곤

《만기요람》에는 용호영에 능인창편곤稜刃槍鞭棍이 22자루 소장되어 있고, 훈련도감에도 창편곤槍鞭棍이 한 자루 있다고 했다. 현재 창편곤은 남아 있지 않으나, 편곤과 창을 결합했다는 점에서 관심을 끄는 무기이다. 편곤은 기병이 마상에서 적 보병과 혼전을 벌일 때 사용하기에는 편리하지만, 적 기병의 장창을 상대하기에는 적합하지 못했다. 이때문에 숙종 36년에는 편곤이 무과 시험 과목에서 제외된 적도 있었다.

능인창편곤은 편곤의 단점을 보완하기 위해서 개발된 신형 무기로, 편곤의 한 끝에 능인창을 달아서 적을 찌르는 한편, 혼전이 시작되면 편곤으로 사용할 수 있도록 고안된 것으로 보인다. 능인창은 단면이 삼각형이므로 좌우에 창날이 없으며, 따라서 편곤을 휘두를 때 스스로 부상을 입을 염려가 적다.

철퇴

鐵槌

철퇴는 짧은 자루 끝에 무거운 쇳덩어리를 달아서 그 무게로 적을 타격하는 무기이다. 현존하는 유물을 보면, 조선시대의 철퇴는 무쇠로 머

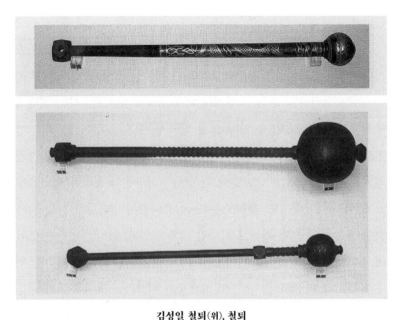

김성일 철퇴(위), 철퇴

조선시대에는 철퇴가 병기로 사용되었을 뿐만 아니라,
여러 차례의 정변 시에 암살 무기로도 사용되었다. 철퇴는 특히 갑옷을
입은 적에 대해서도 효과적인 무기였다. 전쟁기념관 소장.

리를 만들고 나무 손잡이 끝에는 끈을 묶어서 손목에 감을 수 있도록
만든 것이 대부분이다. 조선시대의 철퇴 중에는 철퇴의 머리 부분을
자루에 직접 연결하지 않고 쇠사슬로 연결한 것도 있다.

조선시대에는 철퇴가 정변과 관련하여 자주 등장한다. 개국 초기에
이방원이 선죽교 위에서 정몽주를 죽일 때 철퇴를 사용했으며, 세조가
단종을 보호하던 김종서 장군을 암살했을 때도 철퇴가 사용되었다. 또
한 임해군이 광해군을 몰아내기 위하여 역모를 꾸밀 때도 환도와 함께
대량의 철퇴를 가마니로 싸서 집 안으로 들이다가 발각되었다. 이렇듯
철퇴가 정변에 자주 등장하는 것은 환도와 달리 철퇴는 별다른 훈련
없이도 용력만 있으면 사용할 수 있고 숨겨서 휴대하기도 편리했기 때

문이다.

철퇴는 민간에서뿐만 아니라 궁중과 관가에서도 사용되었다. 문종 시대의 오위진법에서는 창검을 철퇴나 도끼로 대체할 수 있도록 했고, 예종 즉위년의 기록을 보면 당시에 국왕을 호위하던 위사들은 철퇴로 무장하고 있었음을 알 수 있다. 또한 명종 4년에 이홍윤이 역모를 꾸미면서 무기를 모을 때 병조의 직인을 위조하여 각 고을 관아에 비축된 철퇴를 가져간 것으로 보아, 각 관아에도 상당량의 철퇴가 있었음을 알 수 있다. 그 밖에도 중종 5년에는 삼포왜란이 일어나자 서울에 와 있던 왜인 10여 명을 철퇴로 쳐죽인 기록이 있다. 하지만 철퇴는 도검에 비해서 치명도가 높은 편이 아니고, 다만 갑주에 대한 공격력이 우수한 것인데, 조선에서는 갑주의 중요도가 서양만큼 크지 않았기 때문에 철퇴가 정규전에서 널리 사용되지는 못했다.

현존하는 철퇴 유물을 보면, 궁중에서 사용된 철퇴의 경우 전체적인 형태도 아름답고 철퇴의 표면에 은입사를 하여 화려하게 장식했다. 반면에 민간에서 사용된 철퇴는 매우 투박한 편이다.

쇠도리깨

조선시대의 유물 중에서 편곤과 형태는 유사하지만 길이가 매우 짧고 자편子鞭 혹은 자편과 모편母鞭 모두를 쇠로 만든 것이 있는데, 이를 쇠도리깨, 쇠좆매라고 부른다. 쇠좆매는 조선시대의 포졸들이 휴대하여 사용했던 무기로서, 원래는 황소의 고환을 짧은 자루에 묶어서 상대를 큰 부상 없이 제압하거나 고문을 가하는 데 사용하던 것이다. 이는 과거 영국이나 미국의 경찰들이 흔적을 남기지 않고 피의자를 구타하기

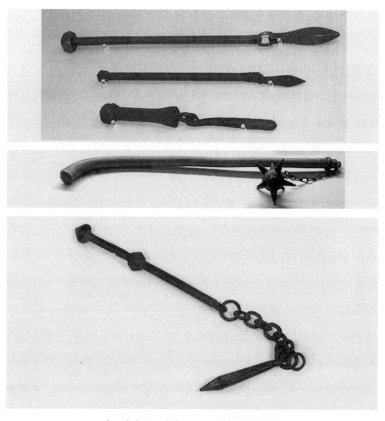

쇠도리깨(위), 철퇴(가운데), 사슬철곤(아래)

조선시대에는 다양한 형태의 철퇴와 쇠도리깨가 제작되어 주로 권세가의 하인들에 의해 사용되었다. 쇠도리깨(전쟁기념관), 철퇴(전쟁기념관 기획전), 사슬철곤(육군박물관).

위하여 작은 가죽 주머니 안에 돌이나 납추를 넣어서 타격한 것과 유사하다. 무쇠로 만든 쇠좆매는 황소의 고환 대신 쇠로 만든 다이아몬드형의 추 한 개나 혹은 두 개의 가는 철봉을 달아서 범인을 타격할 수 있게 만들었다. 쇠좆매 자루의 길이는 50cm 내외로 짧은 편이며, 그 끝에는 끈을 달아서 팔목에 묶어 사용했다.

철편

鐵鞭

조선시대의 무기 중에 적을 타격하는 데 사용하는 긴 쇠막대를 철편 혹은 철몽둥이(鐵夢同)라고 한다. 조선시대에는 편곤도 철편이라고 불렸지만, 본래 의미의 철편은 자루와 몸체 모두를 무쇠로 만든 짧은 길이의 타격 병기이다. 철편 중에 굵기가 가는 것은 회초리같이 가늘고 굵은 것은 지름이 2~3cm 정도 된다. 철편 중에는 타격 부위에 대나무처럼 마디를 만들어서 타격력을 높인 것이 있는 반면에, 노끈으로 철편의 겉을 단단히 감싸서 상대에 대한 충격을 줄인 것도 있다.

정조 1년에 홍상범 등이 정조를 시해하려는 음모를 꾸몄을 때, 군관 강용휘가 철편을 들고 궁중에 침입했는데, 이때 그가 철편을 허리 뒤에 꽂고 다녔다고 한 것으로 보아 편곤이라기보다는 본래 의미의 철편이었을 가능성이 높다. 정조 5년에는 북도의 무사 주팽령이 허리에 철편을 꽂고 임금이 계신 전정殿庭에 들어온 일로 구금되었는데, 그가 말하기를 "북도에서 올라올 때에 도적을 막고 몸을 보호하기 위해 허리에 꽂고 왔다가 그대로 전정으로 들어온 것"이라고 했다.

철편 중에도 특히 타격 부위의 단면이 사각형인 것을 철간鐵簡이라고 하는데, 이는 철간의 모습이 종이가 발명되기 이전에 글을 쓰는 데 사용되던 대나무로 만든 죽간竹簡과 유사하기 때문이다.

철타

鐵打

임진왜란 때 서북면의 백성들이 왜적을 물리치는 데는 철타와 능장棱杖에 힘입은 바가 컸다고 한다. 철타는 곧 보리 타작하는 도리깨인데, 그 끝에 나무 대신 쇠로 만든 자편을 달았다고 한다.

우리의 전통 도리깨는 도리깨 장부라고 부르는, 한 발이 넘는 긴 대나무 장대 끝에 도리깨 꼭지를 달고, 이 꼭지에 도리깨 아들이라고 부르는 단단한 나무쪽을 2~3개 연결하여 만든다. 도리깨는 보리 이삭을 두드려 알갱이를 떠는 데 사용하며, 도리편都里鞭 또는 타도편打稻鞭이라고 한다. 10여 년 전 중국 연변의 조선족 무술인 한 사람이 우리나라의 전통 도리깨를 응용한 무기를 가지고 중국의 무술 대회를 휩쓸었던 일이 있는데, 그만큼 한 민족의 전통이라는 것은 뿌리가 깊고 오래가는 것이다.

철척

鐵尺

철척은 쇠로 만든 자(尺)라는 뜻으로서, 칼자루에 칼날 대신에 쇠자를 달아서 적을 타격하는 데 사용한다. 경주 지방의 전설에 경주 금척리金尺里 고분군은 신라의 시조 박혁거세가 하늘에서 받은 금척金尺을 숨기기 위해서 40여 개의 가짜 무덤을 만든 것이라고 전해진다. 《악학궤범》에는 철척의 일종인 금척이 소개되어 있는데, 칼자루 끝에는 연꽃자루 (蓮房) 모양의 독특한 코등이가 달려 있고, 그 아래에는 실제로 눈금이 새겨 있는 쇠자가 달려 있다. 이 금척의 자루 길이는 2촌 6분이고, 자

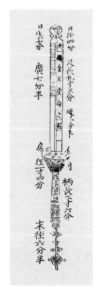

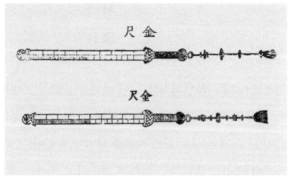

금척

왕실 의례에 사용되었던 의기의 일종으로서 칼자루에
칼날 대신 금속제 자(尺)가 달려 있다. 이는 타격 병기로도
충분히 사용 가능했을 것으로 여겨진다.
왼쪽부터 《악학궤범》《진연의궤》《진찬의궤》.

부분의 길이는 9촌 3분이며, 넓이는 7분 5리, 두께는 1분 5리이다. 자
끝에 달린 해와 구름 형상은 길이가 7분이다. 그 밖에도 여러 의궤에
철척 그림이 나오는데, 이들은 대부분《악학궤범》의 금척과 형태가 동
일하다.

차폭

車幅

차폭은 국왕을 시위하는 군사들이 지니는 의장용 철퇴로서, 그 머리가
참외 모양을 닮았다고 해서 과瓜라고도 한다.《세종실록》에는 우리나라
에서 차폭을 패잘(嚬剌兀)이라고 한다고 했으며, 황동으로 팔각형 모양
을 만들어 머리를 삼고 나무로 자루를 만든다고 했다. 자루 아래에는
모철이 있다.《세종실록》오례의에는 대가의 행렬에 금립과金立瓜와 은

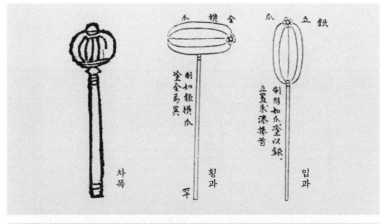

차폭, 횡과, 입과

차폭과 횡과, 입과는 의장용 철퇴의 일종이지만 국왕을 시위하는 군사들이
휴대했던 철퇴는 이 차폭과 유사한 형태였을 것으로 보인다. 차폭(세종실록),
횡과 · 입과(국조오례의). 아래는 차폭으로, 육군박물관에 소장되어 있다.

립과銀立瓜 각각 네 개와 금횡과金橫瓜, 은횡과銀橫瓜 각각 두 개를 사용한
다고 했다. 입과는 참외 모양의 머리가 세로로 서 있고, 횡과는 머리가
모로 누워 있다. 이들은 모두 나무로 만든 의장물이다.

도끼
斧

도끼(斧)는 자루 끝에 달린 무거운 쇠뭉치의 타격력을 이용하면서 동시
에 예리한 날을 세워 힘을 한 곳으로 집중하여 물체를 쪼갤 수 있도록

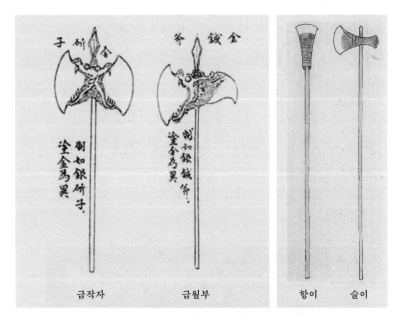

금작자 　　금월부 　　항이 　슬이

금월부와 금작자, 항이, 슬이

《세종실록》과 여러 의궤에는 의장용 도끼가 소개되어 있다. 조선시대에는
도끼가 전투용보다는 적의 성책을 파괴하거나 행군로를 개척하는 데 주로
사용되었던 것으로 보인다. 금작자 · 금월부(세종실록),
항이(홍릉천봉주감의궤), 슬이(홍릉천봉주감의궤).

만든 강력한 무기이다. 고대 이집트에서는 오리 부리형 도끼가 보병
의 주된 무기로 사용되었으며, 한반도에서는 선사시대부터 사각형 모
양의 돌도끼와 원반형 돌도끼가 전투에서 사용되었다. 삼국시대에도
도끼는 주요 병기의 하나로 사용되었으며, 당시에는 주로 낙마한 적의
철기병을 타살하거나 적의 방패와 성책을 파괴하는 데 사용했다.

　고려시대에는 서경의 반란을 진압할 당시 관군에 응모한 승병 관선
이 큰 도끼를 들고 앞장서서 적 10여 명을 죽이니, 관군이 승세를 타
서 크게 적을 격파했다는 기록이 있다. 《계림유사鷄林類事》에 도끼는 오
자개烏子蓋라고 한다고 했는데, 이는 아마도 조자개鳥子蓋의 오기인 것으

로 보이며, 조선시대 돗귀의 고전적인 형태로 보인다.《고려도경》에는 의장에 쓰는 도끼인 의극儀戟은 두 종류가 있는데, 하나는 무척 크고 위아래를 금동으로 장식했으며, 다른 하나는 크기가 6자(186cm) 정도라고 했다.

　조선시대의 군사들도 도끼를 항상 휴대했는데, 성종 22년에 올적합을 정벌할 때 군사들이 스스로 준비해야 할 물건 중에는 도끼가 있다. 또한《만기요람》을 보면, 어영청에 크고 작은 도끼 329개가 비축되어 있다. 하지만 이들 도끼는 전투에 직접 사용되기보다는 적의 성책을 파괴하거나 행군로를 개척하는 데 주로 사용되었을 것으로 보인다.

　그 밖에도 오례의에는 금월부金鉞斧와 금작자金斫子라는 의례용 도끼가 나오는데, 이들 도끼는 국왕의 권위와 군권을 상징하며, 주로 국왕의 의장물로 사용되거나 출전하는 장수에게 군권을 위임한다는 의미로 하사되었다. 금월부에는 한쪽에만 날이 있으며, 도끼 머리에는 용이 이빨을 드러내고 입을 벌리고 있는 형상이 새겨져 있고, 도끼 머리 위로는 작은 창날이 달려 있다. 반면에 금작자에는 날이 양쪽으로 달려 있다.

곤방

棍棒

곤방은 원래 굵은 자루의 무게를 이용하여 갑주를 입은 적이나 말의 머리 혹은 방패를 내려치는 나무 몽둥이이다. 하지만《무예도보통지》에 소개된 곤방은 중국의《기효신서》에서 유래된 것으로서, 오늘날의 취사병에 해당하는 화병火兵이 짐을 나르는 데 사용하던 중국식 가로목에 짧은 창날(鴨嘴)을 달아서 전투에 사용하도록 한 것이다.《무예도보

곤방

나무를 깎아서 만든 나무 몽둥이로, 성을 지키거나 배 위에서
기어오르는 적과 싸울 때 흔히 사용했다.《무예도보통지》.

통지》의 곤방은 길이가 7척(147cm)이고, 무게는 3근 8냥(2.2kg)이며, 날
의 길이는 2촌(4.2cm)이다. 창날의 한쪽에는 혈조가 있고, 다른 한쪽에
는 마루(起脊)가 있다. 곤방은 대방, 백방이라고도 부르며, 원래의 용도
인 짐을 나르는 도구라는 의미에서 편담扁擔이라고도 한다.

목봉은 조선 초기부터 무기로 널리 사용되었다. 왜구를 방비하는 전
선에는 항상 목봉을 준비했고, 임진왜란 때 서북면의 백성들이 왜적
을 물리치는 데는 각이 있는 목봉인 능장稜杖이 사용되었다. 광해군 2년
에 제포만호 박진일朴震一이 술에 취한 끝에 능장을 가지고 웅천현감 이
명신과 그 부하들을 마구 난타했는데, 그 바람에 물에 빠져 죽은 자가
9명이나 되었다는 일화가 있다. 하지만 조선 후기의 《만기요람》을 보
면, 오군영에 곤방이 있기는 하지만 이를 몇 쌍이라고 기록한 것으로

보아, 당시에는 이미 곤방이 무예 연습에만 사용되었던 것으로 보인다.

일반적으로 곤봉棍棒이라고 읽는 한자를 여기에서 굳이 곤방으로 읽는 것은 《무예도보통지》 언해본에 이를 중국 발음을 따라서 곤방이라고 했기 때문이다.

육모곤
六 - 棍

조선시대에 포도청의 포졸들이 사용하던 짧은 목봉을 육모곤(六 - 棍) 혹은 육모방망이라고 한다. 육모방망이는 박달나무로 만들며, 여섯 모가 되도록 옆면을 깎아서 타격력을 높였다. 육모방망이의 손잡이 끝에는 줄을 달아서 손목에 묶을 수 있도록 했다. 육모방망이는 범인을 제압하는 데도 사용되었으나, 나졸임을 표시하는 상징으로서의 의미가 더 컸다고 생각된다.

육모방망이
조선시대에 포도청의 포졸들이 사용하던 박달나무 몽둥이로서 여섯 모가 지도록
옆면을 깎아서 타격력을 높였다. 전쟁기념관 소장.

유성추
流星椎

《단구첩록》의 기계부록 편에는 당시에 조선에서 사용되던 투척용 철퇴인 유성추에 관한 기록이 있다. 이 유성추는 좋은 쇠를 단련하여 주먹 크기로 만든 뒤, 구멍을 뚫어 끈을 관통시키고, 한쪽 끈은 매듭을 지어 빠지지 않게 묶고, 나머지 한쪽 끈은 손으로 쥐고 있다가 적에게 던진다. 이 유성추는 주로 성을 방어하는 데 사용했으며, 성벽을 기어올라오는 적에게 던졌다가 끈을 사용하여 회수할 수 있으므로 매우 경제적인 공격무기였다.

육군박물관에는 놋쇠로 만든 두 개의 철퇴 머리가 있는데, 이들은 원래부터 자루나 쇠사슬이 없이 고리에 끈을 묶어 유성추처럼 사용했을 가능성이 높다.

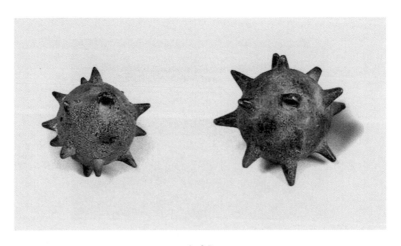

유성추
쇳덩이에 끈을 묶어서 성 아래의 적에게 던지고 이를 다시 회수해서
사용하는 방어용 투척 무기이다. 육군박물관 소장.

九·종통

화약

고대의 전투에 사용된 화약은 염초焰硝와 유황硫黃, 그리고 숯을 섞어서 만든 흑색 화약이었다. 이 중 특히 염초는 화약 제조의 핵심 원료로, 그 화학 성분은 질산칼륨(KNO3)이다. 이 질산칼륨에 열을 가하면 대량의 산소가 발생하여 유황과 숯을 폭발적으로 연소시키게 된다. 중국인은 적어도 당나라 말기에 이미 유황과 염초를 섞어서 불을 붙였을 때 폭발적인 연소가 발생한다는 사실을 알고 있었고, 송나라시대가 되면 화약 무기를 실전에서 상당한 비중으로 사용했다.

우리나라에 화약이 전래된 시기는 고려 말엽이다. 그 이전 시기의 기록에 나타나는 불덩이를 발사하는 포砲는 투석기의 일종일 뿐이며, 고려의 국왕들이 즐겼던 화산火山놀이는 연등으로 꾸민 가산假山에 불과하다.

《고려사》 공민왕 5년(1356) 9월의 기록에 왕과 신하들이 숭문관崇文館에 모여 서북면 병사들의 무기를 검열하면서 총통으로 화살을 발사하도록 했는데, 화살이 깃 부분까지 땅 속으로 깊이 박혔다고 한다. 이것이 우리나라 최초의 화약 무기와 관련된 기록이다. 하지만 당시에는 고려가 화약 제조 기술을 입수하지 못했기 때문에 염초와 화약은 모두 중국에서 수입해서 사용했다.

우리나라가 화약 제조 기술을 처음으로 확보한 것은 고려 우왕 때의 일이다. 이때 최무선崔茂宣이 이항李元이라는 원나라 상인으로부터 염초 제조법을 배웠다. 최무선은 그 이후 직접 중국을 방문하여 선진적인 화포 제작 기술을 습득하고 돌아왔으며, 화약 제조법을 기록한 《화약수련법火藥修鍊法》이라는 책을 저술했다. 그 결과 고려는 우왕 3년(1377)에 화통도감火筒都監에서 제작한 다양한 화기를 이용하여 왜구를 대대적으로 토벌할 수 있었다. 조선이 건국된 이후에도 조정에서는 화약 무기를 개발하고 화약을 대량으로 생산하는 데 많은 노력을 기울였기 때문에, 조선 초기부터 이미 화약 무기가 조선군의 주력 병기의 하나로 자리잡았다.

조선시대에 화약을 제조하는 데 있어서 가장 중요한 원료는 염초와 유황이었는데, 이 중 염초는 자연 상태의 흙에서 생성되므로 조선 초기에는 담 밑이나 아궁이에서 질산칼륨의 함량이 높은 흙을 긁어모아서 염초를 추출했다. 하지만 조선 후기에는 중국과 일본에서 새로운 염초 제조 기술이 전래됨에 따라서 길바닥의 흙으로도 염초를 생산할 수 있게 되었다. 유황의 경우 처음에는 모두 중국과 일본에서 수입했으나, 나중에는 청풍, 경주, 충주, 청도, 심지어는 서울에서도 채굴되었다.

조선시대의 화약 제조 과정은 숙종 24년에 간행된 《신전자초방新傳煮硝方》에 다음과 같이 기록되어 있다.

1) 흙을 모은다. 흙은 검고 매운 흙이 가장 좋지만, 달거나 쓴 것도 모두 쓸 수 있으며, 다만 짠 흙은 나중에 습기를 흡수하기 때문에 쓸 수 없다.

2) 다북쑥이나 곡식의 줄기, 나무 등을 불에 태워 재를 얻는다. 다만 소나무는 쓸 수 없다.

3) 흙과 재를 1대 1로 섞는다.

4) 흙과 재를 섞은 것을 체 위에 얹고 물을 부어서 염초 성분을 추출해 낸다.

5) 추출된 용액을 가마솥에 넣고 졸여서 반쯤 줄면 불순물을 가라앉혀 걸어 낸 후 다시 끓여서 결정을 얻는다. 이 결정은 모양이 털 같다고 해서 모초毛硝라고 한다.

6) 모초에 물을 넣고 아교를 섞어 가면서 휘저어 끓이면서 거품을 걷어 내기를 반복한다. 불순물이 모두 제거되면 식혀서 순수한 염초, 즉 정초精硝의 결정이 생성되게 한다. 만들어진 염초가 품질이 좋지 않으면 이 과정을 다시 한 번 반복한다.

7) 염초가 얻어지면 염초 1근, 버드나무 숯 3냥, 유황 1냥 4돈을 섞고 쌀
뜨물로 반죽하여 방아로 한나절을 찧는다.

조선에서는 화약의 용도별로 염초와 숯, 유황의 비율을 달리하여 화약을 제
조했는데,《화포식언해》와《신전자초방》에 나오는 각 용도별 화약의 배합 비
율은 다음과 같다.

• **용도별 화약의 배합 비율**

구분	화포식언해			신전자초방
	화약	왜약	명화약	
염초	76.0%	78.3%	59.0%	78.4%
석류황	4.8%	10.9%	38.0%	6.9%
숯	19.0%	10.9%	3.0%	14.7%
반묘	0.2%	0.0%	0.0%	0.01%
합계	100.0%	100.0%	100.0%	100.0%

《화포식언해》의 '화약'은 재래식 총통에 사용하는 화약이며, '왜약'은 조총
에 사용하는 화약이다. 명화약은 조선의 소신기전과 같은 무기인 중국의 명화
비전明火飛箭에 사용되는 화약이지만, 신기전통이나 주화통에도 사용되었을 것
으로 생각된다. 1874년 주조된 운현궁 소포에 남은 화약을 분석한 결과, 초석
74%, 유황 9%, 목탄 17%로 나왔는데 이는《화포식언해》의 화약 구성비와 거
의 일치한다.

조선의 화약 기술은 이미 조선 전기에 상당한 수준으로 발달했으며, 외국
사신들은 지금의 불꽃놀이에 해당되는 화희火戱의 맹렬함을 보고 감탄을 금치

못했다. 하지만 조선 전기에는 염초의 순도가 높지 못했고, 국내에서 채굴된 유황은 연소력이 좋지 못해서 점화에 소요되는 시간이 길고 폭발력도 낮은 편이었다. 조선 후기에는 신기술의 도입에 의해 염초의 대량생산이 이루어지고, 단조로 제작한 조총이 널리 사용됨에 따라서 폭발성이 높은 화약이 대량으로 사용되었다. 화약이 근대적인 공법에 따라서 공장에서 대량생산되기 시작한 것은 개항 이후인 1891년의 일이다.

조선 전기의 재래식 총통

명궁으로 소문이 났던 조선 태조는 화약 무기에 대해 큰 관심을 보이지 않았지만, 그의 아들 태종은 왜구와 야인을 정벌하기 위한 화기의 제작에 많은 노력을 기울였다. 그 결과 태종 15년에는 군기감의 화통 수가 1만여 자루에 이르게 되었다. 하지만 당시에는 화포 제조 기술이 아직 미숙하여 대형 총통인 천자포와 지자포, 현자포도 사정거리가 400~500보에 불과했고, 가자포와 세화포는 사정거리가 200보에도 못 미쳤다. 반면에 당시 편전은 사정거리가 300보나 되고 연사 속도도 훨씬 높았기 때문에, 일부 신하들은 지자포, 현자포, 세화포 등은 모두 깨뜨려 버리자고 주장했다. 이에 세종은 행궁 옆에 대장간을 마련하고 직접 화포의 사정거리 개선을 독려한 결과, 모든 총통의 사정거리가 전보다 두 배 이상 증가했으며, 하나의 총통으로 네 개의 화살을 동시에 발사하는 데 성공했다.

당시에 세종이 개발한 화포들은 대부분 철환 대신 화살을 장전하여 발사했다. 이 시기의 화포는 아직 내구성이 좋지 못해서 커다란 철환을 쏘면 포가 파열될 위험이 있었고, 작은 철환을 대량으로 넣고 쏘면 넓은 각도로 방사되어 사정거리가 짧았다. 반면에 화살은 사정거리가 길고 정확성도 높았다. 따라서 조선 전기의 화포 개량은 보다 많은 화살을 보다 먼 거리로 날려보내는 데 집중되었다. 세종 27년에 개발된 신형 총통들은《세종실록》오례의와《국조오례의》병기도설에 실려 있는데, 이 두 가지 자료 사이에는 약간의 차이가 있지만 대부분의 내용은 일치한다.

다음은《국조오례의》의 조선 전기 총통 규격이다.

· 조선 전기 총통 규격 ·

구분	전체 길이	구경	무게
장군화통	2척8촌6분5리 (88.8cm)	3촌2분3리 (10.0cm)	104근10량 (67.2kg)
일총통	2척3촌9분3리 (74.2cm)	2촌1분5리 (6.7cm)	41근8량 (26.6kg)
이총통	1척4촌4분 (44.6cm)	8분4리 (2.6cm)	3근8량 (2.247g)
삼총통	1척6분2리 (32.9cm)	5분3리 (1.6cm)	1근3량 (762g)
사전총통	8촌4분2리 (26.1cm)	7분 (2.2cm)	1근6량 (883g)
사전장총통	1척3촌7분8리 (42.7cm)	7분7리 (2.4cm)	2근10량 (1,685g)
팔전총통	1척3리 (31.1cm)	9분4리 (2.9cm)	2근3량 (1,404g)
신제총통	6촌3분 (19.5cm)	4분 (1.2cm)	10량 (401g)
세총통	4촌4분8리 (13.9cm)	2분7리 (0.8cm)	3량5전 (140g)
철신포	1척3촌8리 (40.5cm)	3촌2분3리 (10.0cm)	76근4량 (48.9kg)

(1) 장군화통

장군화통은 조선 전기에 사용된 화포 중에서 가장 구경이 큰 화포로서, 고려 말 최무선이 만든 대장군포와 태종 때 만들어진 천자포를 개량한 것이다. 이 화포는 전체 길이가 88.8cm이며 구경은 10cm, 무게는 67.2kg이다. 발사체로는 180cm 길이의 대형 화살인 대전大箭을 사용한다. 《세종실록》에는 장군화통 옆에 철환이 그려져 있고, 세종 7년에 전라도에서 천자철탄자天字鐵彈子를 바친 것으로 보아, 대형 철환도 함께 사용한 것으로 보인다. 세종 27년의 기록을 보면, 장군화통으로 대전을 쏘았을 때 사정거리가 1,300보(1.6km)에 달하고, 화살 4개를 쏘았을 때는 사정거리가 1,000보(1.2km)에 달한다고 했다. 장군화통의 특징은 다른 총통과 달리 약통이 불룩한 타원형이고, 운반에 사용하는 두 개의 쇠고리가 포신에 달려 있다는 점이다.

(2) 일총통

일총통은 전체 길이가 74.2cm이고, 구경은 6.7cm, 무게는 26.6kg이다. 발사체로는 차대전이나 중전을 사용한다. 사정거리는 한 발을 발사했을 때 800~900보이고, 작은 화살 4개를 쏘면 600~700보를 간다. 1개의 운반고리가 달려 있다.

(3) 이총통

이총통은 전체 길이가 44.6cm이고, 구경은 2.6cm, 무게는 2.2kg이다. 소전 한 발이나 세장전 두 발 혹은 차세장전 아홉 발을 발사한다. 이총

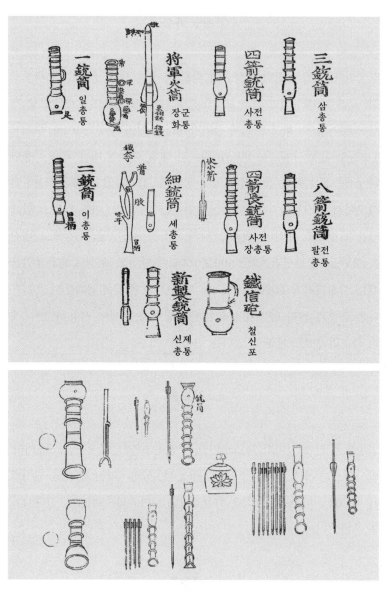

총통

《국조오례의》병기도설(위)에는 조선 전기의 화약 무기의 그림과 자세한 제원이
기록되어 있다. 《세종실록》(아래)에는 세종이 개발한 화약 무기들이 그림으로 그려져
있지만 각각의 명칭이나 제원은 기록되어 있지 않다. 다만 그림상의 형태가
《국조오례의》와 큰 차이가 없으므로 두 자료의 비교를 통해 세종시대의 화약 무기 개발
실태를 확인할 수 있다.

통은 총통의 뒤쪽에 나무 자루를 끼워서 손에 들고 발사하는 조선 전기의 총통 중에는 가장 대형이다.

경주박물관 소장 이총통은 전체 길이가 43cm, 구경이 3.1cm로《국조오례의》의 규격과 유사하지만, 경북대학교 소장 이총통은 길이가 32.2cm에 불과하고, 구경은 1.9cm이다. 조선시대 무기의 척관법상의 혼란은 지금의 우리만이 겪고 있는 문제는 아니었던 듯하다.

(4) 삼총통

삼총통은 전체 길이가 32.9cm이고, 구경은 1.6cm, 무게는 762g이다. 차중전 한 발을 발사한다. 경남 하동에서는 삼총통 52점이 한꺼번에 발굴된 적이 있다. 삼총통은 다른 화포에 비하여 효용도가 높아서 오랜 기간 사용되었다.

(5) 사전총통

사전총통은 전체 길이가 26.1cm이고, 구경은 2.2cm, 무게는 883g이다. 세전 네 발이나 차세전 여섯 발을 발사한다. 사전총통은 한 번에 네 개의 화살을 쏠 수 있다고 해서 붙여진 이름인데, 파저강婆猪江 야인 정벌 직후에도 사전화포를 만들었으나 실패했고, 세종 14년에 이르러서야 한 번에 네 발을 쏘는 데 성공했다. 국립중앙박물관 소장 사전총통은 길이가 25.7cm이고, 구경은 2.3cm이다.

(6) 사전장총통

사전장총통은 전체 길이가 42.7cm이고, 구경은 2.4cm, 무게는 1,685g 이다. 세장전 네 발이나 차세장전 여섯 발, 차소전 한 발을 발사한다. 사전총통과 구경은 비슷하지만, 사용하는 화살이 길기 때문에 총통 부리의 길이가 길다. 전쟁기념관이 소장한 사전장총통은 길이가 43.1cm 이다.

(7) 팔전총통

팔전총통은 전체 길이가 31.1cm 이고, 구경은 2.9cm, 무게는 1,404g이다. 세전 여덟 발이나 차세전 열두 발을 발사한다. 국립중앙박물관에 한 점이 소장되어 있다.

(8) 신제총통

신제총통은 전체 길이가 19.5cm이고, 구경은 1.2cm, 무게는 401g이다. 신제총통전을 한 발 발사한다. 이 신제총통은 성종 당시에 개발된 것으로 보이며, 육군박물관, 고려대학교, 경희대학교 등에 다수의 유물이 존재한다.

(9) 세총통

세총통은 전체 길이가 13.9cm이고, 구경은 0.8cm, 무게는 140g이다. 차세전 한 발을 발사한다. 세총통은 철흠자鐵欠子라고 하는 쇠 집게로 집

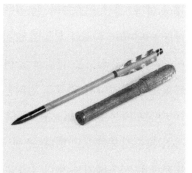

사전총통

길이가 26cm 내외이고 한 번에 세전
네 발이나 차세전 여섯 발을 발사한다.
여타의 조선 전기의 소형 총통들도
크기만 다를 뿐, 그 구조는 동일하다.
육군박물관 소장.

세총통

길이가 14cm 내외이고 한 사람이
30개까지 미리 장전하여 휴대했다가
집게를 사용하여 총통을 쥐고 발사한다.
여자나 아이들도 쉽게 쏠 수 있었다.
육군박물관 소장.

어서 발사하는데, 이는 세계적으로 유래를 찾아보기 힘든 발사 방법이
다. 세총통은 한 사람이 30개까지 미리 장전하여 휴대했다가 사용하므
로, 각각의 총통에 자루를 다는 것보다는 집게를 사용하여 총통을 쥐
고 발사하는 것이 보다 효율적이었을 것이다. 세총통은 말 위에서도
쏠 수 있고, 여자나 아이도 쏠 수 있었다. 현재 육군박물관에 소장되어
있는 보물 제854호 세총통은 전체 길이가 13.8cm이다.

(10) 철신포

철신포는 신호용 대포로서 화약과 격목만 넣고 쏜다. 북한에서는 철신
포로 발화發火를 발사한 것으로 추정하고 있지만, 신포는 원래가 소리
로서 신호를 보내는 화기이므로 발화를 발사했을 가능성은 희박하다.
철신포의 전체 길이는 약 40.5cm 정도이고, 구경은 장군화통과 같은

10cm이다. 철신포는 고려 말 최무선 때 이미 제작되어 사용되었으며, 세종 10년에는 신포를 만들어서 각 도에 나누어 보내라고 지시한 기록이 있다. 이 철신포는 군사를 조련하거나 열병할 때 사용하기도 하고, 봉화대에 두었다가 위급을 알리는 데 사용하기도 했다.《화포식언해》에 철신포에는 화약 13냥을 사용하며, 토격의 크기는 2촌이고, 습진과 봉화대에 사용한다고 했다. 조선 전기에는 철 대신 종이로 만든 지신포紙信砲를 사용하기도 했다.《속병장도설》을 보면, 조선 후기에는 철신포 대신 호준포를 신호용 대포로 사용했다.

조선 후기의 재래식 총통

임진왜란을 전후한 시기부터 불랑기와 조총 등 여러 가지 신형 총통이 조선에 전래되었지만, 전통적인 동제 총통들은 조선 후기까지도 계속해서 사용되었다. 다만 조선 후기의 총통은 조선 전기의 총통에 비해 약실 부분이 좀 더 보강되었고, 총통 마디의 형태도 변형되었다. 조선 전기의 총통에서는 약실 부분과 부리 부분의 모양이 거의 같으나, 조선 후기의 총통은 약실 부분의 마디를 없애는 대신 두께를 훨씬 두텁게 만들었다. 조선 후기에는 염초의 제조 기술이 발달함에 따라서 보다 성능이 좋은 화약이 총통에 사용되었고, 따라서 가장 큰 충격을 받는 약실 부분을 추가로 보강한 것이다. 부리 부분에 둘러진 마디도 조선 전기에는 단순한 일층 구조였으나, 조선 후기에는 강도를 높이기 위해서 얇은 띠로 한 번 두르고 그 위에 다시 두터운 마디를 두르는 이중 구조로 발전하게 된다.《융원필비》를 중심으로 조선 후기의 재래식 동포銅砲의 종류와 제원을 정리해 보면 다음과 같다.

구분	전체 길이	구경	화살	탄환	화약
천자총통	6척 6촌 3분 (139.23cm)	5촌 6분 (11.76cm)	대장군전 900~1,200보	수철연의환	30냥
지자총통	5척 6촌 7분 (119.07cm)	5촌 (10.5cm)	장군전 800~2,000보	조란환 200개	20냥
현자총통	4척 1분 (84.21cm)	2촌 9분 (6.09cm)	차대전 2,000보	철환 100개	4냥
황자총통	3척 6촌 4분 (76.44cm)	2촌 2분 (4.62cm)	피령차중전 1,100보	철환 40개	3냥

(1) 천자총통

천자총통은 조선 후기의 재래식 화포 중에서 구경이 11.76cm로 가장 크다. 총통의 크기는 얼마든지 크게 만들 수 있지만, 일정 규모 이상이 되면 발사 시의 반동 때문에 배에서는 사용할 수 없으며, 성능에 비해서 화약의 소모량이 과다해진다. 조선시대에는 천자총통도 화약을 허비한다는 비난을 자주 들었다. 보물 647호로 지정된 육군박물관 소장 천자총통은 1555년에 제조되었으며, 길이가 131cm, 구경은 12.8cm이다. 현충사에 소장된 천자총통은 1849년에 제작되었으며, 길이가 136cm이다.

(2) 지자총통

지자총통은 천자총통보다 조금 작은 규모지만, 조선 전기의 장군화통에 비해서는 위력이 훨씬 큰 화포이다. 특히 일종의 산탄인 조란환을 200개 넣고 쏘면 적선 위의 군사들을 몰살시킬 수 있을 정도로 위력이

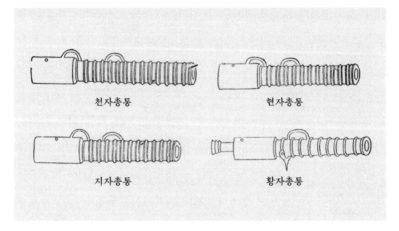

천자총통   현자총통

지자총통   황자총통

총통

조선 후기에는 염초의 제조 기술이 발달함에 따라 보다 성능이 좋은 화약이
총통에 사용되었고, 따라서 가장 큰 충격을 받는 약실 부분을 보다 두텁게 만들었다.
부리 부분에 둘러진 마디도 조선 전기에는 단순한 일층 구조였으나 조선 후기에는
강도를 높이기 위해서 얇은 띠로 한 번 두르고 그 위에 다시 두터운 마디를
두르는 이중 구조로 변화된다. 《융원필비》.

강했다. 하지만 지자총통도 화약의 소모량이 너무 많아서 크게 환영
받지는 못했던 것 같다. 《김해읍지》에 수군의 황자 오호 전선에 지자총
3위가 있다고 한 것으로 보아, 대형 전선에서는 지자포를 사용했던 것
으로 보인다. 현재 국립중앙박물관에 보물 제862호 지자총통이, 동아
대학교에 보물 제863호로 지정된 지자총통이 소장되어 있다.

(3) 현자총통

선조 33년의 기록에 전투에서 가장 긴요하게 쓰이는 것이 현자총통이
라고 했다. 특히 해전에서는 현자총통과 황자총통이 가장 널리 사용되
었으며, 조선 후기의 읍지에서도 지방의 수영에 가장 많이 비축된 대

형 총통은 현자총통이었다. 국립진주박물관에 소장된 보물 제1233호 현자총통은 길이가 75.8㎝이고 구경은 6.5㎝이다. 보물 제885호로 지정된 해군사관학교 소장 현자총통은 1596년에 제작되었으며, 길이가 79cm, 구경은 7.5cm이다.

(4) 황자총통

원래의 황자총통은 현자총통과 크기만 다를 뿐 구조상으로는 동일하다. 하지만 임진왜란 이후에 불랑기가 도입되면서 정철을 이용해서 총통을 거치하는 새로운 기술이 도입되자, 황자총통에도 포신 중간에 정철을 달아서 포가에 얹을 수 있도록 만들고, 총통 후미에는 자루를 끼울 수 있는 모병을 달았다. 1812년에 제작된 현충사 소장 황자총통은 모병을 제외한 길이가 74.5cm이고, 구경은 4.4cm이다.

(5) 별황자총통

별황자총통은 황자총통을 개량하여 만든 총통으로서, 포가에 얹기 위한 포이砲耳가 달려 있고, 전체 길이와 구경은 황자총통에 비해 약간 크다. 《고사신서攷事新書》에는 별황자총통의 길이가 3척(93cm)이고, 안지름은 4촌(12.4cm)이며, 화약은 4냥을 사용한다고 했다. 철환은 6전짜리 40개를 발사하며 토격의 두께는 1촌 5분이다. 별황자총통은 육군박물관과 국립진주박물관에 한 점씩 소장되어 있는데, 1849년에 제작된 육군박물관 소장 별황자총통은 모병을 제외한 길이가 76.99cm이고, 구경은 5.9cm이다.

현자총통

선조 33년의 기록에 전투에서 가장 긴요하게 쓰이는 것이 현자총통이라고 했다.
특히 해전에서는 현자총통과 황자총통이 가장 널리 사용되었다. 육군박물관 소장.

지자총통

천자총통보다 조금 작은 규모지만 조선 전기의 장군화통에 비해서는 위력이 큰
화포이다. 특히 일종의 산탄인 조란환을 200개 넣고 쏘면 적선 위의 군사들을
몰살시킬 수 있을 정도로 위력이 강했다. 육군박물관 소장.

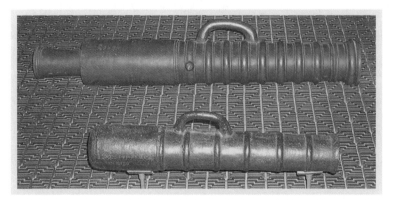

황자총통(복원)

원래의 황자총통은 다른 재래식 총통과 구조가 같았지만, 조선 후기에는 포신
중간에 정철을 달아서 포가에 얹을 수 있도록 만들고 총통 후미에는 모병을
다는 등 상당한 개량이 이루어졌다. 독립기념관 소장.

⑹ 기타 재래식 소형 총통

조선 후기의 소형 총통으로는 우자宇字, 주자宙字, 홍자洪字, 황자荒字, 일자
日字, 월자月字, 영자盈字, 측자昃字 총통銃筒 등이 있었다. 이들은 모두 철환
을 1~3개 넣고 총통 뒤에 달린 모병에 나무 자루를 끼워 들고 발사했
다. 다만, 월자총통은 조선 전기의 세총통처럼 쇠로 만든 집게(鐵欠子)
로 잡고 발사했다. 이들은 모두 크고 작은 차이만 있을 뿐, 그 구조나
기능은 거의 동일했다. 조선 후기에는 재래식 소형 총통에 비해서 위
력이 훨씬 뛰어난 조총이 보급되었기 때문에 대부분의 소형 총통이 널
리 사용되지 못했다.

승 자 총 통
勝 字 銃 筒

⑴ 승자총통

승자총통은 선조 초기에 경상병사 김지가 만들어서 북방의 야인을 물
리칠 때 큰 효과를 봤던 소형 총통이다. 현재 국립중앙박물관에는 보
물 648호로 지정된 만력을묘명승자총통萬曆乙卯銘勝字銃筒이 소장되어 있
는데, 이것이 바로 김지가 만든 최초의 승자총통 중 하나이다.

　승자총통은 종전의 총통에 비해 총열이 길기 때문에 사정거리가 길
고 명중률도 높았다. 임진왜란 때는 이순신 장군이 해전에서 승자총통
으로 왜적을 많이 사살했고, 행주산성의 권율 장군도 승자총통을 주요
화기로 사용했다. 조선시대의 기록에 동조총銅鳥銃, 동소총銅小銃, 승자동
포勝字銅砲라고 기록된 것은 대부분 승자총통을 의미한다.《화포식언해》

에 승자총통으로 가죽 깃이 달린 나무 화살을 쏘면 600보가 나간다고 했고, 철환은 15개를 한 번에 발사한다고 했다. 승자총통은 주물로 간편하게 만들 수 있었기 때문에, 조총이 전래된 이후에도 보조적인 화기로 널리 사용되었다.

(2) 별승자총통

별승자총통은 승자총통을 개량하여 부리의 길이를 늘리고 사정거리를 개선한 것이다. 경희대학교와 국립중앙박물관에 소장된 별승자총통은 1592년에 같은 장인에 의해 제작된 것으로, 전체 길이는 76.2cm이며 구경은 1.6cm이다.

(3) 차승자총통

차승자총통은 승자총통보다 약간 작은 총통으로, 보물 제855호로 지정된 서울대학교 소장 차승자총통은 전체 길이가 56.8*cm*이고 구경은 1.6*cm*이다. 한 번에 철환 5개를 발사한다. 서울대 소장 차승자총통은 약실 쪽에서 총구 쪽으로 네 번째 마디 정도로부터 총신이 휘어진 것이 특징인데, 이는 강선의 원리와 같이 탄환이 더욱 멀리 나가도록 하기 위한 것이라는 견해가 있다.

하지만 총신이 휘었다고 해서 사정거리가 증가하거나 탄도가 안정되지는 않는다. 총신이 휘어진 총통들은 제작 된 이후에 열 또는 압력에 의하여 변형이 된 것으로 생각된다.

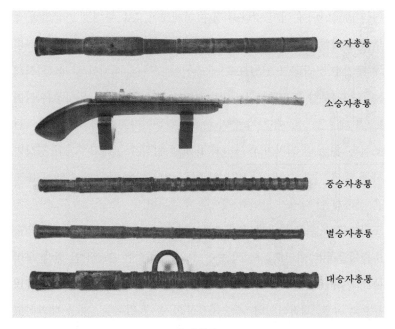

승자총통

소승자총통

중승자총통

별승자총통

대승자총통

승자총통

선조 초기에 경상병사 김지가 만들어서 북방의 야인을 물리칠 때
큰 효과를 봤던 소형 총통이다. 이후 개량이 거듭되면서 소승자총통,
차승자총통, 별승자총통 등 다양한 형태로 발전했다.

(4) 소승자총통

소승자총통은 조총을 모방하여, 마디가 없는 긴 총열에 개머리판과 가
늠쇠, 가늠자를 부착하여 조준 사격이 가능하도록 개량한 총통이다. 개
머리판과 가늠쇠, 가늠자가 조선에서 자체적으로 고안되었다고 보기
는 어려우며, 이는 조선이 임진왜란 이전에 조총을 자체적으로 수용하
는 과정에서 도입한 기술이라고 보는 것이 타당하다.

《선조실록》은 조선이 처음으로 조총을 접한 시기를 1589년 7월 대마
도주가 평의지平義智를 통해 조총 두 자를 바친 때로 기록하고 있다. 그

러나 1560년대에 이미 명나라 장수 척계광이 조총 부대를 편성하여 왜
구를 물리쳤고, 임란 이전에 조선의 연해에 출몰하던 왜구들 중 일부
는 화기로 무장하고 있었으므로, 조선이 조총에 대해서 알게 된 시기
는 1589년보다 훨씬 앞선 시점일 것이다. 《서애집》에서 유성룡은 김지
金墀가 대 · 중 · 소 세 가지 승자총통을 만들었다고 기록하고 있고,《선
조실록》을 보면 김지가 1575년과 1578년에 각각 전라좌수사와 경상병
사를 맡고 있다. 따라서 소승자총통은 이 시기에 왜구를 통해서 조총
을 접하게 된 김지가 창안한 것으로 추정된다.

하지만 조총의 격발장치 제작은 기술적인 어려움 때문에 생략되고,
소승자총통은 여전히 약선에 불을 붙여 점화하는 고전적인 발사 방식
을 사용하였다. 그리고 단조 기술의 부족으로 소승자총통의 총열은 청
동으로 주물 제작되었다. 소승자총통의 총열 길이는 58cm 내외이고
구경은 2cm 내외이다. 한 번에 철환 세 개를 발사한다.

(5) 쌍자총통

쌍자총통은 두 자루의 승자총통을 하나로 주물 제작하고, 각각의 총열
에 세 발씩을 장전하여 모두 여섯 발을 연속적으로 발사할 수 있도록
만든 소형 총통이다. 《신기비결神器秘訣》에는 이 총통을 쌍안총雙眼銃으로
기록했다. 보물 제599호로 지정된 동아대학교 소장 쌍자총통은 선조
16년(1583)에 제작된 것으로서, 전체 길이가 52.2cm이고, 구경은 1.7cm
이다. 그 밖에 효성여대, 국립진주박물관, 육군박물관, 국립중앙박물관
에도 이와 거의 동일한 규격의 쌍자총통이 소장되어 있다.

불랑기

佛狼機

불랑佛狼은 프랑크Frank라는 단어에서 유래된 말로서, 중국에서 유럽 인을 지칭하는 말이다. 서양에서 전해진 신형 화포인 불랑기는 16세기 초에 중국에 도입되었고, 거의 같은 시기에 조선에도 전해졌다. 종래에는 선조 27년 명군이 평양성을 공격했을 때 조선에서 처음으로 불랑기가 사용되었다고 알려졌으나, 1982년에 양천구 목동에서 명종 18년 (1563)에 제작된 불랑기 자포 세 점(보물 제861호)이 발굴되어, 불랑기의 도입 시기는 명종시대로 당겨지게 되었다.

종전의 재래식 화포는 모포母砲에 직접 장약을 하여 발사하기 때문에 연사 속도가 느렸지만, 이 불랑기는 하나의 모포에 여러 개의 자포子砲가 딸려 있어서, 미리 장약을 해 둔 자포를 이용하여 굉장히 빠른 속도로 연사를 할 수 있었으며, 모포를 발사하는 동안에도 다른 자포에 장전을 할 수 있었다. 조선 후기에는 이 불랑기가 대량으로 제작되어 성과 보루에 배치되면서 조선군의 주력 공용 화기로 사용되었다. 고종 31년에 관군이 동학군을 물리치고 전주감영을 되찾았을 때 관군이 노획한 대형 화기는 불랑기 24문뿐이었다.

《기효신서》에는 불랑기가 1호에서 5호까지 있으며, 1호는 길이가 9척에 달하고, 5호는 길이가 1척에 불과하다고 했다. 하지만 조선에서 주로 제작된 불랑기 4호와 5호는 각각 전체 길이가 98cm와 82cm로, 같은 급의《기효신서》불랑기에 비해서 상당히 큰 편이다.

불랑기

명종 때 중국을 거쳐서 조선에 전래된 신형 화포이다. 이 불랑기는
미리 장약된 자포를 이용하여 발사하므로 종전의 화포에 비해서 사격 속도가
눈부시게 빨랐다. 위쪽의 불랑기는 육군박물관 소장품이며,
아래는 목동에서 발굴된 명종조의 불랑기 자포이다.

• 불랑기의 제원(화기도감의궤)

구분	길이	무게	화약	발사체
불랑기 4호	3척 1촌 7분 (98.27cm)	90근	3냥	철환 1개
불랑기 5호	2척 6촌 5분 (82.15cm)	60근	1냥 5전	철환 1개

  불랑기에는 1문당 5개의 철제 자포가 딸려 있었으며, 포신은 철(鐵佛
狼機)이나 청동(鍮佛狼機)으로 제작되었다. 포를 발사할 때는 자포에 미

리 장전을 해 놓았다가 모포에 삽입하고 잠철簪鐵을 자포의 뒤쪽에 박아 고정한 뒤 발사했다. 불랑기에는 족철足鐵이라고 하는 뾰족한 철침이 포열의 중간에 달려 있어서, 이를 포가나 포차에 박고 뒤쪽의 나무 자루를 손으로 잡고 조준한다. 발사체로는 커다란 연환 하나를 사용하지만, 적이 근접해 오면 조란환을 발사하기도 했다.

불랑기는 여러 가지 장점을 지닌 신형 총통이었으나, 자포를 단순히 모포 안에 끼워 넣고 잠철로 고정하는 구조였기 때문에, 모포와 자포의 결합이 완전하지 못하면 가스가 새고 위력이 떨어지는 문제점이 있었다. 따라서 불랑기를 대형화하는 데는 어느 정도 제약이 있었으며, 이로 인해 조선 후기까지도 천자총통 등 재래식 대형 총통이 계속 사용되었다.

백자총통

百字銃筒·百子銃筒

백자총통은 임진왜란 때 명나라 군사들이 사용했던 소형 총통으로서, 선조 27년에 처음으로 조선에서 제작되었다.《화포식언해》에는 대, 중, 소의 백자총통이 있다고 했다.

구분	화약	발사체	토격
대백자총통	3냥	철환 15개	토격 1촌 5분
중백자총통	2냥	철환 5개	토격 1촌
소백자총통	1냥	철환 3개	토격 7분

《화기도감의궤火器都監儀軌》에는 대백자총통의 그림이 그려져 있고, 전체 길이는 2척 7촌, 무게는 28근이라고 했다. 선조 당시의 무과 초시 시

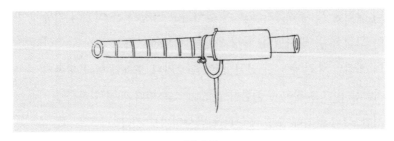

백자총통

임진왜란 당시에 명나라에서 도입된 화기로서, 자포가 별도로 분리되지
않는다는 점을 제외하면 불랑기와 유사한 점이 많다.《화기도감의궤》.

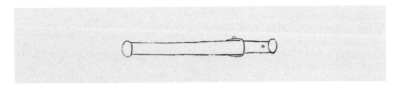

쾌창

납탄환 20개를 넣어 발사한 뒤 이를 곤봉으로 사용한다.《화기도감의궤》.

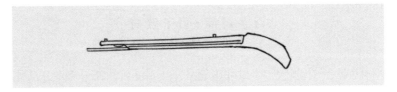

소승자총통

저렴한 비용으로 조총과 비슷한 효과를 얻기 위해 고안된 소형 총통으로서
가늠쇠와 개머리판 등이 달려 있다. 하지만 여전히 약선을 이용하여
불을 붙이는 고전적 방식을 사용한다.《화기도감의궤》

험 과목에 조총, 불랑기와 함께 백자총百字銃이 들어 있었을 정도로 임
진왜란 직후에는 백자총통이 중요한 화기였으며, 특히 전선에는 상당
한 수량의 백자총통이 배치되었다. 이 백자총통은 불랑기와 공통점이
많다. 우선 임진왜란을 전후한 시기에 도입되었으며, 구경에 비해서 포
신의 길이가 상당히 길고, 포신의 중앙에는 포가에 얹을 수 있도록 포

구분	길이	구경	소장처
대백자총통	93cm	1.5cm	고려대학교
갑인명포	130.7cm	4.2cm	육군박물관
을축명포	114.5cm	3cm	육군박물관
쌍포	133cm	4.2cm	전쟁기념관
해자총통	61.5cm	3cm	조선중앙역사박물관

이가 달려 있다. 다만 불랑기와 달리 자포가 분리되지 않는 일체식 총통이라는 점이 백자총통의 특징이다.

육군박물관에 소장된 중백자총통은 1605년에 김일金逸이라는 장인이 만들었으며, 길이는 약 99cm이다. 이 중백자총통에는 승자총통과 마찬가지로 가늠쇠와 가늠자가 달려 있다.

한편, 고려대학교 박물관에는 대백大百이라는 명문이 새겨진 총통이 한 점 전해지고 있으며, 이와 유사한 총통들이 육군박물관과 전쟁기념관에도 소장되어 있다. 이들은 모두 청동으로 주조되었으며, 구경에 비해서 포신의 길이가 매우 긴 편이고, 마디도 3개 혹은 4개에 불과하다. 포의 중간에는 포이를 부착하여 포가에 얹을 수 있도록 만들어졌으며, 고려대학교의 유물에는 배 위에서 사용되었다는 명문이 있다.

전체적으로 볼 때 이 총통들은 조선의 다른 재래식 화포와 확연히 다를 뿐만 아니라, 《화기도감의궤》의 백자총통과도 계통을 달리하는 총통이다. 그럼에도 이들 총통은 구경에 비해 포신의 길이가 길고 포이가 달려 있으므로, 조선시대에 백자총통과 비슷한 총통류로 분류되었을 가능성이 있다. 《고사신서》에는 양이포兩耳砲라는 청동제 총통이 소개되어 있는데, 길이가 4척 4촌(136.4cm), 바깥 둘레가 9촌(27.9cm), 안 둘레가 3촌(9.3cm)이며 사용되는 화약과 철환이 승자총통과 같다고 했다. 구경과 포열의 길이 비율, 포이의 존재 등을 감안할 때 고려대학교 대백자총통 등은 이 양이포의 일종이 아닌가 생각된다.

쾌창

快槍

《연병실기》에는 한 대隊의 병사 중 두 명이 쾌창수快槍手인데, 이들은 나무 자루가 달린 쾌창에 납탄환 20개를 넣어 발사한 뒤 이를 곤봉으로 사용한다고 했다. 이 쾌창은 재래식 소형 총통과 거의 동일한 형태이지만, 긴 나무 자루를 달아서 타격 무기를 겸하게 했다는 특징이 있다. 《화기도감의궤》를 보면 쾌창은 강철을 단조하여 제작했으며, 당시에 함께 만들어진 화기 중에서 가장 많은 수량인 724정이 제작되었다. 《화기도감의궤》의 쾌창은 길이가 2척 4촌(74.4cm)이고, 무게는 8근이며, 철환 1개를 발사한다. 하지만 《신기비결》에 조총과 활, 쾌창의 치사율과 명중률을 비교한 기록을 보면 조총의 명중률은 활의 다섯 배이고 쾌창의 열 배라고 했다.

홍이포

紅夷砲

홍이紅夷는 머리털이 붉은 서양 사람을 지칭하는 말이며, 홍이포는 16세기에 네덜란드인에 의해 명나라에 전해진 서양식 신형 대포이다. 중국에서는 이를 홍의포紅衣砲라고 부르기도 했다. 병자호란 당시에는 청나라 부대가 명군에게서 노획한 홍이포를 사용하여 강화도를 함락시켰고 남한산성의 성채를 무너뜨렸다.

홍이포
병자호란 이후에 조선에 전해진 서양식 대포로서,
홍의포紅衣砲라고도 한다. 육군박물관 소장.

조선은 1630년에 진주사로 명나라에 갔던 정두원鄭斗源이 귀국할 때 처음으로 홍이포와 홍이포제본紅夷砲題本을 가져왔으며, 우리나라에 표류하여 정착한 네덜란드인 박연과 효종 4년에 제주에 표류해 온 하멜 일행 등이 홍이포 제작에 상당한 기여를 했던 것으로 보인다. 현종 5년 (1664)에 강도어사江都御史 민유중이 강화부의 미곡과 무기 보유 상황을 조사한 내용을 보면, 그 목록에 남만대포南蠻大砲 12문이 있는데, 남만이 란 조선이 네덜란드인 등 서양인을 지칭하는 데도 사용한 말이므로 이 남만대포가 곧 홍이포일 가능성이 높다. 영조 7년에는 조선에서 새로 운 홍이포를 제작했는데, 포의 사정거리가 10여 리에 달했다고 한다.

현재 우리나라에는 홍이포라고 불리는 유물이 여러 점 있지만, 이들 의 제작 시기와 제작처는 대부분 분명하지 않다. 다만 포신이 길고 포 미에서 포구로 갈수록 서서히 외경이 작아지며, 포미에 단추가 달려 있는 총통을 모두 홍이포라고 부르는 것뿐이다.

철제 대포는 주물이 매우 정교해야 할 뿐만 아니라 이를 가단주철화하는 공정이 필요한데, 조선은 이러한 기술을 조선 말엽에 뒤늦게 습득하였기 때문에, 조선시대의 홍이포는 대부분 청동으로 제작되었다. 따라서 현재 홍이포라고 불리는 국내의 수철제 대형 총통은 청일 전쟁 시기에 일본군이 중국에서 노획한 총통, 중일전쟁 시기에 중국에서 공출되어 한반도로 넘어온 총통, 조선 말엽에 청나라에서 수입된 총통이 대부분일 것이다.

호준포

虎 蹲 砲

호준포는 그 모습이 마치 앉아 있는 호랑이와 같다고 하여 붙여진 이름이다. 호준포는 크기가 작아서 휴대하기에 편하고, 대정大釘 2개와 철반鐵絆이 달려 있으므로 지형에 관계 없이 즉시 땅에 설치하여 발사할 수 있다는 장점이 있다.

호준포는 척계광이 남중국에서 왜구들을 토벌할 때 처음으로 사용했으며, 조선에는 임진왜란 이후에 전래된 것으로 보인다.《무비요람武備要覽》에는 호준포의 길이는 2척이고 무게는 36근이라고 했다.《화포식언해》에 따르면, 호준포는 화약 6냥과 함께 2전짜리 납 탄환 70개나 2전짜리 철환 30개를 넣고, 그 위에 다시 5냥짜리 납탄환을 넣어서 발사한다고 했다. 하지만 호준포는 조준 사격이 불가능한 산탄포였기 때문에 사정거리가 짧고 명중률도 낮았다. 따라서 조선 후기에는 호준포가 신호용 신포로만 사용되었다.

현존하는 호준포 중에서 국립중앙박물관에 소장된 길이 55cm, 구경 4cm의 호준포와, 육군박물관의 길이 53cm, 구경 4cm인 호준포는《무비지》의 호준포와 유사한 형태로서 전투용이었다고 생각된다. 하지만

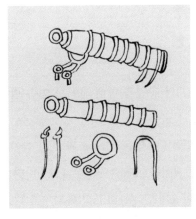

호준포

《무비요람》의 호준포는 중국에서 전래된 살상용 총통으로,
신호용에 비해서 총통 마디의 크기가 크고 길이도 길다.
《무비요람》(왼쪽), 육군박물관 소장.

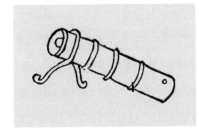

호준포

《속병장도설》의 호준포는 국왕이 친히 열병을 행하는 경우에 방포했던
의례용 신포로, 포구의 형태도 불규칙하고 길이도 짧은 편이다.
《속병장도설》(왼쪽), 육군박물관 소장.

육군박물관과 현충사에 소장되어 있는 길이 42.3cm, 40cm의 호준포는
《병학지남》에 나오는 신포와 그 형태가 유사하고 포구의 형태도 고르
지 못한 것으로 보아 신호용 대포였던 것으로 보인다.

삼혈총
三穴銃

조선시대의 삼혈총은 길이가 짧은 3개의 총열을 한데 묶어서 연속 발사할 수 있도록 만든 소형 화기이다. 삼혈총은 삼안총三眼銃, 삼혈조총三穴鳥銃, 삼혈총통三穴銃筒, 호포號砲라고도 한다. 경주국립박물관 소장 삼안총은 총 길이가 38.2cm이고, 총신의 길이는 26cm, 구경은 1.3cm이다. 명문에는 각 구멍에 화약 6전과 철환 2개를 넣는다고 기록되어 있다. 《화포식언해》에는 삼혈총의 각각의 구멍에 화약 3전과 철환 1개를 넣고 발사한다고 했다. 삼안총은 그 재질에 따라서 청동으로 주조한 동삼혈포銅三穴砲와 쇠를 단조해서 만드는 철삼혈포鐵三穴砲 등이 있다.

《병학지남연의》에 의하면, 원래 중국에서 처음 사용되던 삼안총은 십안총과 마찬가지로 하나의 총열에 세 개의 심지 구멍을 뚫고 토격을 사용해서 삼층으로 장전했다가 한 발씩 쏘는 총통이었다고 한다. 그러나 이러한 일관식一管式 삼안총은 오발이 잦아서, 나중에는 세 개의 총열을 가진 다관식多管式 삼안총, 즉 삼혈총으로 대체되었다고 한다.《화포식언해》에서 삼안총의 철환은 각각의 구멍에 넣는다고 한 것으로 보아, 조선은 처음부터 다관식 삼안총을 사용한 것으로 보인다. 조선은 선조 26년(1593)에 처음으로 삼혈총을 제작했으며, 경주 삼안총도 바로 이때 제작된 것이다.

삼혈총은 총열이 짧고 가늠쇠가 없기 때문에 사정거리가 짧고 정확도도 떨어진다. 하지만 제작이 간단하고, 말 위에서도 쉽게 사용할 수 있을 뿐만 아니라, 단조로 만들 경우 그 위력이 강하기 때문에 조총을 보완하는 역할을 할 수 있었다. 선조 26년의 기록을 보면, 비변사에서는 각종 화기 가운데 전투에 제일 필요한 것은 조총鳥銃이 으뜸이고, 삼

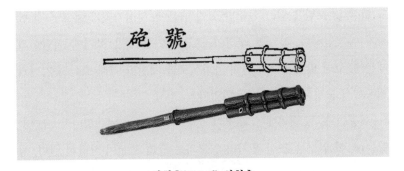

삼혈총(호포, 위), 삼혈총
총열 세 개를 하나로 결합한 삼혈총은 원래 살상용 무기로 도입되었으나
화기가 발달한 조선 후기에는 군령을 내리는 호포로만 사용되었다.
《속병장도설》(위), 육군박물관 소장.

혈총통이 그 다음이라고 했다. 또한 《연병실기》에서는 적이 멀리 있으
면 마병은 모두 말에서 내려 삼혈총을 쏘거나 활을 쏜다고 했다. 하지
만 조선 후기에는 점차 조총의 보급이 늘면서 삼혈총이 단지 신호용
호포號砲로만 사용되었다. 《원행을묘정리의궤》에는 취타수의 앞쪽에
짧은 나무 자루에 삼혈총을 끼워서 들고 행진하는 병사를 볼 수 있는
데, 이것은 신호용 호포이다.

《평안병영군기집물중기》에는 삼혈총 외에도 단혈총單穴銃, 이혈총二
穴銃, 사혈총四穴銃, 심지어는 칠혈총七穴銃도 기록되어 있으나, 현재 남아
있는 유물은 없으며, 다만 이혈총의 사진이 존 부츠의 책에 전해진다.

완구

碗口

완구는 무거운 발사체를 담아서 쏘는 일종의 박격포로서, 그 주둥이가
밥그릇(碗) 모양으로 생겼다고 해서 완구라고 한다. 완구는 포강이 없

고 약실 및 포탄을 담는 완구만 있기 때문에, 사정거리가 짧고 수평 발사가 불가능하다. 하지만 구경이 크고 무거운 돌을 쏘기에 적합했기 때문에, 고려 말기에 최무선이 육화석포를 개발한 이래 조선 후기까지 계속해서 공성용 화포로 사용되었다.

《세종실록》오례의에는 포구가 넓은 완구류의 총통 하나가 그려져 있는데, 이 완구는 조선 후기의 완구와는 달리 포신이 상당히 길다. 성종 때 편찬된《국조오례의》에 나오는 총통완구銃筒碗口는 세종 때의 완구류와는 달리 포신이 매우 짧고 포열과 약실이 분리되도록 만들어졌다. 또한 약실과 포열에 각각 네 개의 고리가 달려 있는 것이 특징이다.

조선 후기의 경우《융원필비》를 보면, 완구는 그 크기에 따라서 별대완구別大碗口, 대완구, 중완구로 나뉘었다.

《융원필비》의 완구 중에서 별대완구는《화포식언해》에는 나오지 않다가《융원필비》에 처음 등장하는 것으로서, 조선 후기에 개발된 것으로 보인다. 그 밖에《화포식언해》에는 소완구와 소소완구가 있는데, 이중에 특히 소소완구는 총통 뒤에 자루를 박아서 손에 들고 발사했다. 하지만 소형 완구는《융원필비》가 쓰인 무렵에는 이미 다른 화기에 밀려서 사라졌다.

완구를 발사하는 데는 격목을 사용하며, 발사체로는 돌을 깎아서 만

구분	전체 길이	구경	진천뢰	단석	화약 사용량
별대완구	4척 3촌 (90.3cm)	1척 8촌 5분 (38.85cm)	350보	400보	70냥
대완구	3척 1촌 (65.1cm)	1척 3촌 1분 (27.51cm)	400보	500보	35냥
중완구	2척 8촌 3분 (59.43cm)	1척 (21cm)	350보	500보	35냥

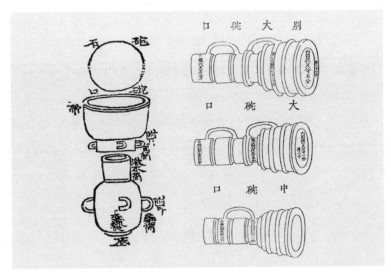

총통완구(왼쪽), 완구류

완구는 고려시대부터 사용되었던 공성용 박격포의 일종이다. 조선군은 이 완구로
커다란 돌을 날려 적의 성채를 파괴하기도 하고 작렬형 포탄인 비진천뢰를
발사하기도 했다. 총통완구(국조오례의), 완구류(융원필비).

대완구

육군박물관 소장.

든 포단석, 포수마석 및 작렬형 포탄인 비진천뢰를 사용한다. 비진천
뢰를 쏠 때는 불발의 위험이 크기 때문에, 약선 구멍 두 개를 뚫어 사
용한다. 완구는 원래 청동으로 주조했으나, 세종 즉위년에 중국제 수

철완구를 대마도에서 가져와서 철로 주조할 방법을 연구했다. 철 대포
는 단순히 주조로만 만드는 것이 아니라, 주조한 뒤에 이를 불려서 가
단주철로 만드는 과정이 필요하다. 하지만 조선은 이 기술이 부족해서
조선 후기가 되어서야 수철완구가 제작될 수 있었다.

현존하는 대완구 유물로는 육군박물관에 소장된 보물 제857호 대완
구가 있는데, 이는 1845년에 만들어졌으며, 전체 길이는 64.4cm이다.

구포
臼砲

육군박물관과 전쟁기념관에는 구포라고 불리는 약 20cm 길이의 소형
완구 유물이 있다. 이 구포는 크기만 작을 뿐, 다른 완구와 마찬가지로
부리가 사발 모양으로 넓고 약실과 격목통은 좁다. 하지만 구포는 일
반 완구와 구분되는 몇 가지 특징이 있다. 우선 구포와 함께 발견된 무
쇠 포탄인 공심환空心丸을 보면, 포탄 아래에 격목이 아예 고정되어 있
고, 측면에는 일반 비진천뢰와 달리 화약을 넣는 구멍이 없다. 또한 포
탄의 구멍이 원형이며, 구멍을 덮는 개철의 흔적이 없다. 또한 포신은
나무로 만든 통 안에 약 45도 각도로 고정되어 있으며, 구포를 설치한
사각형의 나무통 자체에도 어딘가에 고정했던 것으로 보이는 네 개의
사각 고리가 달려 있다.

규장각에 소장된 《구포기계여장방법臼砲器械與裝放法》이라는 문서에는
이 구포의 발사 방법이 상세히 수록되어 있다. 이 책에 의하면 구포의
약실에는 목면으로 만든 자루에 화약을 넣어 장약하며, 송곳으로 약선
혈을 찔러 화약 자루에 구멍을 내고 동화모銅火帽, 즉 뇌관을 이용하여
격발한다고 했다. 또한 발사체인 공심환에는 화약을 7승升을 넣고, 초

구포

작렬형 포탄인 공심환을 발사하는 소형 완구의 일종으로, 사각형의 나무틀에
고정되어 있는 것이 특징이다. 육군박물관 소장.

목杪木이라고 불리는 신관을 끼워 넣은 뒤 구멍을 나무로 막는다. 이 문
서에 기록된 구포가 현재 육군박물관 등에 소장된 구포와 완전히 동일
한 화포인지 여부를 확언하기는 어렵지만, 조선 말엽에 제작된 동일한
계열의 총통이었음은 분명하다.

대장군포

大將軍砲

육군박물관에는 대장군포라는 이름의 특이한 대형 총통 한 점이 소장
되어 있다. 이 대장군포는 마디의 크기도 크고 그 형태도 일반적인 조
선의 총통과는 확연히 다르다. 포신은 철 주물로 제작되었으며, 표면에
는 포를 운반하는 데 사용하는 둥근 쇠고리가 두 개 달려 있다. 엄청나
게 두터운 마디를 두른 것은 주철로 제작하는 데에 따른 포의 강도 저
하를 보완하기 위한 것으로 여겨진다. 이 대포는《국조오례의》의 장군
화포와 유사하다는 이유로 대장군포라고 불리지만, 그 기원이나 정확

대장군포

철제 대형 총통으로서 그 유래나 정확한 명칭은 확인되지 않고 있다. 육군박물관 소장.

한 명칭은 확인되지 않는다. 존 부츠의 책에도 대장군포 사진이 한 점 남아 있는데, 당시에는 조선의 전통 화포와 일본군이 청나라에서 공출해 온 화포를 구분할 수 있는 사람들이 생존해 있었을 것이므로, 이 화포는 적어도 청나라 대포는 아닐 것으로 생각된다.

위원포

威遠砲

《만기요람》에서는 어영청과 금위영에는 위원포 79좌가 있다고 했다. 이 위원포는 임진왜란 당시에 명나라에서 전래된 총통으로서, 소리가 크고 사정거리가 길다고 하여 위원威遠이라고 한다. 위원포는 대위원포, 중위원포, 소위원포 등이 있는데,《오주서종五洲書種》에는 대위원포의 그림과 규격이 소개되어 있다. 이 책에서 대위원포는 길이가 2척 8촌이고, 포의 구경은 2촌 2분, 무게는 20근이라고 했다. 발사체는 무게 3근 3량짜리 큰 납탄 하나와 무게 6전짜리 작은 납탄 100개이며, 사용되는 화약은 8량이다. 사정거리는 500보에 달한다. 위원포에는 가늠쇠(照星)와 가늠자(照門)가 있어서 조준이 가능하며, 불을 댕기는 화문에는 덮개가 있어서 비가 와도 발사를 할 수 있도록 했다.

구분	길이	구경	소장처
대위원포	67.6cm	6cm	국립중앙박물관
중위원포	66.5cm	4cm	연세대학교
소위원포	63.5cm	4.2cm	육군박물관

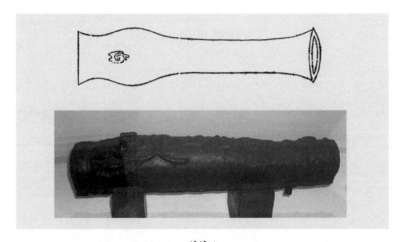

위원포

임진왜란 당시에 명나라에서 전래된 총통으로서 소리가 크고 사정거리가
길다고 하여 위원威遠이라고 했다.《무비지》(위), 현충사 소장.

지총
紙銃

《인조실록》27년의 기록에는 군기시별조청軍器寺別造廳에서 지총 100자
루의 제조를 감독한 기진흥奇震興에게 통정대부의 벼슬을 내렸다는 기
록이 있다. 이 지총은 단순히 종이만 감아서 만든 것이 아니라, 방짜유

기로 총신을 얇게 만들고 겉에 종이를 두텁게 두른 후 기름을 먹인 총통이다. 인조 26년에 처음 제작된 이 지총은 서양에서 전래된 것으로서, 무게가 가벼우면서도 총열이 쉽게 터지지 않아 연속사격이 가능하고 발사 각도의 조정도 쉬웠다고 한다. 하지만 지총는 오래 사용할 수 있는 내구성 있는 화포는 아니었을 것으로 생각된다.

벽력포

霹靂砲

벽력포는 수전에 사용하는 무기로서, 중종 16년(1522)에 직제학 서후徐厚가 새로이 창안하여 만든 것이다. 《화포식언해》에 의하면, 벽력포에는 화약이 8냥 들어가며, 토격의 두께는 3촌이고, 철환 1개를 사용한다고 했다. 《고사신서》에는 벽력포의 몸체는 참쇠로 만들었으며, 허리가 잘록한 호로병(호리병) 형태라고 했다. 벽력포의 길이는 2척 5촌(77.5cm)이고, 안둘레는 1척(31cm)이다. 인조는 서후가 개발한 벽력포가 효과적인 병기임을 인정하고, 병조로 하여금 이 무기의 사용 방법을 교육하도록 하고 군기시로 하여금 대량 제작하도록 했다.

단가포

單架砲

육군박물관 등에는 수포手砲라고 불리는 소형 총통 유물들이 남아 있다. 이들 수포는 재래식 소형 총통과 그 기능면에서는 거의 차이가 없지만, 대조총처럼 나무 개머리판에 얹어서 발사하기가 편리하도록 만들어졌고, 대부분 가늠쇠가 달려 있다는 특징이 있다. 이 수포의 원래

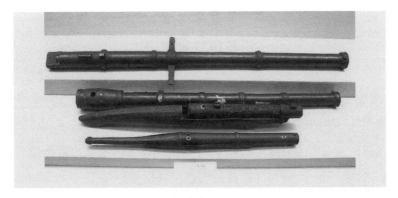

단가포

맨 아래의 두 자루는 수포手砲라고도 불리며, 나무 개머리판 위에 비교적 구경이
큰 재래식 총통을 얹어서 만든 화기로서, 적은 비용으로 대조총의 위력을 얻고자
조선 후기에 만든 것으로 생각된다. 육군박물관 소장.

명칭은 《만기요람》 등에 기록된 단가포일 것으로 추측된다. 단가포란
총통을 하나의 말뚝에 올려놓았다는 의미이므로, 개머리판에 올려진
수포의 형태와 잘 일치된다. 게다가 《평안병영군기집물중기》에는 오호
단가포五號單架砲라는 명칭이 나오고, 현재 육군박물관에는 오호약환일五
號藥丸一이라는 명문이 새겨진 수포 한 점이 남아 있다.

이 단가포는 소승자총통과 마찬가지로 적은 비용으로 대조총의 위
력을 얻고자 조선 후기에 만든 것으로 생각된다. 수포는 포의 무게가
상당히 무겁기 때문에, 이 정도의 화포를 그냥 손에 들고 발사하기는
상당히 힘들었을 것으로 보이며, 주로 성벽 등에 거치하여 발사하지
않았을까 생각된다.

무적죽장군

無敵竹將軍

《훈국신조기계도설》에 나오는 무적죽장군은 대나무로 만든 일회용 총통이다. 대나무로 만든 무적죽장군의 포열은 길이가 4척(124cm)이고, 겉에는 삼끈을 단단히 감는다. 포의 맨 밑바닥에는 황토 진흙을 깔고, 그 위에 광철전光鐵錢이라고 하는 얇은 철판을 덮은 뒤 그 위에 화약을 넣는다. 둥근 돌덩이 하나를 발사할 경우에는 화약 위에 직접 석환을 넣지만, 작은 납탄 여러 개를 발사할 때는 화약과 납탄이 섞이지 않도록 작은 구멍이 여러 개 뚫린 둥근 철판, 즉 철련방전鐵蓮房錢을 화약 위에 얹고 그 위에 납탄을 넣는다.

무적죽장군을 발사할 때는 임시로 나무 시렁을 만들어서 그 위에 포를 얹고, 포 뒤쪽에 끼워 넣은 나무 자루를 잡은 채 화문에 불을 붙인다. 무적죽장군의 사정거리는 700~800보에 이른다.

무적죽장군의 장점으로는 첫째, 총열이 터져도 사람이 다치지 않고, 둘째 한번 발사하고 나면 적이 노획해도 사용할 수 없으며, 셋째 한 자루를 만드는 데 비용이 겨우 7푼이 들며, 넷째 야전에서 쉽게 재료를 구해서 만들 수 있고, 다섯째 무게가 가벼워

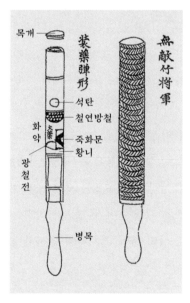

무적죽장군

대나무로 총열을 만든 매우
고전적인 무기였지만 조선 후기에
부족한 화력을 보강하기 위해
제작되었다.《훈국신조기계도설》.

서 휴대가 용이하고, 여섯째 위력이 강하여 적을 두렵게 하고 아군의 사기를 올릴 수 있다고 했다.

이 무적죽장군은 원래《기효신서》에 나오는 무기이며, 고종 4년 (1867) 이전에는 조선에서 제작된 흔적이 없다. 화기 제작 기술이 상당한 수준으로 발달한 조선 후기에 군이 무적죽장군과 같이 고전적인 화기를 새삼스레 제작한 것은 그만큼 당시에 서양의 위협이 고조되고 있는 반면에 조선이 군비를 갖출 만한 여력이 충분치 않았기 때문일 것이다.

육합총
合銃六

《훈국신조기계도설》에 나오는 육합총은 여섯 조각의 나무를 둥글게 배열하고 이를 철 띠로 묶은 뒤, 그 안에 쇠로 만든 자총子銃을 삽입한 나무 대포이다. 육합총은 그 구조가 매우 간단하므로 제작이 용이하고, 비용도 무척 저렴하다. 나무로 만든 모총母銃의 길이는 3척(93cm)이고, 그 안에 들어가는 자총은 두께가 5분(1.55cm), 높이와 지름은 각각 5촌 (15.5cm)이다. 육상에서 육합총의 최대 사정거리는 반 리里이고, 유효 사정거리는 100보 이내이다. 하지만 물 위에서 적의 큰 배를 부수기 위해 사용할 때는 작은 뗏목을 띄워 적선과의 거리가 5~20보 이내로 좁혀진 다음에 발사해야만 효과가 있다. 물 위에서는 한번 쏘고 나면 뗏목이 뒤집혀 버리므로 다시 사용할 수 없다.

《훈국신조기계도설》의 육합총은 고종 4년에 훈련대장 신헌이 만든 것으로서, 원래는《기효신서》에 소개되어 있던 화포이다. 《병학지남연의》를 보면, 이 책이 간행된 정조 당시까지만 해도 조선에는 육합총이

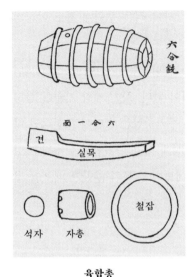

육합총

나무로 만든 모총母銃 안에 쇠로
만든 자총子銃을 삽입한 일종의 나무
대포이다.《훈국신조기계도설》.

없었다고 했다. 하지만 순조 8년
에 편찬된《만기요람》에는 어영
청에 목모포木母砲 2문이 있다고
했는데, 목모포란 곧 나무로 만
든 모포母砲이므로, 당시에 육합
총과 같거나 혹은 유사한 나무
대포가 존재했음을 알 수 있다.
그 밖에도 의병전쟁과 독립전쟁
시기에 나무 대포가 사용되었다
고 구전으로 전해지는데, 이 나
무 대포는 통나무의 안쪽을 파고
겉에는 철 띠를 둘렀다고 한다.
물론 당시에도 그 안에는 쇠로

만든 자포를 넣었던 것이 분명하다.

일와봉총
一窩蜂銃

일와봉총은 소형 총통의 일종으로서, 무게가 조총만큼이나 가벼워서
한 사람이 끈으로 묶어 어깨에 지고 다닐 수 있을 정도지만, 그 위력은
대단해서 한 번에 100개의 납탄을 발사할 수 있다.《고사신서》에는 일
와봉총의 길이가 2척 3촌(71.3cm)이고, 안둘레는 2촌(6.2cm)이며, 화약
3냥과 연환 1개를 사용한다고 했다. 이 일와봉총은《무비지》를 통해 조
선에 소개되었으며, 영조 49년에 구선행具善行이 처음으로 제작했다. 영
조는 이 일와봉총의 시험 발사 결과에 만족하여 각 군문에서 이를 제

조화순환포, 일와봉총

《무비지》를 통해 전래된 화기로서 조선 후기에 그 성능을 인정 받아 대량으로
제작되었다. 왼쪽은 조화순환포의 발사 장면이며, 오른쪽은 일와봉총의 모습이다.

작하고 익히도록 했으며, 정조 5년에는 병조참의 윤면동尹冕東이 일와봉
총을 추가로 제작하여 사용하자는 상소를 올렸다.

　순조 때 간행된 《만기요람》에는 어영청과 금위영에 쇠로 만든 정철正
鐵일와봉총과 청동으로 만든 유철鍮鐵일와봉총이 각각 135문이 있다고
했고, 총융청에는 일와포 1문이 있다고 했다. 한편, 《융원필비》에는 소
일와小一窩가 소개되어 있는데, 이 소일와는 철가루가 섞인 화염을 적에
게 방사하는 화창의 일종이며, 일와봉총과는 상관이 없다.

조화순환포
造化循環砲

조화순환포는 《무비지》에 나오는 화기로서, 한 사람이 중간에 쇠고리
가 있는 철봉을 바닥에 고정시키고 서 있으면, 다른 한 사람이 쾌창과
비슷하게 생긴 포를 그 구멍에 삽입하고 발사하는 것이다. 정조 5년에
병조참의 윤면동이 조화포의 위력을 설명한 내용을 보면, 조화포로 달

갈만한 큰 탄환 하나를 쏘면 500~600보를 넘게 나가고, 도토리만한 작은 탄환 30개를 쏘면 300~400보까지 나가, 흩어져 퍼지는 너비가 5~6칸의 땅에까지 미친다고 했다. 또한 각 포에는 5명의 병사가 배치되어, 1명은 관곤關梱을 잡고 나머지 4명은 수레바퀴 옆에서 장약하면서 연속 사격을 한다고 했다.

이 조화순환포는 영조 49년에 구선행이 처음 제작했으며,《만기요람》을 보면 순환포라는 명칭의 화포가 훈련도감에 10문, 총융청에 4문, 금위영에 3문이 있다고 했다. 또한《풍천유향風泉遺響》과《방수잡설防守襍說》에는 조화순환포가 화기 중에 가장 우수하다고 평가했다.

전통 화포의 구조와 발사 방법

(1) 전통 화포의 구조와 각 부분별 명칭

전통 화포는 화약을 담는 약실과 격목을 끼우는 격목통格木筒, 그리고 발사체를 담았다가 날려보내는 부리(嘴)의 세 부분으로 나뉘며, 소형 화기의 경우 약실 뒤쪽에 나무 자루를 끼우는 모병冒柄이 하나 더 있다.

화약을 넣는 약실 부분은 폭발의 충격에 견디게 하기 위해서 포열에 비해서 두텁게 만든다. 약실의 윗부분에는 도화선을 끼우는 약선 구멍(藥線穴)이 하나 뚫려 있다.

격목통은 나무로 만든 원통형의 격목을 끼우는 부분인데, 이 격목은 화약과 발사체 사이에서 일종의 개스킷gasket 역할을 하여 가스 누출 없이 발사체로 모든 운동 에너지가 전달되도록 한다. 나무 원통으로 약실을 폐쇄해서 발사력을 높이는 방법은 서양과 동양 모두에서 채택되

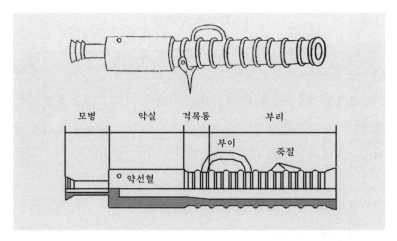

황자총통 구조도

조선시대의 재래식 총통은 화약을 담는 약실과 격목을 끼우는 격목통,
그리고 발사체를 담았다가 날려 보내는 부리의 세 부분으로 나뉘며,
소형 화기의 경우 약실의 뒤쪽에 나무 자루를 끼우는 모병이 하나 더 있다.

었으나, 나중에는 발사 속도를 높이기 위해서 토격土隔을 사용하거나
아예 포탄을 직접 장전하는 방식으로 바뀌게 된다. 격목통은 포구에
격목이 꼭 낄 수 있도록 아래가 약간 좁고 위는 약간 넓다.

부리 부분은 발사체가 안정된 궤도로 날아갈 수 있도록 유도해주는
부분으로서, 부리 길이가 길수록 사정거리가 길어지고 정확도도 높아
진다. 부리와 격목통의 외부는 죽절竹節이라고 하여, 대나무 마디 형태
로 주조하는데, 이 죽절은 상대적으로 얇은 부리와 격목 부분을 보강
해주고 방열판의 역할도 한다.

소형 화포에는 포의 뒤쪽에 모병이 달려 있는데, 이 모병에는 긴 나
무 자루를 끼워서 손에 들고 발사한다.

그 밖에 대형 화포의 경우에는 화포의 외부에 부이附耳라고 하는 운
반 손잡이를 달거나, 장군화포처럼 쇠고리를 달 수 있는 작은 고리를
단다.

(2) 화포의 부속물

《신기비결》에는 화포를 발사하기 위해서 필요한 부속물 14가지를 열거하고 있다. 이 내용은 《기효신서》의 내용을 거의 그대로 옮긴 것이며, 명칭도 중국식 명칭이지만 조선과 중국의 화포 발사 방법 간에 큰차이는 없다고 보고 그 내용을 설명한다.

- **철곽 鐵钁** : 총통 안에 굳은 것을 파내는 괭이
- **철추 鐵鎚** : 격목을 박는 쇠몽둥이
- **전자 剪子** : 약선을 자르는 가위
- **철추 鐵錐** : 약선 구멍을 청소하는 송곳
- **약승 藥升** : 화약의 양을 재서 총통에 넣는 됫박
- **송자 送子** : 화약이나 격목, 포환을 다지는 막대
- **목랑두 木榔頭** : 나무로 만든 큰 망치
- **피대 皮袋** : 가죽자루
- **목마 木馬** : 격목의 중국식 이름
- **대연자 大鉛子** : 대형 납탄환
- **중연자 中鉛子** : 소형 -납탄환
- **약선 藥線** : 화약에 불을 붙이기 위하여 사용하는 종이로 만든 도화선
- **화승 火繩** : 도화선에 불을 붙이기 위해서 불씨를 보관하는 노끈
- **화약 火藥** : 추진용 화약

(3) 화포의 발사 과정

조선시대의 총통 발사 방법은 《신기비결》과 《화포식언해》에 기록되어

있다.《신기비결》은 임진왜란 직후에 작성된 대표적인 화약 무기 사용 교범이며, 장약 및 발사 방법도 각 무기별로 매우 상세하게 기록되어 있다. 하지만《신기비결》의 내용은 대부분《기효신서》의 총가銃歌를 거의 그대로 옮겨적은 것에 불과하므로, 이 방법이 과연 조선에서 그대로 적용되었을지는 의문이다.

반면에《화포식언해》에는 장약 절차가《신기비결》에 비해서 매우 간략하고 단순하게 기록되어 있지만, 이 책이 화약 무기에 관한 일반 개론서가 아니라, 총통수의 실무 교본으로 작성된 것이라는 점에서 보다 실제적인 장약 방법일 것이라고 생각된다. 다음에서는《화포식언해》와《신기비결》의 장약 절차를 각각 살펴본다.

《화포식언해》

① **약선 藥線** : 약선을 횡간분수橫看分數로 길이를 재서 자른 후, 약선 구멍에 반 정도 넣고 밖에 나와 있는 약선을 구부린 뒤 종이를 붙여 움직이지 않게 한다.

② **납화약 納火藥** : 총통에 화약을 넣는다.

③ **격목 檄木** : 화약 위에 나무 원통을 넣는다. 화살을 발사할 때는 격목을 넣고 철환을 발사할 때는 토격을 넣는다.

④ **도하 擣下** : 철추鐵鎚와 철정鐵釘으로 두들겨 격목이 바닥에 닿도록 한다.

⑤ **(화살이나 철환을 넣는다.)**

⑥ **연선 撚線** : 약선에 붙인 종이를 떼어내고 약선에 불을 붙인다.

《신기비결》

① **세총 洗銃** : 총통의 내부를 닦아낸다.

② **약선 入藥線** : 약선 구멍에 약선을 넣는다.

③ **화약 火藥** : 화약을 넣는다.

④ **복지 覆紙** : 종이를 내려 보내 화약을 덮는다.

⑤ **송자 送子** : 화약과 탄환을 다지는 막대로 가볍게 다진다.

⑥ **목마 木馬** : 격목을 넣는다.

⑦ **송자 送子** : 송자로 힘껏 다져서 격목이 화약에 닿게 한다.

⑧ **연자 鉛子** : 납탄을 넣고 흙을 넣은 뒤 송자로 다지기를 몇 차례 반복한 다. 이때 투입되는 흙은 토격과는 다른 것으로서 철환끼리 얽히는 것을 방지하기 위해 납탄 사이를 흙으로 채우는 것이다.

⑨ **대연자 大鉛子** : 마지막으로 총통에 맞는 큰 납탄을 집어넣고 총구 안으로 완전히 들어가도록 힘껏 내리친다.

⑩ **연발 燃發** : 약선에 불을 붙여 발사한다.

(4) 발사체

① 포환

조선의 화포는 쇠로 만든 철환 외에도 납으로 주조한 연환鉛丸이나 철환에 납을 씌운 수철연의환水鐵鉛衣丸을 발사체로 사용했다. 그 밖에도 돌을 둥글게 깎아서 만든 단석團石이나 비진천뢰도 자주 사용되었다.

철환은 만들기 쉽고 값도 싸며 강도도 높지만, 무게가 무거워 멀리 날아가지 못하고 포강을 심하게 마모시키며 포구의 크기에 맞추어 정교하게 다듬기도 어렵다. 따라서 조총에는 대부분 납탄을 사용했다. 납으로 만든 탄환은 납의 독성 때문에 치명적인 결과를 가져온다는 주장도 있지만, 사실 납탄에서 나오는 소량의 납이 단기간에 인체에 해를 주기는 어렵다. 대신에 납탄은 가벼워서 멀리 날아가고, 사람의 몸에 맞으면 몸 안에서 산산이 부서져 흩어지므로 철환보다 치명적인 결과

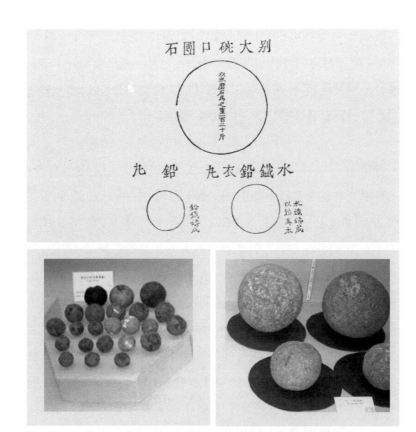

단석과 철환, 수철연의환

조선시대의 화기는 둥근 돌이나 철환, 납탄환, 혹은 철환을 납으로 씌운
수철연의환을 사용했다. 《융원필비》(위), 육군박물관 소장.

를 가져올 수 있다. 수철연의환은 무쇠로 만든 포환의 표면에 납을 씌
워서 포환의 무게와 충격력은 그대로 유지한 채 표면의 가공성만 높인
것이다. 납으로 씌운 포환은 포강을 심하게 마모시키지 않으면서도 포
강과 밀착되어 멀리 날아가게 된다.

한편, 돌을 다듬어 만드는 단석은 비중과 충격력이 철환에 비해 작
고, 포강을 심하게 마모시키며, 포강 내에서 부서질 가능성도 높다. 하

지만 워낙 저렴한 비용으로 제조할 수 있었기 때문에, 주로 완구의 발사체로서 조선 후기까지 널리 사용되었다. 단석은 정으로 쪼아 표면을 둥글게 다듬은 뒤 물과 모래로 문질러 정교하게 다듬는다. 그 밖에도 작은 조약돌을 산탄용으로 사용하기도 했다.

② 화살

조선 초기의 총통은 삼전총통, 사전총통 등의 이름에서도 알 수 있듯이 주로 화살을 발사했다. 총통으로 화살을 발사하는 것은 유럽 초기의 화포도 마찬가지여서, 현재 유럽에서 가장 오래된 화포 관련 삽화로 알려진 1326년의 영국 에드워드 3세 당시의 기록화에서도 꽃병 모양의 화포에서 화살이 발사되고 있다.

초기의 화포에는 강선이 없었기 때문에 포환이 포강 안에서 자유 운동을 하면서 날아갔으며, 따라서 정확성이 매우 떨어졌다. 반면에 화살을 재워 쏘면, 화살대와 화살 깃의 작용으로 인하여 상대적으로 안정적인 궤적을 그리며 날아갈 수 있었다. 하지만 총통에 여러 개의 화살을 넣어 쏘면 화살이 제각각 불규칙하게 날아가기 쉬우므로 한 번에 여러 개의 화살을 쏘기 위해서는 상당히 정교한 사격 기술이 필요했다. 조선 초기에는 보다 많은 화살을 정확하게 발사하기 위한 연구가 행해졌으며, 그 결과 세종 때에는 한번에 8~12개의 화살을 발사할 수 있게 되었다.

조선 전기의 경우 화포로 발사하는 화살 중 가장 큰 것은《병기도설 兵器圖說》에 나오는 대전大箭으로서 화살대 길이가 5척 7촌 5분이고, 화살 촉 길이가 3촌 5분 7리로, 총 길이는 190cm에 달한다. 조선 전기의 대전은 화살대를 자작목 등의 나무로 만들고, 화살 깃은 가죽으로 만들었으나, 세종 27년에 화살대에 느릅나무, 참나무, 수청목도 쓸 만하다고 했고, 화살 깃도 나무와 대나무로 만들 수 있도록 했다. 또한 세종 30년에 세장전과 차세장전은 대나무로 화살대를 만들고 새의 깃털로 화살 깃을 만들도록 했다.

《융원필비》에 기록된 조선 후기의 총통용 화살은 다음과 같다.

구분	화살대	화살촉	지름	무게
대장군전	11척 9촌 (249.9cm)	7촌 (14.7cm)	5촌 (10.5cm)	50근 (32.1kg)
장군전	9척 2촌 3분 (193.83m)	5촌 (10.5cm)	4촌 5분 (9.45cm)	33근 (21.2kg)
차대전	6척 3촌 7분 (133.77cm)	5촌 (10.5cm)	2촌 2분 (4.62cm)	7근 (4.5kg)
피령전	6척 3촌 (132.3cm)	4촌 (8.4cm)	1촌 7분 (3.57cm)	3근 8냥 (2.3kg)

조선 후기의 대장군전大將軍箭, 장군전將軍箭, 차대전次大箭은 모두 쇠로 화살 깃을 만들었으며, 화살 깃의 아래쪽에 구멍을 내고 그 구멍에 철 띠를 관통시켜서 화살대에 고정했다. 반면에 피령전皮翎箭은 가죽으로 화살 깃을 만들어서 화살대에 끈으로 묶어 고정했다. 화살의 몸체는 대부분 이년목으로 만들었으며, 그 앞쪽에는 날이 없는 둥근 철촉을 달아 파괴력을 높였다.

이런 커다란 화살은 주로 수전에서 적선을 파괴하는 데 사용했으며, 육전에서는 적의 보루를 파괴하고 적에게 심리적인 타격을 주기 위해 사용했다. 임진왜란 당시 왜군은 조선군이 쏘는 대들보만한 화살에 배가 깨지고 돛줄이 끊어지는 심각한 피해를 입었지만, 이를 보고 받은 도요토미 히데요시는 부하들이 전투를 피하려고 거짓말을 한다며 화를 냈다. 반면에 장군전의 위력을 경험해 보지 못한 명나라의 군사들

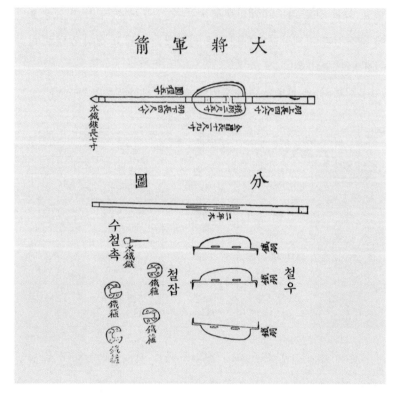

대장군전

장군전은 적선을 파괴하는 데 주로 사용된 대형 화살로서,
가장 크기가 큰 대장군전은 길이가 2.5m에 달한다. 《융원필비》.

은 우리의 장군전을 보고는 "왜 큰 서까래를 넣어 쏘지 않는가"라며 비
웃었다고 한다.

(5) 재래식 총통의 제작 방법

조선시대의 재래식 총통은 대부분 동철, 즉 청동으로 주조했다. 조선시
대에는 대부분의 구리를 일본에서 수입했으므로 구리의 조달에 항상
곤란을 느꼈다. 따라서 이미 세종시대부터 총통을 주철로 주조하려는

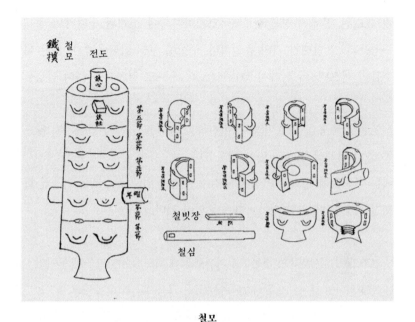

철모

《훈국신조기계도설》에 그려진 조립식 철제 주형틀이다.
이 주형틀이 제작되기 이전에는 주물용 모래로 일회용 주형을
만들어서 화포를 주조했다.

시도가 있었지만, 철은 구리만큼 인장 강도가 높지 못해서 번번이 포
열이 파열되고 말았다. 따라서 조선의 재래식 총통은 조선 후기까지도
대부분 구리로 주조되었다.

　구리 합금은 구리에 주석을 첨가한 청동과 아연을 첨가한 황동黃銅
으로 나뉘는데, 황동은 충격에 견디는 힘이 부족하므로 대부분의 총
통은 상대적으로 비싼 청동으로 제작되었다. 그리고 여기에 주조성을
높이기 위해 납이 주석과 거의 같은 비율로 첨가되었다. 조선에서는
원래 총통을 주조할 때 흙으로 만든 일회용 주형(土模)을 사용했으나,
조선 후기에는 무쇠로 만든 철모鐵模를 사용하여 수백 개의 총통을 같
은 형태로 주조할 수 있게 되었다. 위의 그림은 《훈국신조기계도설》

에 그려진 철제 주형틀로,《해국도지海國圖志》에 소개된 청나라의 철제 주형틀과 그 형태가 거의 동일하다. 주형에 구리 합금을 녹여 부은 뒤 주물이 식으면, 이를 다시 500~700도의 온도로 열처리를 하여 인성을 높였다.

조선은 총통의 제조 방법이 여진족과 왜인들의 손에 넘어가지 않도록 하기 위해서 갖은 노력을 기울였다. 이수광이 쓴《지봉유설芝峰類說》에는 야인들에게 화포 기술을 넘겨주지 않기 위해 스스로를 희생한 화포장 지수池壽에 관한 이야기가 수록되어 있다.

선조 당시에 야인들이 경원부를 파괴했을 때 화포장火砲匠 지수池壽가 야인들에 의하여 납치되어 끌려갔다. 야인들은 그에게 포를 쏘게 하고 구경을 했다. 지수는 일부러 야인들을 한쪽으로 모여 구경하게 한 다음 포를 쏘아 그들 모두를 죽여 버렸다. 이에 다른 야인들은 화가 나서 그의 사지를 찢어 죽였다. 슬프다, 장렬한 죽음이여.

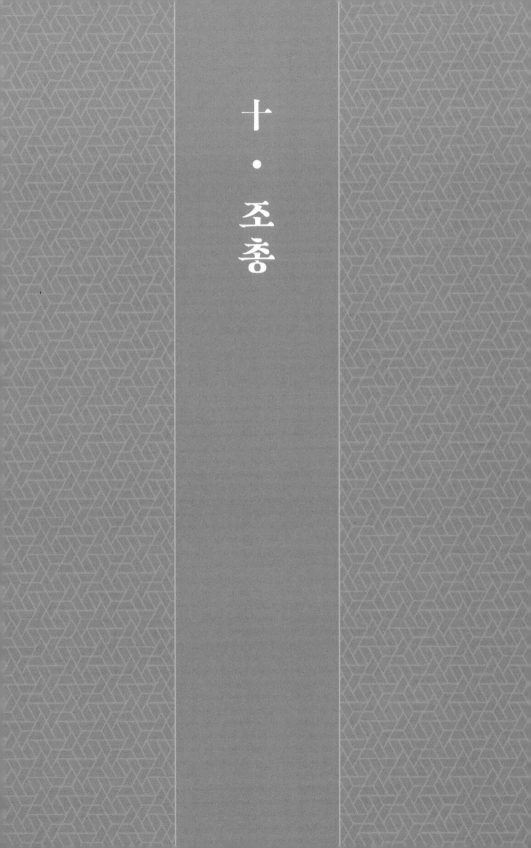

十 · 조
총

조 총
鳥 銃

조총은 16세기 초반에 스페인에서 개발된 아퀴버스arquebus에서 유래된 소총으로서, 1550년경 포르투갈 상인에 의해 일본으로 전래되었고, 조선은 임진왜란 이듬해인 1593년에 처음으로 제작에 성공했다. 조총은 전체 길이가 135cm 내외이고, 구경은 1.5cm 정도이다. 조총은 길이가 긴 천보총이나 장조총과 구분하여 평총平銃이라고 부르기도 하고, 보병이 휴대하는 총통이라고 하여 행용총行用銃이라고도 했다.

기록상에 나타나는 조총의 종류로는 왜국에서 수입된 왜조총倭鳥銃, 청나라에서 만든 호제총胡製銃, 길이가 긴 장조총長鳥銃, 입사를 넣는 등 특별히 공을 들여서 만든 별조총別鳥銃, 총구가 밤처럼 두툼하게 생긴 율부리조총栗夫里鳥銃, 총구가 나팔 모양으로 생긴 나팔별총喇叭別銃, 총신을 검게 만든 흑골조총黑骨鳥銃 등이 있었다.

조총은 종래의 재래식 총통에 비해서 상당히 많은 장점을 지니고 있었다. 조총은 우선 주물로 제작하던 종래의 총통과는 달리 단조로 제작했으므로, 염초 함유량이 높은 고성능 화약을 대량으로 사용할 수 있었다. 또한 조총은 총열의 길이가 길고 가늠쇠가 달려 있어서 정확한 조준이 가능했다. 또한 종래의 조선 화기는 약선에 불을 붙여 발사하므로 사격이 더디고 조준이 어려웠으나, 조총은 용두龍頭를 이용하여 화승火繩을 화문火門에 접하게 하여 순간적으로 발사하므로 사격이 신속하고 정확했다.

이 조총이 일본에 전래된 과정을 기록한 《철포기鐵砲記》에 의하면, 1543년에 포르투갈인이 다네가시마(種子島)의 영주 다네가시마 도키타카(種子島時堯)에게 조총 두 정을 팔았고, 도키타카는 그 중 하나를 분

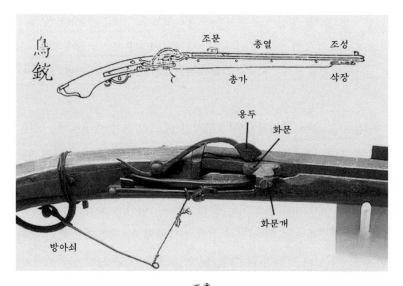

조총

16세기 초반에 스페인에서 개발된 아쿼버스에서 유래된 소총으로,
1550년경 포르투갈 상인에 의해 일본으로 전래되었고 조선은 임진왜란 이듬해인
1593년에 처음으로 제작에 성공했다. 《융원필비》(위), 육군박물관 소장.

해하여 복제하는 데 성공했다. 그로부터 50년이 지난 1592년에 왜군은
이 신형 화기를 수만 정이나 보유하고 조선 정벌에 나섰다.

유성룡은《서애집西厓集》에서 조총이 임진왜란의 전세에 미친 영향을
다음과 같이 설명했다.

우리나라 사람들은 본래 활을 잘 쏜다고 일컬어져 왔고, 또 전대에는 왜
구가 단지 장창과 단도만을 가지고 도둑질하러 왔는데, 우리는 수십 보
밖에서 화살로 제어하니 여유가 있었으며, 우리나라가 성을 잘 지킨다고
일컬어져 온 것도 역시 이 때문이었다. 그런데 임진년의 왜란이 일어나자
서울과 지방이 바람에 초목이 쓰러지듯이 수개월 만에 서울을 잃었고, 팔
방이 여지없이 무너져 버린 것은 비록 태평세월이 백 년을 계속해서 백

성이 병사兵事를 알지 못한 데서 나오기도 했으나, 실제는 왜놈들은 수백 보 밖에까지 능히 미칠 수 있고, 맞으면 반드시 관통하고 바람에 우박이 날아오듯 하는 조총을 가져서 궁시弓矢와는 비교가 안 되었던 까닭이다.

일본에 조총이 전래되기 이전까지만 해도 조선은 왜구에게는 없는 우수한 활과 화약 무기를 가지고 있었기 때문에, 수백 년의 태평세월을 보낼 수 있었다. 하지만 조총에 의해 활이 무력화되자 조선은 완전히 비무장 상태에서 적을 맞는 꼴이 되었다. 하지만 조선인은 이미 수백 년간 화포를 제작한 경험이 있었기 때문에 이 신형 무기를 모방하는 데 그리 오래 걸리지 않았다. 《난중일기亂中日記》를 보면 임진왜란 이듬해인 1593년 9월에 이순신 장군이 처음으로 조총을 만드는 데 성공했다. 그리고 그 후로도 김충선金忠善 등 조선에 귀화한 왜인들이 조총 제작 기술의 발전에 상당한 기여를 했다. 그 결과 1614년 청나라와 싸우고 있던 명나라를 지원하기 위하여 강홍립姜弘立 장군이 조선 군사 1만 3천 명을 이끌고 만주로 출병했을 때는 전체 병사 중 절반에 가까운 5천여 명이 조총으로 무장하고 있었다.

조총이 조선에 전래된 이후 수백 년간 조총에 대한 개량이나 중요한 변화는 없었던 것으로 보인다. 인조 9년에는 명나라에 다녀온 진주사 정두원鄭斗源이 부싯돌로 점화하는 수석식燧石式 소총을 구해 왔고, 효종 7년에는 제주도에 표류하던 하멜 일행으로부터 새로운 조총을 입수했다. 또한 1658년 청나라의 요청으로 연해주 지역의 러시아군을 토벌하는 과정에서도 러시아의 수석식 소총을 입수하기도 했다. 하지만 조선 조정은 이들 신형 소총을 모방하려는 적극적인 노력을 기울이지 않았다. 1866년 프랑스 함대가 강화도를 침략했을 때도 조선군은 여전히 임진왜란 당시에 사용하던 것과 거의 차이가 없는 조총 15만여 정을

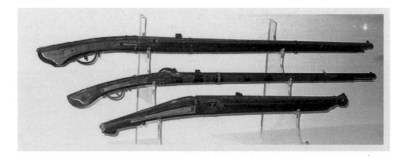

조총

전체 길이가 135cm 내외이고 구경은 1.5cm 정도이다. 육군박물관 소장.

보유하고 있었을 뿐이다.

신미양요 당시 강화도에 침입한 미군은 1868년 6월 10일 어재연 장군이 1천여 명의 병력으로 지키고 있던 광성진에 두 시간 가량 일방적인 함포사격을 실시한 후 650명의 해병으로 포위 공격을 실시했다. 당시 조선군은 절대적인 화력의 열세하에서도 용감하게 싸웠으나, 조총의 유효사거리 밖에서 쏘아 대는 근대식 라이플 소총을 당해 내기 어려웠다.

결국 350여 명에 달하는 조선군이 목숨을 잃었고, 나머지 병사들도 모두 바다로 몸을 던졌으며, 20여 명의 중상자만이 포로로 잡혔다. 당시 전투에 참여했던 슐레이 대령은 회고록에서 당시의 전투를 다음과 같이 회상했다.

조선군은 근대적인 무기를 한 자루도 보유하지 못한 채 노후한 전근대적인 무기를 가지고서 근대적인 화기로 무장한 미군에 대항하여 용감히 싸웠다. 조선군은 그들의 진지를 사수하기 위하여 용맹스럽게 싸우다가 모두 전사했다. 아마도 우리는 가족과 국가를 위해 그토록 강력하게 싸우다가 죽은 국민을 다시는 볼 수 없을 것이다.

광성보 전투는 쇄국정책에 안주해 있던 조선의 슬픈 현실을 보여 주는 동시에, 우리 민족이 지난 수천 년간 독립성을 유지할 수 있었던 힘이 과연 어디에 있었는지를 생각하게 해 준다.

마상총
馬上銃

마상총은 길이가 짧아서 단총短銃 또는 소조총小鳥銃이라고도 하는데, 기본 구조는 조총과 동일하며, 다만 총열의 길이가 매우 짧다. 숙종 20년에 남구만은 "청나라 사람들이 우리의 조총을 구해 가서 드디어 자신들이 제작했는데, 그 제작이 매우 묘하여 우리나라에서 만든 것처럼 쉽게 벌어지지 않고, 또한 달리는 말 위에서도 쏠 수 있다고 합니다."라고 했다. 이로 보건대, 마상총은 청나라에서 먼저 개발되었으며, 조선은 청나라의 마상총을 모방 제작했던 것으로 보인다.

정조 16년에는 승문원 판교判校 손석주孫碩周가 편곤과 장전이 모두 쓸데없는 무기임을 지적하면서 북쪽 지방의 친위기 3천 명에게 각각 마상총 한 자루씩 주어 일당백의 정예한 군사로 기를 것을 건의한 기록이 있다. 《만기요람》에는 훈련도감에 205정의 마상총이 있다고 했다.

경남대학교 박물관에 소장된 마상총 유물을 보면 총의 전체 길이는 약 70cm로 매우 짧지만, 구조는 기본적으로 조총과 동일하다. 진주대학교 박물관에는 길이 91cm, 구경 1.4cm의 마상총이 소장되어 있다.

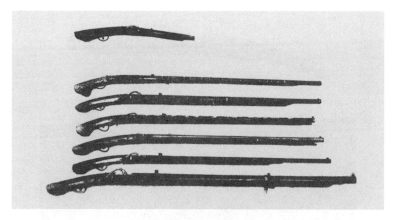

마상총, 조총, 천보총

사정거리가 1천 보(약 1.26km)에 달한다는 천보총(맨 아래)은 조총을 개량해서
제작한 화기이다. 존 부츠가 남긴 기록과 사진을 보면 당시에 천보총이라고 불렸던
총은 길이가 5피트 5인치(165cm)이고 무게는 22파운드(10kg)로 일반 조총에 비해
훨씬 크며 총열의 중간에 삼각대 등에 고정하기 위한 철침이 있다. 맨 위의 마상총은
총신이 짧다는 점을 제외하면 일반 조총과 큰 차이가 없다. 《Korean weapons and armor》.

대조총

大鳥銃

대조총은 임진왜란 때 왜군이 사용하던 대형 조총으로서, 구경이 최고
8cm에 이른다. 대조총은 총열이 굵고 짧은 점을 제외하면 일반 조총과
기본 구조는 동일하다.

　선조 27년의 기록을 보면, 국왕이 귀화한 왜인들이 가져온 대조총을
꺼내 놓고 여러 신하에게 보이는데, 이 대조총에 철환 20개나 작은 돌
4개를 넣어 발사하면 힘은 대포의 위력을 가졌고 명중하는 것은 조총
처럼 정확하여 당할 수가 없다고 했다. 또한 이때 심충겸沈忠謙이 아뢰
기를, "이순신 진중의 정운鄭雲이라는 사람이 그 대포를 맞고 죽었는데,
참나무 방패 3개를 관통하고도 쌀 2석을 또 뚫고 지나 정운의 몸을 관

대조총

임진왜란 때 왜군을 통해 도입된 대형 조총으로서 구경이 최고 8cm에 이른다. 대조총은
총열이 짧고 굵다는 점을 제외하면 일반 조총과 구조가 동일하다. 육군박물관 소장.

통한 다음 선장船藏으로 들어갔다.”라고 했다. 선조는 수전에는 우리나
라 총통이 갖추어져 있으므로 이것을 꼭 쓸 필요가 없으며, 다만 육전
에서 대조총을 만들어서 쓰도록 했다.

당시의 대조총은 위력과 정확도가 뛰어났으나 무게가 너무 무거워
성 위에 거치하거나 수레에 얹어야만 쏠 수 있었다. 일본은 대형 화포
의 발달이 늦었기 때문에 대조총을 다수 개발하여 사용했지만, 조선은
비교적 우수한 대형 화포를 오래 전부터 보유하고 있었기 때문에 대조
총의 필요성을 크게 느끼지 못했다. 따라서 인조 22년에도 대조총 제
작을 추진한 기록이 일부 있기는 하지만, 조선 후기에 대조총이 대량
으로 제작된 흔적은 없다.《만기요람》에는 일반 대조총과 구리로 입사
入絲를 한 동사대조총銅絲大鳥銃 등이 오군영에 소량 비축되어 있다고 기
록되어 있다. 현재 육군박물관에 소장된 대조총(상단 사진)은 일본에서
만들어진 것이다.

천보총

千步銃

천보총은 숙종 재위 시 박영준이 개발한 신형 조총으로서, 사거리가 1천 보(약 1.26km)에 달한다. 조선군은 천보총이 개발되기 이전에는 조총과 함께 대조총을 사용했는데, 이 대조총은 무게가 지나치게 무거워서 야전에서는 사용하지 못하고, 주로 성에서 거치대에 설치해 놓고 사용했다. 하지만 박영준이 개발한 천보총은 조총에 비해 조금 길고 무겁기는 하지만 행군 중에도 사용할 수 있을 정도로 가벼웠다. 숙종 12년의 기록을 보면 강화도의 돈대마다 장총이 열 자루 정도씩 있다고 했는데, 이 장총은 박영준이 개발한 천보총이라고 생각된다. 하지만 숙종 당시에는 천보총이 대량으로 제작되지 못했으며, 영조시대에 이르러서 군비에 대한 중요성이 부각되면서 천보총이 대량으로 제작된다. 영조 1년에 박영준의 아들 박지번朴枝蕃이 천보총 두 자루를 만들어 시험했는데, 그 힘이 거의 900여 보에 이르렀다고 하며, 조정에서는 이를 대량으로 제작하여 서북 지역에 나누어 배치했다.

영조 5년에는 수어청에 소속된 윤필은尹弼殷이 새로운 천보총을 제작하여 나라에 바쳤는데, 총대가 작고 매우 가벼워서 마치 철지팡이 (鐵杖) 같고, 쏘아 보니 과연 1천 보를 넘게 날아갔다고 한다. 이에 영조는 윤필은에게 별군직을 제수하고, 그가 만든 천보총은 훈련도감에 내주어 대량으로 제작하도록 했다. 윤필은이 만든 천보총은 박영준의 천보총에 비해 좀 더 가볍고 위력이 강했던 것으로 보이며, 따라서 영조 6년에 수어청에서 만들어 남한산성에 배치한 장총 100자루를 비롯해서 조선 후기의 천보총은 대부분 윤필은이 만든 천보총이었을 것이다.

존 부츠의 기록을 보면, 조선 후기에는 천보총으로 무장한 천보대千

步隊라는 부대가 별도로 있었다고 한다. 또한 동학전쟁 때에는 운봉 전투 등에서 동학군에 의해 천보총이 사용되었고, 서양의 신형 라이플에 대항해서 싸웠던 구한말의 의병은 각지의 병영에 배치되어 있던 천보총을 확보하고 이를 개량하는 데 많은 관심을 기울였다.

현재 천보총이라는 이름으로 전해지는 조총이 몇 자루 있으나, 유감스럽게도 단순히 총열의 길이가 긴 장조총과 천보총을 제대로 구분해 내기란 쉽지 않다. 다만 존 부츠가 남긴 기록과 사진을 보면, 당시에 천보총이라고 불렸던 총은 길이가 5피트 5인치(165cm)이고, 무게는 22파운드(10kg)로 일반 조총에 비해 훨씬 크며 총열의 중간에 삼각대 등에 고정하기 위한 철침이 있음을 볼 수 있다. 현재 인천시립박물관에는 길이 173cm, 구경 2.3cm의 대형 조총이 소장되어 있다.

조총의 제작 과정

조선시대의 조총 제작 과정은 《화기도감의궤》에 자세히 나오는데, 여기에 참여하는 장인의 종류만도 소로장燒爐匠, 야장冶匠, 찬혈장鑽穴匠, 나사정장螺絲釘匠, 연마장鍊磨匠, 조성장照星匠, 이약통장耳藥桶匠, 초련목수장初鍊木手匠, 조가장造家匠, 장가장粧家匠, 찬혈장穿穴匠, 취색장取色匠, 기화장起畵匠, 염장染匠, 피장皮匠 등으로 무척 다양하다.

우선 조총을 제조하자면 총열을 단조해서 만들어야 하는데, 초기에는 총열을 두 쪽으로 각각 만들어서 이어 붙였으나, 나중에는 서양과 마찬가지로 긴 철봉에 철판을 말아 가면서 두드려 총열을 만들었다. 소로장과 야장이 총열의 형태를 대충 만들면 찬혈장이 총열 구멍을 고르게 다듬어야 하는데, 좋은 조총은 이 과정이 한 달 넘게 걸렸다. 총열에 구멍을 다 파고 나면, 나사장이 구멍의 한쪽에 암나사를 파고 수나사를 박아 넣는다. 이렇게 해야 나중에 약실 안의 이물질을 제거할 수 있다. 그리고 다음으로 연마장이 숫돌로 총열의 표면을 정교하게 다듬어 마무리한다. 한편, 조총의 부품을 맡은 각각의 장인들은 별도로 작업하는데, 조성장은 조총 앞뒤의 가늠자와 가늠쇠를 만들고, 두석장은 조총에 불을 댕기는 용두와 그 부속품을 만든다. 이약통장은 점화약을 담는 화문과 그 덮개인 화문개를 만들며, 목수들은 개머리판을 만든다. 이렇게 해서 조총의 부품이 다 만들어지면 부속을 결합하고, 옻칠과 조각, 마광으로 모양을 낸다. 이렇게 만들어진 조총의 가격은 대략 쌀 3석 5두 정도였다.

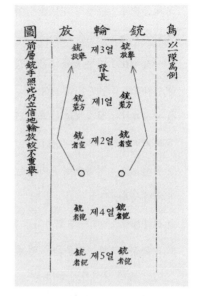

조총 윤방도

조총 부대는 5열로 정렬했다가
차례로 앞으로 달려 나가 사격을 한다.
그림에서 맨 앞쪽에는 제3열이 전진하여
사격을 실시하고 있고, 대장의 뒤쪽에
있는 제1열은 장약을 하고 있고,
제2열은 이제 막 제자리로 돌아와
빈 총을 들고 있으며, 제4열과 제5열은
장전된 조총을 들고 자신의 순서를
기다리고 있다. 《병학통》.

조총의 발사 절차

《신기비결》에 조총의 발사 절차는 다음과 같이 기록되어 있다.

① **세총 洗銃** : 총통의 내부를 닦아 낸다.

② **화약 火藥** : 화약을 넣는다.

③ **삭장 槊杖** : 나무 꽂을대인 삭장으로 화약을 다진다.

④ **연자 鉛子** : 납탄을 넣는다.

⑤ **삭장 槊杖** : 삭장으로 탄환을 밀어 넣는다.

⑥ **하지 下紙** : 종이를 넣는다.

⑦ **송지 送紙** : 삭장으로 종이를 밀어 넣는다.

⑧ **개화문 開火門** : 점화약을 담는 화문을 연다.

⑨ **선약 線藥** : 선약, 즉 점화약을 화문에 넣는다.

⑩ **요화문 搖火門** : 화문을 슬쩍 흔들어서 화문 속의 선약이 총열 안으로 약간 흘러 들어가게 한다.

⑪ **폐화문 閉火門** : 화문을 닫는다.

⑫ **안화승 安火繩** : 화문에 불을 붙여 주는 금속 부분인 용두에 화승을 올바르게 끼운다.

⑬ **개화문 開火門** : 명령에 따라서 점화약이 담긴 화문의 덮개를 연다.

⑭ **거발 擧發** : 적을 겨냥하여 발사한다.

이상의 모든 절차를 거쳐서 조총을 쏘려면 숙련된 조총수의 경우에도 30초 이상이 소요되었다. 따라서 조총 부대는 5열로 정렬했다가 1열씩 차례로 앞쪽으로 달려나가 사격을 하고 나머지 병사들은 장약을 하는 윤방輪放을 실시했다. 《병학통》의 윤방도輪放圖를 보면, 대장 앞쪽에는 제3열이 전진하여 사격을 실시하고, 대장의 뒤쪽에 있는 제1열은 장약을 하고, 제2열은 이제 막 제자리로 돌아와 빈 총을 들고 있으며, 제4열과 제5열은 장전된 조총을 들고 자신의 순서를 기다리고 있다.

十一 · 기타 화약 무기

신기전
神機箭

신기전神機箭은 고려시대에 최무선이 개발한 로켓형 화약병기로, 화살에 분사체를 달아서 스스로 날아가도록 만든 것이다. 원래 신기전은 고려시대부터 조선 초기까지 주화走火, 혹은 촉이 달려 있다고 해서 금촉주화金鏃走火라고 불렸으나, 주화라는 명칭이 로켓형 화약병기를 지칭함과 동시에 여기 달린 추진체를 가리키기도 하면서 혼란이 있었던 것으로 보인다. 기록에는 세종 30년에 신기전이라는 명칭이 처음 나타나며, 그 이후로는 계속 신기전이라는 명칭만이 사용되었다. 《조선왕조실록》과 《재물보》의 기록을 보면 중국에서는 우리의 신기전과 유사한 무기를 화전火箭이라고 불렀으며, 임진왜란을 전후한 시기에는 우리나라에서도 신기전과 화전이라는 이름이 혼용되었다.

신기전에는 크기에 따라서 대신기전大神機箭, 산화신기전散火神機箭, 중신기전, 소신기전이 있는데,《국조오례의》에 기록된 각각의 제원은 다음과 같다.

구분	화살 길이	화약통 길이	화약통 둘레	폭발물
대신기전	17척 (5.27m)	2척 2촌 5분 (69.75cm)	9촌6분 (29.76cm)	발화
산화신기전	17척 (5.27m)	2척 2촌 5분 (69.75cm)	9촌6분 (29.76cm)	주화, 발
중신기전	4척 5촌 (139.5cm)	6촌4분 (19.84cm)	2촌8분 (8.68cm)	발화
소신기전	-	-	-	없음

신기전에 부착하는 추진체를 주화走火라고 하는데, 이 주화는 종이를

여러 겹으로 말아서 만든 통에 화약을 성기게 넣고 그 아래에 구멍을 뚫어 심지를 꽂은 것이다.

대신기전의 경우, 주화 위쪽에 오늘날의 폭탄에 해당하는 발화發火를 연결하여 적의 머리 위에서 폭발하게 하며, 산화신기전은 발화와 함께 주화를 연결하여 공중에서 사방으로 불길이 흩어져 적을 놀라게 했다. 하지만 대신기전의 폭발물 속에는 파편효과를 발생시킬 만한 물질이 들어 있지 않기 때문에, 직접적인 살상효과보다는 적군과 적군의 말을 놀라게 하는 효과가 크지 않았을까 생각된다. 발화 안에 쇳가루가 27% 가량 들어가는 분화약을 넣었을 것이라는 주장도 있으나 근거가 충분하지 않으며, 설령 발화 안에 쇳가루가 들어 있다 하더라도 사방으로 흩어지는 쇳가루에서 살상 효과를 기대하기는 어렵다. 중신기전에는 작은 발화를 연결하여 적진에서 폭발하게 하며, 소신기전은 폭발물 없이 화약의 운동 에너지를 이용하여 적을 관통시킨다.

대신기전은 두 쪽의 긴 나무를 직각으로 연결해서 만든 발사대에 얹어서 발사했던 것으로 보인다. 소신기전이나 중신기전은 말 위에서 화살통에 넣어 발사하기도 하고, 대나무 통으로 만든 별도의 발사통을 사용하기도 했으나, 화거가 개발된 이후에는 주로 화거에 실어 대량으로 발사했다. 문종 화거에서 신기전을 장착한 발사대를 신기전기神機箭機라고 하는데, 여기에는 가로 15줄, 세로 7줄의 구멍이 있어서 모두 100개의 중신기전을 넣고 한 번에 15개씩 발사했다.

신기전의 장점과 단점에 대해서 세종은 다음과 같이 언급했다(세종 29년 11월 22일).

주화走火의 이익은 크다. 말 위에서 쓰기가 편리하여 다른 화포에 비할 것이 아니다. 기사騎士가 혹은 허리 사이에 꽂고 혹은 화살통에 꽂아서 말을

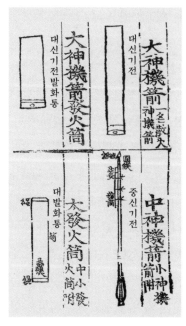

신기전

고려시대에 최무선이 개발한
로켓형 화약 병기로서 화살에 종이로
만든 분사통을 달아서 스스로 날아
가도록 만들었다. 《국조오례의》.

달리며 쏘면 부딪치는 자가 반드시 죽을 뿐 아니라, 그 형상을 보고 그 소리를 듣는 자가 모두 두려워서 항복한다. 밤의 싸움에 쓰면 광염이 하늘에 비치어 적의 기운을 먼저 빼앗는다. 복병이 있는가 의심스러운 곳에 쓰면 연기와 불이 어지럽게 발하여 적의 무리가 놀라고 겁에 질려 그 진정을 숨기지 못한다. 그러나 화살 나가는 것이 총통과 같이 곧지 못하고, 약을 허비하는 것이 너무 많아서 총통이 약을 쓰는 것만 같지 못하고, 거두어 갈무리할 때 조심하지 않을 수 없어 총통의 수시로 장약하는 편리한 것만 같지 못하다. 이것으로 본다면 총통의 이익이 더욱 크다.

신기전은 초보적인 화약 병기였고 조준 사격이 거의 불가능했지만, 사정거리가 길고 적에 대한 심리적인 효과가 컸으므로, 임진왜란 당시에도 왜군의 조총에 대항하기 위해 널리 사용되었다. 또한 신기전은 군대의 신호용이나 군령을 내리는 데도 사용되었으며, 궁중에서는 부정을 쫓기 위해 소신기전을 사용했다. 하지만 조선 후기의 각 지방에 비축된 신기전이 극히 소량이어서 단지 신호용으로만 사용된 것으로 보인다.

비진천뢰

飛震天雷

비진천뢰는 우리나라에서 창안된 작렬형 포탄으로서, 완구에 담아 발사하면 멀리 날아가 땅에 떨어진 후 폭발하여 그 안에 있는 철편이 사방으로 날아간다. 비진천뢰는 임진왜란 때인 선조 25년에 화포장 이장손李長孫이 만들어서 경주성 탈환 전투에서 처음으로 사용했으며, 같은 해 7월에는 고경명高敬命의 금산전투에서도 사용되었다.《조선왕조실록》에 기록된, 경주성에서 처음 비진천뢰를 사용했을 당시의 상황은 다음과 같다.

박진朴晉이 경주를 수복했다. 박진이 앞서 패했다가 다시 군사를 모집하여 안강현安康縣에 주둔하다가, 밤에 몰래 군사를 다시 진격시켜 성 밖에서 비격진천뢰를 성 안으로 발사하여 진 안에 떨어뜨렸다. 적이 그 제도를 몰랐으므로 다투어 구경하면서 서로 밀고 당기며 만져 보는 중에, 조금 있다가 포砲가 그 속에서 터지니 소리가 천지를 진동하고 쇳조각이 별처럼 부서져 나갔다. 이에 맞아 넘어져 즉사한 자가 20여 명이었는데, 온 진중이 놀라고 두려워하면서 신비스럽게 여기다가, 이튿날 드디어 성을 버리고 서생포西生浦로 도망했다. 박진이 드디어 경주에 들어가 남은 곡식 만여 석을 얻었다. 이 일이 알려지자, 가선대부로 승진시켰다. (비격진천뢰는 그 제도가 옛날에는 없었는데, 화포장 이장손이 처음으로 만들었다. 진천뢰를 대완구로 발사하면 500~600보를 날아가 떨어지는데, 얼마 있다가 화약이 안에서 폭발하므로 진을 함락시키는 데는 가장 좋은 무기였으나, 그 뒤에는 활용하는 사람이 없었다.)

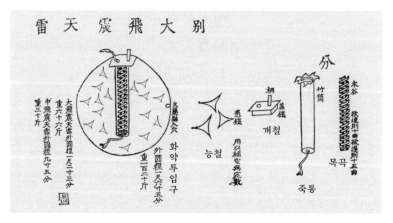

별대완구진천뢰

비진천뢰는 선조 25년에 화포장 이장손이 고안한 작렬형 포탄으로서
완구에 담아 발사하면 땅에 떨어진 후 폭발하여 그 안에 있는 철편이
사방으로 날아간다.《융원필비》(재구성).

중국에서는 송나라와 금나라가 진천뢰라는 폭발물을 사용한 기록이
있고, 여몽 연합군의 일본 정벌을 그린 〈몽고습래회사蒙古襲來繪詞〉에는
일본군 진영에서 폭탄이 폭발하는 장면이 있다. 그러나 이것은 모두
질려포통과 같이 손으로 던지는 폭탄의 일종으로, 화포를 이용하여 발
사하는 포탄이 아니다. 화포로 발사하기 위해서는 포탄 내부에 뇌관이
나 지연 신관이 있어야 하는데, 비진천뢰만이 그 내부에 지연 신관이
설치되어 있다. 비진천뢰가 창안되기 이전에는 조선에서도 진천뢰를
사용했으며, 선조 25년에 유성룡은 기존 진천뢰가 비진천뢰와는 제도
가 달라 날아가서 적을 치지 못하므로 이를 녹여 비진천뢰로 다시 주
조하자고 했다. 비진천뢰의 제작 방법은 다음과 같다.

무쇠를 부어 공처럼 둥글게 그 몸체를 만드는데 그 무게는 120근이고 직
경은 1척 6촌 5분이다. 위쪽에 네모난 구멍이 있는데, 직경이 3촌 8분이

다. 화약은 5근을 넣으며 10냥 무게의 쇠 덮개가 있다. 포구 안팎으로 실을 늘어뜨린다. 마디가 하나인 대나무를 포의 바닥에 놓고 안쪽의 실에 맞추어 자르고 대나무에 약선 구멍을 뚫는다. (목곡木谷을 만들기 위해) 자작나무에 톱으로 골을 파는데, 빨리 터지게 하려면 10바퀴를, 느리게 터지게 하려면 15바퀴를 파며, 느리고 빠르게 터지는 것이 이에 달렸다. 중약선中藥線 3척으로 골을 따라 두루 감고 죽통 안에 넣는다. 약선의 양 끝 중에서 한쪽은 죽통의 심지 구멍에 꽂고, 다른 하나는 죽통 위로 내어 포구 밖으로 내놓는다. 죽통의 바깥쪽과 포구 안쪽의 실에 행여 틈이 있거든 종이로 메워 틈이 없도록 한다. 연후에 덮개로 그 구멍을 단단히 막고 죽통 위의 도화선을 덮개에 나 있는 구멍으로 뽑아내되, 두 치가 넘지 않게 한다. 화약 5근을 가루로 만들어 (비진천뢰) 허리의 구멍으로 흘려 넣어 사이 사이를 모두 채운 뒤, 격목으로 그 구멍을 막고 중완구中碗口에 재어 쏜즉 300보를 간다.

원래부터 조선시대의 화약은 연소 속도가 느린데다가 비진천뢰에는 화약을 옆구리의 구멍으로 흘려 넣기 때문에 연소 속도가 매우 느리다. 따라서 비진천뢰 내부의 파편은 순간적으로 비산되기보다는 시간을 두고 작은 구멍을 통해 사방으로 뿌려졌을 것으로 보인다. 또한 비진천뢰는 포열이 없는 완구로만 쏠 수 있었기 때문에 정확도가 낮았으며, 포탄 자체가 터지는 것이 아니라, 포탄의 구멍을 통하여 화염과 질려가 방사되는 것이므로 그 위력은 근대적인 작열탄에 비해 훨씬 낮았다.

육군박물관에는 보물 제860호로 지정된 비진천뢰 한 점이 있는데, 직경이 21cm 정도이고, 윗부분에 둥근 구멍이 있다.

질려포통

蒺藜砲筒

몽골군이 금나라를 공격했을 때 성을 지키던 금군은 진천뢰라는 폭발물을 사용하여 몽골군에게 심대한 타격을 주었다. 하지만 몽골군도 이를 즉각적으로 도입하여 금군을 공격하는 데 사용했으며, 일본 정벌 당시에도 이 폭발물을 사용하여 왜군을 두려움에 떨게 했다. 고려의 최무선이 만들었던 질려포도 이 진천뢰의 일종으로서, 그 안에 화약과 질려를 담아서 폭발시키는 무기였다. 《국조오례의》에 나오는 조선 초기의 대질려포통은 높이가 9촌 3리이고, 바깥 둘레가 3척 5촌 2분이며, 수전에서는 이 나무 통 안에 화약과 함께 질려를 넣었다. 육상에서 사용할 때는 능철을 넣지 않고 만들며, 이를 산화포통^{散火砲筒}이라고 했다.

조선 중기의 《화포식언해》에 나오는 질려포통은 종이로 만든 둥근 통 안에 지화통^{地火桶}과 발화통^{發火桶}을 넣어 만드는데, 지화통은 발화통을 사방으로 날아가게 하는 역할을 하고, 발화통은 소형 폭탄의 역할을 한다. 지화통에 구멍을 뚫고 발화통의 약선을 그 안에 넣은 후, 이 두 개의 통을 모시끈으로 묶는다. 그리고 이 통을 포통의 안쪽에 넣은 뒤 잘 마른 쑥 잎으로 안을 채우고, 뚜껑을 덮은 후 끈으로 묶고 풀을

대질려포통
질려포통은 나무나 종이로
만든 둥근 통 안에 화약과 질려를
넣어서 손으로 던지는 폭탄의
일종이다. 《국조오례의》.

칠한 종이로 4~5회 감싼다. 도화선은 하나가 고장이 날 것에 대비하여 두 개를 사용하며, 통의 크기는 대, 중, 소 세 가지가 있다.

구분	소약巢藥	지화, 발화 개수	능철 개수
대통	5냥	81개	10개
중통	3냥	30개	10개
소통	2냥	15개	10개

조선시대의 수군은 미끄러운 나무 갑판 위에서 싸우느라 대부분이 맨발이었기 때문에, 질려포통이 갑판 위에서 터지면 전투에 큰 지장을 초래했다. 반면에 지상의 전투에서는 파편이 아군에게까지 튈 위험이 높기 때문에 질려를 넣지 않은 산화포통을 주로 사용했다. 조선 후기의 기록에서는 이 질려포통을《기효신서》와 같이 와관瓦罐이라고 기록한 것들이 있는데, 이는 포통을 토기土器로 만들었기 때문이라고 생각된다.

화창
火槍

《융원필비》에는 이화창梨花槍, 화창火槍, 소일와小一窩 등 다양한 화창이 소개되어 있다. 화창이란 창날의 뒤쪽에 화염과 쇳가루, 독극물 등을 방사하는 화약통을 달고, 적에게 3~4장 거리로 접근한 뒤 발사하여 기선을 제압한 후 단병접전을 벌이는 무기이다.

《무예도보통지》에는 "이화창梨花槍이란 이화梨花 하나를 장창의 끝에 매달았다가 적과 맞닥뜨려 한 발을 몇 장丈이나 멀리 나가게 쏠 수 있

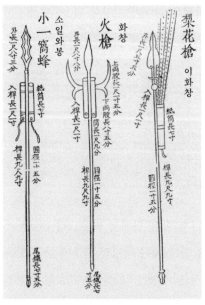

화창

창날의 뒤쪽에 화염과 쇳가루,
독극물 등을 방사하는 화약통을 달고
적과 3~4장 거리로 접근한 뒤 발사하여
기선을 제압한 후 단병접전을
벌이는 무기이다.《융원필비》.

신기만승화룡도

청동이나 철로 화구를 만들고
그 안에 염초, 유황, 삼회, 주사,
수은을 입힌 연환 등을 넣어
발사한다.《융원필비》.

다. 사람이 그 약에 닿으면 즉사한다."라고 했다. 화창은 원래 송나라시
대에 처음 등장한 화기인데, 사정거리가 짧고 한두 발밖에 발사할 수
없는 무기이지만, 창으로 겸용할 수 있다는 장점이 있어서 오랜 기간
사용되었다.

　우리나라에 화창이 등장한 것은 임진왜란 이후이며, 조선 후기까지
도 화창이 계속 제작되었다.《만기요람》을 보면, 훈련도감에 이화창
13자루가 소장되어 있다고 했고, 국왕 앞에서 무예를 시험하는 시예試
藝에도 이화창이 포함되어 있었다. 화창에 달린 화구는 분화통噴火筒이
라고 하는데, 주성분은 화약과 쇳가루이며 여기에 독을 섞기도 한다.

이 분화통에서 방사되는 쇳가루는 신체를 관통할 정도에 이르지는 못
하지만, 붉게 연소되면서 방사되어 적의 눈이나 얼굴에 심각한 부상을
줄 수 있다.

《풍천유향》을 보면, 전선에서 화전과 당파를 쓰는 신기수는 적이 멀
리 있으면 화기를 발사하고, 적이 가까이 접근하면 분화를 쓴다고 했다.
한편,《융원필비》에 나오는 신기만승화룡도神機萬勝火龍刀는 청동이나 철
로 화구를 만들고, 그 안에 염초, 유황, 삼회杉灰, 주사磻砂, 수은水銀을 입
힌 연환鉛丸 등을 넣고 쏘는데, 이것도 일종의 화창이라고 할 수 있겠다.

비몽포

飛礞砲

《융원필비》에는 비몽포라는 화학탄 발사기가 소개되어 있다. 이 비몽
포는 항아리 모양의 모포母砲 안에 원통형의 자포子砲를 넣어서 화약으
로 발사하는데, 자포 안에는 독약과 화약이 함께 들어 있어서, 멀리 날
아가 터지면 주변으로 독성 물질이 비산되어 적군을 살상한다. 자포
안에 들어가는 독성 물질은 천오川烏, 초오草烏, 남성南星, 반하半夏, 낭독
狼毒, 사매蛇埋, 난골초爛骨草, 금정비金頂砒, 단조丹皀, 파상巴霜, 철각비鐵脚砒,
은수銀銹, 건칠乾漆, 건분乾糞, 송향애松香艾, 내웅雄, 황금黃金, 한석汗石, 황초
화黃硝火, 유화硫火, 삼회, 유회硫灰, 반묘斑猫, 단장초斷腸草, 연고煙膏, 하마유
蝦蟆油, 골회骨灰, 주사走砂, 유황, 세신細辛, 감수甘遂, 망사硇砂, 강분薑粉, 동청
銅靑 등이다.

현재 전쟁기념관에 남아 있는 비몽포를 보면, 포의 길이는 33cm, 구
경은 5.4cm, 자루의 길이는 153.5cm이다. 자루 아래에는 철준을 달아서
땅바닥에 찔러 고정하여 발사할 수 있도록 만들어졌다.

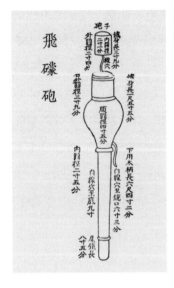

비몽포
독가스탄을 발사하는 화학 무기의
일종이다. 《융원필비》(왼쪽),
육군박물관 소장.

파진포

破陣砲

조선시대의 지뢰형 무기 중에서 기술적으로 가장 우수한 것은 광해
군 4년에 장인 조천종^{曺天宗}이 제작한 파진포이다. 이 파진포는 주철을
100여 근 사용하여 만드는 대형 지뢰인데, 적이 그 위를 지나다가 이를
밟으면 그 안에 들어 있는 부싯돌과 아륜철^{牙輪鐵}이라고 불리는 금속제
바퀴가 마찰되어 불이 일어나면서 철포가 폭발하는 놀라운 무기였다.
당시에 병조에서 이 무기를 시험해 본 결과 연기와 화염이 공중에 가
득했으며, 불덩이가 땅 위에 닿으면서 절반쯤 산을 불태웠다. 병조에서
는 비록 수천 명의 군사일지라도 한 발의 파진포면 적을 소탕할 수 있
을 정도로 위력이 대단하다고 했다. 게다가 그 크기는 가마솥 크기 정
도에 불과했고, 말 한 마리로도 운반할 수 있는 무게였기 때문에 간편

하고 이로운 점이 많았다. 조정에서는 조천종에게 급료를 지불하는 한 편, 장인과 잡일꾼 몇 사람을 붙여 주고 필요한 물품을 제공하여 서둘 러 제작에 착수했다.

조천종이 개발한 파진포는 그 자체로서도 대단한 발명품이었지만, 유럽에서 개발된 차륜식車輪式 소총의 기본 원리가 이 땅에서도 자체적 으로 개발되었음을 알려 주는 중요한 사례이다. 하지만 유감스럽게도 그 이후의 기록에서는 파진포에 대한 내용이 보이지 않으며, 현재 남 아 있는 파진포 유물도 없는 실정이다. 이렇듯 훌륭한 신무기가 사장 된 것은 아마도 서양의 차륜식 소총이 그러했듯이 제작 비용이 많이 들었기 때문이 아닌가 생각된다.

지뢰포

地 雷 砲

광해군 때 개발된 차륜식 지뢰인 파진포가 그 후의 기록에서 발견되지 않는 대신에, 도화선식 지뢰인 지뢰포가 인조 3년의 기록에 나타난다. 이 지뢰포는 심종직沈宗直이 개발했는데, 이는 여러 개의 진천뢰를 땅 속에 묻고 이를 약선으로 연결한 것이다. 진천뢰에서 아군의 잠복처까 지 도화선을 길게 늘여 땅에 묻어 놓았다가, 적이 다가오면 약선에 불 을 붙인다. 그러면 땅 속에 묻은 약선이 타들어가 진천뢰를 폭발시키 면서 적을 한꺼번에 몰살하게 된다. 당시에 비변사가 홍제원弘濟院에서 지뢰포의 성능을 시험해 본 결과, 실전에 사용할 수 있을 만큼 성능이 우수하다고 인정했다.

지뢰포 1좌坐에 드는 재료는 가판 반쪽, 송판 5쪽, 수철水鐵 50근, 정 철正鐵 5근, 숙마熟麻 1근이고, 화약은 진천뢰의 다소에 따라 6~7근이

들어가며, 그 밖에 긴 약선을 만들기 위해 대량의 종이가 소요되었다.

이 지뢰포는 인조 5년까지만 해도 제작 비용이 많이 들어서 대량 생산하지 못했으나, 워낙 그 성능이 우수하고 효과적인 무기였기 때문에, 인조 6년이 되면 병사 신경원申景瑗 등의 노력으로 100좌 이상이 제작되어 실전에 배치된다.

목통과 매화법
木筒 · 埋火法

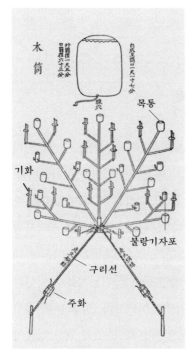

목통과 매화법

《융원필비》의 지뢰 매설법인 매화법에는
나무로 만든 폭탄인 목통과 불랑기 자포,
기화 등이 사용된다.

《융원필비》의 목통은 조선 초기의 산화포통, 질려포통과 그 구조는 기본적으로 동일하며, 다만 지뢰용 폭발물로 사용된다는 점만이 다르다. 목통의 직경은 1척 5분(22.05cm)이고, 입구의 직경은 6촌 5분(13.65cm)이다. 그 안에는 소약巢藥 5냥과 능철菱鐵 50개, 지화枝火와 소발화小發火를 묶은 것 81개를 넣고 마른 쑥잎으로 빈 곳을 채운다. 속을 다 채운 후에는 나무 뚜껑을 덮고 종이로 4~5번을 싸며 약선 구멍은 두 개를 뚫는다.

《융원필비》의 매화법에는 이 목통을 이용하여 지뢰를 부설하는 방법이 자세하게 소개되어 있다. 목통과 함께 불랑기포의 자포 및 불을 일으켜 적을 놀라게 하는 기화起火를 군데군데 섞어서 우물 정井자 모양 혹은 부채살 모양으로 촘촘히 매설한 후, 그 사이에 속이 빈 대나무 통을 묻고 그 안에 도화선을 넣는다. 도화선은 모두 모아서 하나의 나무 지주에 묶고, 그 아래에 나무 판을 깔고 화약을 뿌려 놓는다. 매설이 끝나면 도화선이 있는 나무 지주와 아군의 매복지점 사이에 구리 선을 팽팽하게 묶고, 구리 선 위에 주화 두 개를 각각 반대 방향으로 묶어 매달아 놓는다. 적이 지나갈 때 주화에 불을 붙이면, 이 주화가 구리 선을 타고 날아가서 나무 지주 주변의 화약에 불을 붙이고, 이 불이 도화선으로 옮겨 붙어 지뢰를 폭발시킨다. 도화선에 점화를 마친 주화는 반대편에 있는 주화에 불이 붙으면서 자동으로 아군에게로 돌아온다.

매화는 상당히 효과적인 방어 무기였지만, 평화가 계속되면서 큰 관심을 끌지 못했다. 실록에는 정조 3년에 남한산성에서 매화를 설치했는데, 이때 국왕은 "예전에는 산성의 별파진別破陣이 모두 이 기법을 익혔는데, 요즘은 두 사람이 익숙할 뿐이다."라고 한탄했다.

쇄마탄

碎磨彈

쇄마탄은《화포식언해》와《고사신서》에 나오는 지뢰의 일종이다. 쇄마탄은 무쇠 주물로 제작하며, 몸통은 둥글고 목이 달려 있다. 안에는 화약 13냥이 들어가며, 입구를 격목으로 막은 뒤 다시 격목 위에 구멍을 뚫고 도화선을 연결하여, 요해처에 묻어 두었다가 폭발시킨다.

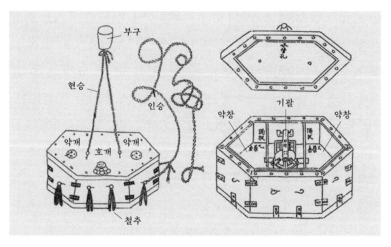

공선수뢰

조선 후기에 제작된 기뢰의 일종으로, 잠수부가 적선의 배 밑에 설치한 후
수뢰 위쪽의 나무 마개를 제거하면 일정 시간 후 폭발한다. 《훈국신조군기도설》.

공선수뢰

攻船水雷

《훈국신조군기도설》에는 고종 4년에 훈련대장 신헌이 만든 공선수뢰攻
船水雷가 소개되어 있다. 《고종실록》에는 수뢰포를 만든 사람의 이름이
신관호申觀浩라고 기록되어 있으나, 이는 신헌이 개명하기 전의 이름일
것이다. 이 공선수뢰는 시한장치가 달려 있는 일종의 기뢰로서 당시
조선의 해안에 출몰하던 이양선을 침몰시키기 위해 《해국도지》를 참
고해서 만든 것이다.

공선수뢰는 현대의 기뢰처럼 바다에 설치해 놓았다가 적선이 부딪
치면 폭발하는 것이 아니라, 잠수부가 적선의 배 밑에 설치한 후 수뢰
위쪽의 나무 마개를 제거하면, 구멍을 통해서 물이 수뢰 안으로 들어
가면서 가죽 통이 부풀어오르고 격발장치가 가동되어 폭발이 일어나

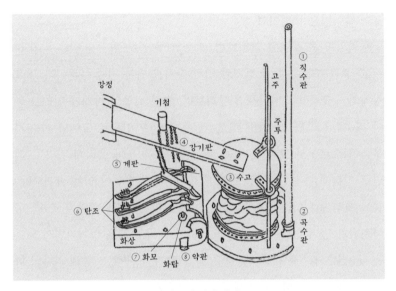

공선수뢰 격발 장치

나무 마개를 열면 ①직수관과 ②곡수관을 거쳐 물이 ③수고로 들어가고
가죽 부대가 부풀면 ④강기판이 올라가면서 ⑤게판을 들어 올린다. 게판이 제거되면
⑥탄조가 ⑦화모를 때려서 불이 일어나고 이 불은 ⑧약관을 거쳐 좌우의
화약에 옮겨 붙는다. 《훈국신조군기도설》.

는 구조였다. 공선수뢰는 비록 외래 무기를 모방하여 제작한 것이었지
만, 종전의 무기에 비하여 매우 정교하고 다양한 신기술이 적용되었으
므로 좀 더 자세히 그 구조를 살펴볼 필요가 있다.

공선수뢰 전도를 보면, 수뢰의 위쪽에는 부구浮球라고 하는 속이 빈
나무통이 끈으로 묶여 있다. 나무로 만든 수뢰의 몸체는 육각기둥 모
양이며, 여섯 개의 면에는 각각 납으로 만든 추가 달려 있다. 수뢰 표
면의 틈은 생석회와 기름을 섞어서 만든 유회油灰로 막고 삼베로 싼 후,
다시 옻칠을 하여 방수 처리한다. 수뢰의 한쪽에 달린 인승引繩이라는
긴 끈은 잠수부가 수뢰를 끌고 가는 데 사용한다. 수뢰의 위쪽에는 세
개의 구멍이 있는데, 좌우의 구멍은 화약을 넣는 구멍이고, 가운데는

물이 들어가는 구멍이다.

수뢰의 안쪽 구조를 살펴보면, 좌우의 두 칸은 화약을 담는 약창藥倉이고, 중간 부분은 시한 장치와 기폭 장치를 담는 기괄 부분이다. 기폭 장치의 구조를 좀 더 자세히 살펴보면, 수뢰 위쪽의 마개가 열리고 물이 직수관直水管과 곡수관曲水管을 거쳐 수고水鼓 안으로 고이면, 수고가 부풀어 오르면서 그 위에 있는 강기판扛機板을 들어 올리게 된다. 그러면 강기판에 연결된 줄이 그 아래 화상火床 위에 놓여 있는 게판揭板을 끌어 올리게 된다. 이 게판 위에는 스프링이 달린 세 개의 탄조, 즉 공이치기가 걸려 있다가 게판이 제거되면 즉시 아래로 떨어지면서 뇌관을 때리고, 뇌관에서 일어난 불은 화탑火塔과 약관藥管을 통해 좌우의 화약으로 옮겨 붙는다.

이 공선수뢰는 대원군이 참관한 가운데 한강에서 시험되었는데, 이때 조그만 배를 강 가운데 띄워 두고 폭발시켰더니, 강물이 용솟음쳐 10여 길이나 일어나고 배는 공중에 떠올랐다가 산산이 부서졌다고 한다. 공선수뢰는 현재의 기술 수준으로 보자면 매우 초보적인 무기에 불과하지만, 당시에는 전혀 새로운 신기술인 뇌관, 현대식 나사못, 판스프링, 가죽 패킹 등이 사용된 첨단 무기였다. 특히 동화모銅火帽라고 불리는 뇌관은 근대적인 소총을 만드는 데도 직접 응용될 수 있는 중요한 부품이었다. 하지만 책의 내용 중에 뇌관 속에 들어가는 뇌홍雷汞의 제조법에 대한 설명이 없고, 대신에 청나라에서 동화모를 싸게 만든다는 내용이 있는 것으로 보아, 당시 조선에서는 청나라에서 만든 동화모를 수입했던 것으로 보인다. 이 공선수뢰는 강화부를 비롯한 각 지방 군영에 실제로 배치되었으나, 실전에 사용된 예는 없는 것으로 보인다.

十二 · 화거

고대국가의 형성기에는 동서양 모두 말이 끄는 전차가 전투력의 핵심이었다. 당시의 말은 중무장한 병사를 등에 태우기에는 형편없이 작고 허약했기 때문에, 몇 마리의 말을 함께 묶어 바퀴가 달린 전차를 끌게 하고, 병사들은 전차 위에서 활과 투창을 이용하여 적을 공격했다.

중국 최초의 국가를 세운 은나라는 지금의 페르시아 지역에서 전래된 것으로 보이는 전차를 이용하여 북중국을 정복했으며, 전국시대 초기까지만 해도 전차의 보유량이 곧 군사력의 규모를 의미했다. 하지만 산악 지역이 많은 한반도와 만주 지역에서는 말이 끄는 전차가 대규모로 운용된 흔적이 발견되지 않는다.

한반도에서 고려시대부터 사용된 전거戰車는 인력으로 끄는 수레였으며, 주로 북방 기병의 돌격을 차단하는 용도로 사용되었다. 거란이 80만 대군을 이끌고 고려를 침략했을 때, 고려군은 안융진전투에서 수레의 앞쪽에 창검을 꽂은 검거劍車로 거란 기병을 저지하는 데 성공했으며, 이 승리를 바탕으로 서희徐熙의 담판이 성사되었다.

고려의 검거는 이후 원나라의 지배를 거치면서 소멸되었다가, 조선 초기에 북방의 기마민족과 싸우게 되면서 화약 무기를 탑재하는 대량살상 무기로 다시 등장한다. 15세기 초반에는 원나라 멸망 후 멀리 초원 지대로 쫓겨났던 몽골족이 오이라트의 부장 에센을 중심으로 다시 세력을 결집했고, 명나라 정통제正統帝는 이들에 대한 친정에 나섰다가 자신이 포로로 잡히는 신세가 된다. 이때 조선에서는 몽골족이 조선을 침략할 것이라는 소문이 돌았기 때문에 민심이 흉흉했다. 문종은 몽골족의 대규모 기병에 맞서기 위해 종전의 화거火車를 개량하여 대량의 화전火箭과 총통銃筒을 발사할 수 있도록 만들었다.

이 문종 화거는 개량을 거치면서 조선 중기까지 계속 사용되었으며, 임진왜란 당시에는 행주산성에서 권율 장군이 왜적을 물리치는 데 크게 기여했다. 임진왜란 시기에는 명군의 참전을 계기로 전거의 운용 방법도 상당히 개선되었다. 선조 26년의 기록을 보면, 명나라 군사들이 수백 대의 전거를 몰고 우리나라로 왔으며, 조정에서는 위주 판관 권탁權晫으로 하여금 병사 약 400~500명을 이끌고 가서 명군의 전거 부리는 법을 배워 오도록 했다. 광해군 때에는 한교韓嶠가 전거를 제작, 시험해 보고 다음과 같이 보고했다.

만약 포거砲車와 전거를 사이사이에 도열시킨 다음 포수와 살수를 끼고 기병을 날개로 삼되, 적이 멀리 있는 경우에는 수레 가운데의 대포와 수레 아래의 소포를 번갈아 발사하면 우리 편 전거의 차판遮板이 왜의 총을 막아낼 수 있으며, 적이 가까이 있는 경우에는 전거에 배치한 창검이 적의 칼을 제어할 수 있을 것이니, 여기에다 살수, 기병까지 힘을 합한다면 적이 어찌 감히 우리를 당할 수 있겠습니까.

광해군 이후에도 조선은 청나라의 기병에 대항하기 위해 전거나 화거를 제작하는 데 많은 관심을 기울였다. 숙종 때에는 대량의 화거를 제작하려는 시도가 있었고, 영조 때에는 훈련대장 이기하가 신형 화거를 만들어 바쳤으며, 그 외에도 신경준, 양완, 송규빈 등이 다양한 형태의 화거를 개발했다. 순조 당시에 간행된 《만기요람》의 기록을 보면, 훈련도감에는 전거가 모두 51량이 있었는데 오륜五輪이 5량, 양륜兩輪이 20량, 독륜獨輪이 26량이었다.

하지만 조선은 국토의 대부분이 산지여서 전거나 화거의 운용에 제약이 많았기 때문에, 조선 후기에 본격적인 전거전을 행할 정도로 대량의 전거를 제작한 적은 없는 것으로 보인다. 또한 조선 후기가 되면 화기의 성능이 개선되고 그 보유량도 크게 늘면서 기병을 이용한 충격전은 큰 위협이 되지 않았다. 대신 조선 후기에는 대형 화포를 전장에서 신속하게 운용할 목적으로 서양의 근대식 포거를 도입하고자 노력했다. 그 결과 고종 당시에 훈련대장 신헌은 중국에서 간행된 《해국도지》를 바탕으로 불랑기 동거와 마반거, 쌍포양륜거

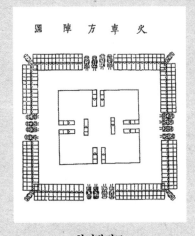

화거방진도

《융원필비》의 화거방진도를 보면
하나의 방진은 100량의 화거와
20량의 목화수거로 편성된다.

등을 제작했으며, 대원군은 운현궁에서 근대식 양륜 포거를 제작하는 데 성공했다.

한편, 조선시대의 화거를 살펴보기 전에 언급하고 싶은 것이 두 가지 있다. 첫째는 화거火車의 거車 자를 '거'로 읽을 것인지 아니면 '차'로 읽을 것인지 하는 문제이다. 사실 '차'와 '거'는 같은 의미이며, 다만 '쩌'라는 중국식 발음을 우리말로 옮기는 과정에서 두 가지로 나뉜 것뿐이다. 하지만 《화포식언해》 등을 참조해 보면, 조선시대에는 분명히 '火車'를 '화거'라고 읽었다. 따라서 이 글에서는 인력으로 끄는 전투용 수레는 전거 혹은 화거라고 적었으며, 말이 끄는 수레는 차車라고 적었다.

또 한 가지 언급하고자 하는 것은 전거와 화거, 포거의 구분에 관한 문제이다. 조선시대의 전거는 수레에 창검 등을 달아서 기병을 저지하는 데 사용하는 것을 의미하며, 화거는 수레 위에 소형 총통이나 화전기를 달아서 화력을 운용하는 한편, 기병 방어에도 이용하는 것을 말한다. 포거는 대형 총통을 운반하고 발사하는 데 사용하는 수레로서, 방호력은 없으며 주로 총통 발사 시의 충격 흡수에 구조상의 주안점을 둔다. 하지만 조선시대의 전투용 수레는 대부분 화기의 장착이 가능했고, 화거와 포거 간에는 사용되는 화기의 구경 차이만 있을 뿐이며, 방호력의 개념은 매우 자의적이다. 따라서 조선시대의 전거와 화거, 포거는 같은 맥락에서 다루어도 무방하다고 본다.

문종 화거

文宗 火車

조선시대에 제작된 최초의 화거는 태종 9년에 최무선의 아들 최해산崔
海山과 군기소감 이도李韜가 만든 것이다. 이 화거는 쇠로 만든 깃이 달
린 철령전鐵翎箭 수십 개를 구리 총통에 넣어서 작은 수레 위에 싣고 발
사하는 제도로서, 그 위력이 맹렬하여 적을 능히 제어할 만하다고 했
다. 하지만 태종 당시에는 화거가 대량으로 제작된 기록이 없으며, 문
종 때에 비로소 본격적인 화거 제작이 이루어진다.

문종 1년에 만들어진 화거는 수레 위에 사전총통 50개를 장착하여
한 번에 세전 200개를 발사하거나 중신기전中神機箭 100개를 발사할 수
있도록 만들어졌다. 사전총통과 중신기전을 장착한 발사기는 각각 착
탈식으로 제작되어 필요에 따라 수레 위에 설치할 수 있었다. 수레는
화기의 발사 각도를 자유롭게 조정할 수 있도록 높게 만들어졌으며,
화살을 쏘는 발사기 구멍은 철판으로 덮어서 화재를 막았다. 수레의
좌우에는 방패를 붙이기도 했으나, 나중에는 이동하기에 불편하다는
이유로 이를 제거했다. 문종 1년의 화거 배치 상황을 보면, 서울에 50량
을 두고 기타 지방에 407량을 두는 등, 총 457량에 이르는 화거가 실전
에 배치되었다. 문종 화거의 형태는《국조오례의》의 그림을 통해 자세
히 확인할 수 있다.

임진왜란 이후에 간행된《화포식언해》에는 중신기화거中神機火車와 화
거 두 종류가 소개되어 있는데, 중신기화거는 중신기전 100개를 발사
하고, 화거는 사전총통 대신 주자총통을 50개 장착하는 등, 문종 화거
와 큰 차이가 없다. 따라서 임진왜란 이후까지도 문종 화거가 큰 변화
없이 거의 그대로 사용되었음을 알 수 있다.

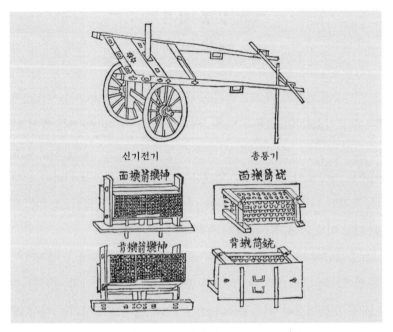

신기전기   총통기

面撲箭撥神   面撲箭銃

背撲箭撥神   背撲筒銃

문종 화거

문종 당시에 고안되어 임진왜란 이후까지 오랜기간 사용되었다. 이 화거는
사전총통 50개를 장착하여 한번에 세전 200개를 발사하거나 혹은 중신기전
100개를 발사할 수 있도록 만들어졌다.《병기도설》.

문종 화거(복원)

육군박물관 소장.

변이중 화거

邊以中 火車

《연려실기술》에 따르면, 임진왜란 당시인 1592년에 호남 소모사召募使 변이중이 화거 300량을 만들었고, 이듬해에 순찰사 권율에게 40량을 나누어 주었다고 한다. 권율은 행주대첩에서 이 화거를 활용하여 대승을 거두었다. 변이중 화거는 40개의 구멍에 각각 승자총을 넣고 심지를 연결하여 철환을 발사했는데, 승자총이 끊이지 않고 서로 잇따라 발사되면서 산악이 진동하는 소리를 내니 왜놈들이 크게 놀라서 도망갔다고 한다.

변이중과 거의 같은 시기에 유성룡도 철환을 발사하는 화거를 제작했지만, 유성룡의 화거는 설치된 총통이 열다섯 개에 불과했고, 이 화거가 실전에 사용되었는지의 여부도 불분명하다. 따라서 철환을 발사하는 본격적 화거로는 변이중 화거가 가장 최초의 것이라고 할 수 있겠다.

변이중이 지은 《망암집望庵集》에는 자신이 고안한 화거의 그림과 설명이 있다. 하지만 《망암집》의 그림에는 수레 위의 총통기가 지나치게 크고, 아군이 있는 좌우 측방 쪽으로도 총통이 설치되

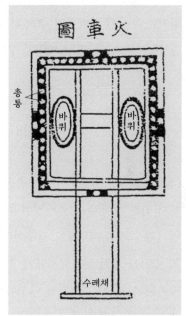

변이중 화거

1592년에 호남 소모사 변이중이 만든 화거는 승자총통 40문을 장착했다. 권율의 행주대첩에서 변이중의 화거가 큰 기여를 했다. 《망암집》.

어 있는 등 이해하기 어려운 점이 많다. 화거를 수백 량씩 대량으로 운용하자면 총구가 측방을 향해서는 곤란하다. 그리고 조준 사격을 하는 것이 아니라 총통의 심지를 서로 이어서 일제 사격을 가하는 지역 제압 무기라는 점을 고려해 볼 때, 세 방향으로 총통을 분산 배치하는 것은 납득하기 어렵다. 또한, 수레채의 형태로 볼 때 한두 사람이 인력으로 끄는 수레였던 것으로 보이고, 강항姜沆이 쓴 묘지명에도 변이중 화차가 나는 듯이 빨라서 산을 넘고 물을 건넜다고 기록된 것으로 보아, 변이중 화차는 그 내부에 사람이 들어갈 만큼 커다란 화차가 아니었다.

결국《망암집》의 화거 그림이 진짜 변이중이 그린 그림이라면, 이는 총통기를 뒤쪽에서 바라본 모습으로 이해해야 할 것 같다. 즉, 변이중 화거는 조선의 일반적인 수레 위에 나무로 만든 작은 구조물을 올리고 그 위와 좌우로 총통을 배열한 구조였다고 생각된다.

《융원필비》 화거
《戎垣必備》火車

《융원필비》에 그려진 화거는 숙종 1년에 윤휴의 제안에 의해 훈련도감에서 만든 화거와 동일한 것이라고 생각된다. 윤휴는 북벌을 위해서는 병거와 화거를 대량으로 갖추어야 한다고 주장했으며, 그는 직접 화거와 병거를 고안하여 국왕에게 바쳤다. 그가 만든 화거는 가운데에 두 바퀴를 설치하고 그 위에 다섯 층의 널빤지를 올리며, 각각의 널빤지에 10개의 구멍을 뚫고 조총을 설치했다. 화살대에 불을 붙여서 조총 위에 얹어 놓으면 10개의 조총이 차례로 발사되었다.

《융원필비》에 그려진 화거는 윤휴의 화거와 거의 동일한 구조로서, 바퀴가 2개이고 총 50개의 조총을 탑재했다. 또한 화거의 좌우에는 짧

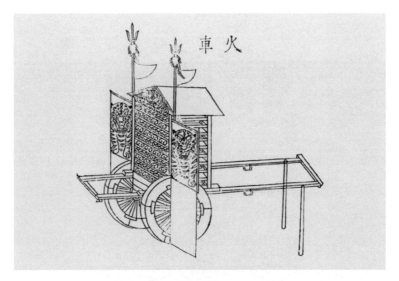

화거 전도

《융원필비》에 그려진 화거는 숙종 1년에 윤휴에 의해 고안되었다. 이 화거에는
50개의 조총을 탑재하며 화거의 좌우에는 짧은 나무 방패를 설치하고 그 아래로는
소가죽을 드리워서 병사를 보호했다. 지붕은 기름을 먹인 생가죽으로 씌웠다.

은 나무 방패를 설치하고, 그 아래로는 소가죽을 드리워서 병사를 보
호했다. 수레의 지붕에는 소 생가죽을 씌우고 기름을 먹여서 적의 공
격을 막는 한편, 비가 와도 조총을 발사할 수 있도록 했다. 화거의 좌우
에는 호랑이가 그려진 삼지창을 세우는데, 이는 단순한 장식이 아니라
적 기병의 돌입을 막는 역할을 한다.

현재 육군박물관에는 《융원필비》 화거에 사용했던 것으로 보이는
차총車銃이 십연자포라는 이름으로 소장되어 있다. 이 십연자포의 총
열 10개는 하나의 널빤지 위에 설치되어 있고, 길이는 약 25cm, 구경은
13~14mm이다. 이는 《융원필비》의 총철銃鐵 길이인 1척 2촌(25.2cm)과
거의 일치한다.

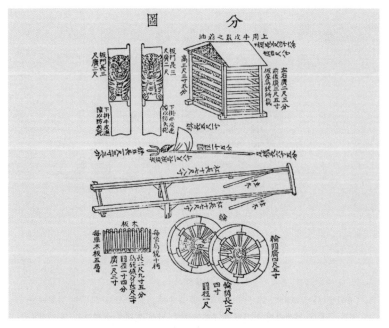

화거 분도

육군박물관에는 《융원필비》 화거에 사용했던 것으로 보이는 차총이 십연자포라는 이름
으로 소장되어 있다. 이 십연자포의 총열 10개는 하나의 널빤지 위에 설치되어 있고, 길
이는 약 25cm, 구경은 13~14mm이다.

목화수거
木火獸車

《융원필비》의 목화수거는 진陣의 위엄을 보이고 적에게 공포심을 주기
위해 호랑이의 모습을 나무로 조각하여 화거 위에 설치한 것이다. 호
랑이 조각의 입에서는 신화神火, 독화毒火, 법화法火, 비화飛火, 열화烈火가
발사된다. 또한 수레 아래에는 조총을 5개씩 3열로 배열하여 총 15개의
조총을 탑재한다. 호랑이의 좌우에는 나무로 만든 날개를 달아서 적의
시석을 막는 한편, 날개에 있는 구멍으로 적을 감시할 수 있도록 했다.

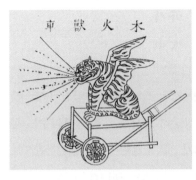

목화수거

목화수거는《무비지》의 화룡권
지비차火龍捲地飛車를 거의 그대로 모방
했으나 수레의 아래쪽에 창겁 대신
15자루의 조총을 장착했다는 점이
다르다.《융원필비》.

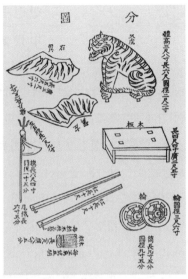

목화수거 분도

현재 육군박물관에는 5개의 총열을
목판 위에 한 줄로 배열한 오연자총이
있는데, 이는 목화수거에 사용되었던
목화수총판이다.《융원필비》.

이 목화수거는 형태상으로는《무비지》의 화룡권지비차火龍捲地飛車를 거의 그대로 모방했으나, 수레의 아래쪽에 창검 대신 조총을 장착했다는 점이 다르다.

《융원필비》의 〈화거방진도火車方陣圖〉를 보면, 목화수거는 진문陣門에만 배치하여 진문에 세우는 익호기翼虎旗의 역할을 할 뿐만 아니라, 적이 멀리 접근해 오면 1층에 배열된 조총을 쏘고, 적이 가까워지면 2층의 조총을 쏘고 적이 100보 안에 들어오면 3층의 조총을 쏘아서 다른 화거들에 대한 사격 통제기 역할을 했다. 현재 육군박물관에는 5개의 총열을 목판 위에 한 줄로 배열한 오연자총이 있는데, 이는 목화수거에서 사용했던 목화수총판木火獸銃板이라고 생각된다.

신경준 화거

申景濬 火車

영조 당시의 실학자이자 제주목사를 지낸 신경준은 《여암전서旅菴全書》의 거제책車制策에서 현대의 전차와 상당히 유사한 특징을 보여주는 화거를 제시했다. 신경준 화거는 바퀴가 세 개 달린 수레 위에 철판으로 보강된 나무판자를 둘러서 적의 원거리 공격에 대비하고, 접을 수 있는 칼날을 수레의 둘레에 달아서 적의 근거리 공격을 막았다. 수레의 맨 위쪽에는 사방으로 회전이 가능한 복토伏兎라는 이름의 포탑을 설치하고, 그 위에 지자총통, 불랑기 등을 장착했다. 또한 화거는 화약과 포환을 실어 운반하는 기능도 겸했다. 《여암전서》에 화거의 제작 방법이 매우 상세하게 기록되어 있는 것으로 보아, 적어도 시험 제작은 했던 것으로 보이지만 대량으로 제작된 기록은 발견되지 않는다.

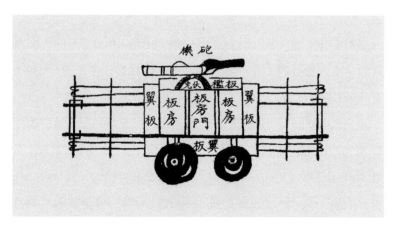

신경준 화거

신경준이 지은 《여암전서》에는 현대의 전차와 매우 유사한 화거가
소개되어 있다. 이 화거에는 포탑과 총통이 설치되어 있으며,
철판으로 보강된 나무판자를 둘러서 방호했다.

편상녹각거

偏箱鹿角車

경상좌도 수군 절도사를 지낸 양완梁玩이 순조 때에 지은《악기도설握奇
圖說》에는 바퀴 두 개가 달린 편상녹각거가 소개되어 있다. 이 편상녹각
거는 수레의 앞쪽에 칼날이 달린 두 개의 녹각목을 설치하여 적의 접
근을 막으며, 수레 위에는 나무 지붕을 얹고 소가죽으로 덮어서 적의
시석을 막을 수 있도록 했다. 지붕의 길이는 6척, 높이는 3척이며, 지붕
의 좌우는 각각 2척 5촌이다. 편상녹각거 한 대에는 두 명의 병사가 앞
에서 끌고, 두 명의 병사가 뒤에서 밀며, 차장車長 한 명이 조정을 담당
했다. 양완은 편상녹각거로 50보 간격으로 4개의 층을 이루면서 부챗
살 모양으로 진을 펼치면 수비하기에 편하고 공격하기도 쉽다고 했다.

이 편상녹각거가 대규모로 제작되어 배치된 적이 있는지는 분명하
지 않다. 하지만 양완이 지은《악기도설》에는 편상녹각거 외에도 여러

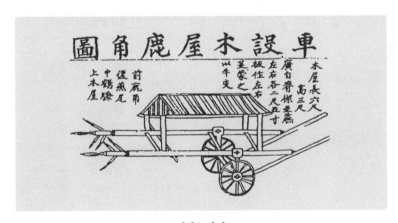

편상녹각거
수레 위에 집을 얹어서 아군 병사를 보호할 수 있도록 만든 화거이다.
양헌수의 할아버지 양완梁玩이 고안했다.

317

가지 진법과 전술이 담겨 있으며, 이는 그의 손자인 양헌수가 병인양
요 당시에 큰 활약을 하는 데 상당한 기여를 했을 것으로 생각된다.

검거

劍車

송규빈宋奎斌은 1778년에 간행된《풍천유향》이라는 책에서 검거를 이용
한 상승진常勝陣을 운용할 것을 주장했다. 이 검거의 구조는《무비지》에
소개된 충노장륜거衝虜藏輪車에서 아이디어를 얻은 것으로 보인다. 송규
빈 검거에는 앞뒤로 각각 커다란 바퀴가 하나씩 달려 있고, 수레의 중
간 부분 좌우에는 작은 보조 바퀴 두 개가 달려 있다. 수레의 앞쪽에는
긴 창을 여러 개 꽂고 수레 위에는 세 겹으로 만든 방패를 설치하며,
방패에 그려진 호랑이의 입에서는 대포를 발사한다.

송규빈이 지은 또 다른 병서인《방수잡설》에는《풍천유향》의 검거와
는 약간 다른 검거가 소개되어 있다.《방수잡설》의 검거는 큰 바퀴 하
나가 중앙에 있고, 보조 바퀴 네 개가 큰 바퀴의 둘레에 있다. 이 보조

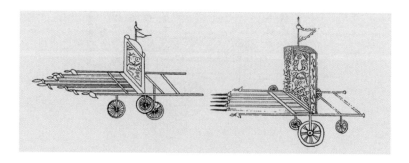

검거

송규빈은《풍천유향》(왼쪽)과《방수잡설》에서《무비지》의
충노장륜거를 약간 개량한 화거를 소개했다.

바퀴는 검거가 멈추었을 때 펼쳐서 검거를 고정한다.

송규빈은 이 검거를 이용한 상승진을 구상했는데, 이 상승진은 검거 128량을 네모 모양의 방진에 3열로 배치하고 진의 안쪽에는 8대의 예비 검거와 포수 300명, 기병 600명을 배치한다. 또한 3열로 배치된 검거에는 4대마다 100명의 병사가 배치되므로, 상승진의 전체 병사 수는 3,200명이 된다.

비거

飛 車

신경준이 지은《여암전서》를 보면 임진왜란 때 영남의 한 성이 왜군에게 포위되어 위태로울 때, 성주城主와 친한 어떤 사람이 비거를 제작해 성중으로 날아 들어가 그의 친구를 태우고 30리를 날아간 뒤 지상에 착륙해 왜적의 칼날을 피하게 했다고 한다. 이 비거는 김제의 정평구鄭平九가 만들었다고도 전해지며, 정평구의 비문과《왜사기倭史記》에는 이 비거가 조선군의 보급과 통신에도 이용되었다고 했다. 당시에 사용된 비거는 일종의 글라이더였을 것으로 생각되며, 지형이 허락하면 한두 사람 정도는 상당히 멀리까지 태우고 날아갈 수 있었을 것이다.

또한 이규경이《오주연문장전산고五洲衍文長箋散稿》에 기록하기를, 인조 당시의 사람인 김시양金時讓이 "호서 지방 노성魯城에 윤달규尹達圭란 사람이 비거의 제도를 가지고 있어서 기재해 간직하고 있다."라고 했는데, 이는 정평구가 만든 비거와 같은 구조였을 것이다.

그 밖에도《오주연문장전산고》에는 "고니나 따오기 형태를 만들어 복중腹中을 쳐서 바람을 일으키면 공중으로 떠오르는" 기계나 "바람을 타고 올라가고 먼지를 일으키며 천지 사방을 돌아다니는 것" 등 여러 가지 형태의 비행기구에 관한 소문이 기록되어 있다. 그러나 이 책이 간행될 당시에는 이미 서양에서 개발된 비행기와 열기구에 관한 소문이 조선에도 전해지던 시기였으므로, 이들 대부분은 서양의 비행기나 기구에 관한 풍문이 와전된 것에 불과하다고 생각된다.

구거
龜車

구거는 효종 3년에 박산남朴山男이 고안하고 전남 병사 구인기가 만든 화거이다. 구거는 제작에만 3개월이 걸렸고, 병사 70명이 있어야 한 대를 운용할 수 있는 초대형 화거였다. 구거의 구조에 대해서는 구체적으로 알려진 바가 없지만, 그 이름으로 보건대 수레 위에 거북선 모양으로 방호판을 덮어서 적의 공격으로부터 아군을 보호하는 일종의 장갑 전차였던 것으로 보인다. 또한 그 안에는 조총뿐만 아니라, 불랑기 등의 대형 총통도 장착되었을 것이다. 하지만 구거는 언덕을 오르기 힘들고 진창에 빠지면 하루에 10리도 가기 어려웠기 때문에 대량생산은 이루어지지 않았다.

동거
童車

동거는 원래 아이들이 타고 노는 장난감 수레로서, 사각형의 나무 틀에 작은 바퀴 네 개를 단 것이다. 조선시대에는 동거를 좀 더 크게 만들어 돌과 같이 무거운 짐을 나르는 데도 사용했다. 총통의 경우에도 천자총통 등 대형 총통을 운반하거나 혹은 거치하여 사격을 할 때

는 바퀴 네 개가 달린 작은 수레
를 이용했는데, 이 역시 동거라
고 했다.《융원필비》에 소개된 동
거는 한쪽이 높고 다른 한쪽은
낮으며, 높은 쪽에 침목枕木을 대
고 그 위에 총통의 포구를 거치
한다. 그리고 삼으로 엮은 밧줄
로 동거의 좌우에 있는 둥근 철
고리에 총통을 단단히 잡아매어
흔들리지 않도록 한다. 천자총통
을 거치하는 동거의 바닥 부분은
가로 길이가 3척 5촌(73.5cm)이고,
세로 길이는 1척 2분(21.42cm)이
다. 그 위 사방으로 판자를 두르

동거
작은 바퀴를 달아서 총통을 적재하여
운반하거나 사격하는 데 사용했다.
《융원필비》(위), 전쟁기념관(복원).

는데, 앞부분은 높이가 1척 3촌이고, 뒷부분은 1척이다. 바퀴는 네 개가
달려 있다. 총통의 발사 각도는 침목을 앞으로 밀거나 끌어당겨서 조
절했다.《만기요람》에는 북한산성에 금위영 소속의 동거가 32좌 있다
고 했다. 이 동거가 언제부터 사용되었는지는 알 수 없지만, 그 구조가
워낙 간단하기 때문에 총통이 처음 개발되면서부터 계속 사용되었을
가능성이 높다.

불랑기 동거

佛狼機 童車

《훈국신조기계도설》에는 고종 4년에 훈련대장 신헌이 제작한 불랑기

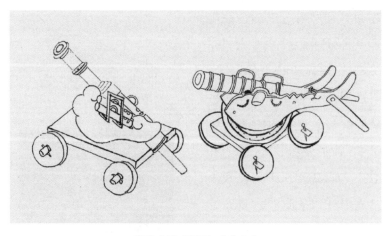

불랑기 동거(왼쪽), 마반포거

《훈국신조기계도설》의 불랑기 동거와 《훈국신조군기도설》의 마반포거는
활차가 좌우 회전할 수 있도록 만들어진 신형 포거로서 형태가 거의 같다.
다만 마반포거는 활차 아래의 나무판에 원반형의 철판을 덮어서 좌우 회전을
보다 용이하게 했고 수레의 끌채 길이를 더 길게 만들었다.

동거가 소개되어 있다. 이 불랑기 동거의 아래쪽에는 네 개의 통나무
바퀴가 달린 직사각형의 나무판이 있고, 그 위에는 구름 모양의 활차
滑車가 실려 있다. 불랑기는 이 활차의 좌우에 있는 구멍에 포이를 걸
어서 적재한다. 활차는 목판 위에서 좌우로 회전이 가능하고 불랑기는
포이를 이용해서 상하 조정이 가능하므로, 종전의 동거에 비해 포의
조준이 매우 신속했다. 또한 활차의 좌우에는 시렁을 달고 여기에 각
각 두 개씩의 자포를 실어서 함께 운반했다. 활차의 내부 구조는 《훈국
신조기계도설》에 그려져 있지 않지만, 그 이듬해에 제작된 마반포거와
큰 차이가 없었을 것으로 보인다. 이 불랑기 동거는 고종 5년에 제작된
마반포거 및 쌍포양륜거와 함께 중국에서 간행된 《해국도지》를 참고
하여 만든 것이다.

마반포거
磨盤砲車

《훈국신조군기도설》에 나오는 마반포거는 활차가 좌우 회전할 수 있도록 만들어진 신형 포거로서,《훈국신조기계도설》의 불랑기 동거와 거의 비슷한 형태이다. 다만 활차 아래의 나무판에 원반형의 철판을 덮어서 좌우 회전을 보다 용이하게 했고, 수레의 끌채 길이를 더 길게 만든 점이 다르다.

《훈국신조군기도설》에는 마반포거의 상세 도면이 있으므로 활차의 내부 구조를 자세히 살펴볼 수 있다. 포거의 아래에 있는 직사각형의 수레 위에는 원반 모양의 나무판을 얹고, 그 표면을 철판으로 덮었다. 원반의 중앙에는 마고주라고 부르는 목봉이 있고, 이 목봉에 옴폭한 홈이 있는 마고두를 끼우면 활차가 360도 회전할 수 있게 된다. 활차는 구름 모양의 헌목 두 개를 좌우로 대고, 그 사이를 나무 시렁과 철봉으로 연결했다. 총통은 활차의 좌우에 있는 구멍에 포이를 얹어서 장착한다. 헌목의 꼬리 부분은 길게 뒤로 뻗어서 수레의 끌채 역할을 하며, 여기에 다시 각각 하나씩의 지지대를 연결하여 땅에 고정한다.

쌍포양륜거
雙砲兩輪車

《훈국신조군기도설》에 나오는 쌍포양륜거는 마반포거와 함께 고종 5년에 훈련대장 신헌이 제작했다. 쌍포양륜거는《해국도지》의 사망포거四輞砲車를 참조하여 만든 것이지만, 본래의 사망포거와는 여러 가지 면에서 차이가 있다.

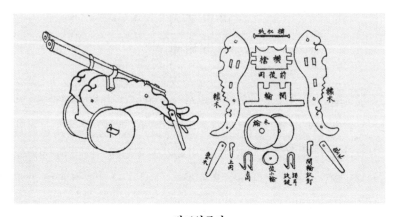

쌍포양륜거

《훈국신조군기도설》에 나오는 쌍포양륜거는 마반포거와 함께
고종 5년에 훈련대장 신헌이 제작했다.

양륜거의 앞쪽에는 큰 통나무 바퀴 두 개가 있고, 뒤쪽의 수레채 사이에는 작은 바퀴가 하나 있다. 바퀴 위에는 구름 모양의 헌목 두 개를 좌우로 대고, 그 사이를 나무 시렁과 철봉으로 연결했다. 쌍포양륜거에는 구경은 작은 대신 포신이 상당히 긴 쌍포를 적재했다. 현재 전쟁기념관에는 이 쌍포 한 점이 소장되어 있는데, 전체 길이는 134cm, 구경은 41mm, 무게는 65kg이다.

근대식 포거

신헌이 제작했던 불랑기 동거와 마반포거, 쌍포양륜거는 종전의 동거에 비해 여러모로 근대적인 특징들을 지니고 있기는 하지만, 실은 서양의 근대적인 포가의 원리를 제대로 이해하지 못하고 만든 실패작이다.

동서양을 막론하고 대포를 발사할 때 가장 문제가 되는 것은 발사

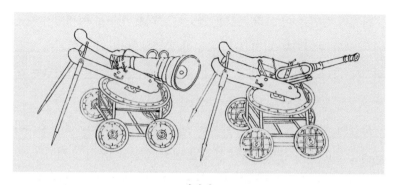

마반거

불랑기(왼쪽)나 완구(오른쪽)를 적재하여 전후좌우로
신속한 발사가 가능하도록 고안된 수레이다.

운현궁 소포

조선이 서양의 근대식 포거의 원리를 제대로 이해하고 만든 최초의 포거는
1869년에 운현궁에서 제작된 대포, 중포, 소포의 포거였다. 독립기념관 소장.

시에 발생하는 반동을 처리하는 문제이다. 종래의 화포는 포 뒤쪽에
토담을 쌓아 충격을 흡수했으나, 서양의 근대적인 포가는 포가의 뒤쪽
에 긴 꼬리를 달고 이 꼬리 부분을 지면에 밀착시킴으로써 반동의 상
당 부분을 지면으로 흡수시켰다.

하지만 신헌은 이 꼬리 부분을 단순히 수레채 정도로 이해했기 때문에 서양의 포가와는 달리 꼬리 부분이 공중에 들려 있고 여기에 연결한 가느다란 막대가 포가의 뒷부분을 받치고 있다. 이런 구조로는 대형 화포의 안정적인 발사가 불가능했을 것이다.

조선이 서양의 근대식 포가의 원리를 제대로 이해하고 만든 최초의 포거는 1869년에 운현궁에서 제작된 대포, 중포, 소포의 포거이다. 이들 신형 포거는 길고 튼튼하게 만들어진 꼬리가 뒤쪽의 지면을 단단히 받치고 있으므로, 포의 반동을 충분히 흡수할 수 있는 구조였다. 또한 수레바퀴도 종전에 비해 크고 단단하게 만들었기 때문에, 이동이 용이할 뿐 아니라 반동을 흡수하는 능력도 개선되었다. 이 포거의 제작 과정에는 청나라에서 간행된《연포도설집요演砲圖說輯要》의 영향이 컸을 것으로 보인다.

十三 · 방패

방패는 원거리에서 날아오는 적의 화살과 투석을 막아주는 한편, 단병접전 시에는 적의 창칼로부터 아군을 보호해 주는 역할을 한다. 또한 경우에 따라서는 방패 자체가 공격 무기가 될 수도 있다.

한반도의 방패는 이미 청동기시대의 암각화에도 나타나지만, 현재 우리가 그 형태를 구체적으로 확인할 수 있는 가장 오래된 방패는 고구려와 신라의 방패이다. 고구려 고분벽화에서 보병은 환두대도와 함께 위아래가 뾰족하고 길이는 상반신을 겨우 가려줄 수 있는 정도의 크기인 나무 방패를 들고 있다. 고구려 기병은 방패를 사용하지 않았던 것으로 보이는 반면에, 신라 지역에서 출토된 기마토용 중에는 방패를 들고 있는 것이 있다. 그 밖에도《일본서기日本書記》에는 고구려가 살막이 철방패(鐵楯)를 일본에 선물로 보낸 기록이 있는데, 이는 서양의 파비스pavise처럼 바닥에 세워 놓고 적의 화살을 막는 용도로 사용된 것으로 보인다.

고려시대의 방패는 수패獸牌라고 불리는데 서긍의《고려도경》에는 큰 것과 작은 것 두 종류가 있다고 했다. 수패는 몸체를 나무로 만들고 앞뒤로 가죽을 덮으며, 방패 표면에는 사자(狻猊)의 모습을 그렸다. 또한 방패의 전면에는 예리한 칼날을 꽂고(上施五兩) 그 위를 꿩 깃털로 가려서 적이 다가오면 방패 위에 숨겨진 칼날로 적을 찔러 공격한다고 했다.

조선은 개국 초기에는 방패가 없었으나, 태종 때에 원방패와 장방패를 처음 만들어 사용했으며, 임진왜란 이후에는 등나무 줄기로 만든 등패, 죽패, 생우피 방패 등을 사용했다.

원방패

圓防牌

조선 초기에 북방의 여진족들은 산악 지역에서 대오를 짓지 않고 숲과 돌 틈에 숨거나 혹은 말을 타고 달리면서 활을 쏘아 공격했기 때문에, 대오를 갖추고 대부대로 이동하는 조선군은 상대적으로 불리한 입장에서 싸워야 했다. 조선은 태종 7년에 처음으로 방패를 만들어서 여진족과의 싸움에 대비했다.

당시 제작된 방패는 둥근 원방패와 직사각형 모양의 장방패長防牌 두 종류였다. 원방패는 직경 3척(63cm)의 원형 소나무 널빤지를 안쪽으로 오목하게 깎고, 표면에는 가죽을 씌웠으며 안쪽에는 천을 씌웠다. 방패의 테두리에는 철띠를 둘러 보강했으며, 방패의 표면에는 부대별로 색을 달리하여 중군中軍은 적색, 좌군은 청색, 우군은 흰색으로 나두螺頭, 즉 괴수 머리를 그렸다. 방패의 가운데에는 구리 거울을 장치하여 번쩍거리며 위용을 나타냈다.

《세종실록》에 나오는 방패의 규격과 태종 때에 방패의 두께를 7푼으로 했다는 실록의 기록을 근거로 당시 방패의 제원을 계산해 보면 다음과 같다.

- **원방패 :** 직경 63cm, 두께 1.47cm, 무게 2.55kg

  (소나무의 비중은 0.47로 계산했으며 손잡이와 가죽, 천, 철띠 등 기타 재료의 무게는 400g으로 추정했다.)

이 원방패는 상대적으로 가볍고 철로 테두리를 두른 것으로 볼 때, 주로 보병이 단병접전용으로 사용한 것으로 보인다. 세종 13년의 기록

원방패
무게가 가볍고 철로 테두리를 두른 것으로 볼 때, 보병이 단병접전용으로도
사용한 것으로 보인다. 《세종실록》 원방패의 중앙에는 작은 놋쇠 거울이 달려 있다.
《세종실록》(위, 왼쪽), 《국조오례의》(위, 오른쪽), 전쟁기념관(원방패 복원, 아래).

에는 이 원방패를 적 기병의 말을 놀라게 하는 데 사용한다고 했다. 조
선 초기에는 방패를 팽배彭排라고 하고, 이 방패로 무장한 병사를 팽배
수라고 했는데, 이는 방패防牌의 고전적인 독음이 아닌가 생각된다. 조
선 초기의 오위진법에서 보병 부대는 궁수, 총통수, 창수, 장검수, 팽배
수로 구성되는데, 이들 중 팽배수가 방패를 들고 가장 전면에 서서 적
의 화살을 막았다. 팽배수는 왼손에 방패를 들고 오른손으로는 환도를
잡는다.

정도전은 《진법》에서 칼과 방패로 무장한 병사의 장점(刀楯之利)을
이야기하며, 높은 언덕과 좁은 길에 장애물이 많이 있으면 이곳은 칼

과 방패를 사용하는 곳이며, 이런 장소에서는 궁노弓弩 두 명이 도순刀楯 한 명을 당하지 못한다고 했다. 또한 태종 10년에는 팽배수와 창수들에게 각각 목검과 목창을 들고 교전하도록 했는데, 그 다음날 창수 두 명이 사망하고 말았다고 한다. 이로 보건대, 조선 초기의 방패수는 단병접전에서 상당히 강력한 전투력을 가지고 있었던 것으로 생각된다.

한편, 조선 전기에는 방패로 무장한 별도의 시위 부대가 편성되기도 했다. 태종 15년에는 "장실한 자 1천 명을 뽑아 방패를 주어 돌아가면서 시위케 하면 좋은 제도가 될 것"이라는 제안에 따라서 '방패防牌'라고 하는 별도의 부대가 구성되었고, 세종 때는 그 인원이 7,500명에 달했다.

장방패

長防牌

조선 초기의 장방패는 원방패와 마찬가지로 나무로 몸체를 만들고, 표면에는 가죽을 씌우며 뒷면은 흰 천으로 덮었다. 또한 방패의 표면에는 부대별로 색을 달리하여 나두螺頭를 그리며, 그 중앙에는 동경을 부착했다. 하지만 장방패의 테두리에는 철띠를 두르지 않는다. 이 장방패는 무겁고 길기 때문에, 서양의 파비스처럼 땅에 세워 놓아 적의 화살을 막는 데 사용하여 입방패立防牌라고도 불렸다. 장방패의 길이는 5척 6촌이고, 너비는 2척 2촌이다. 《국조오례의》의 기록을 근거로 당시의 장방패 규격을 계산해 보면 다음과 같다.

• **장방패 :** 가로 46.2cm, 세로 117.6cm, 두께 1.47cm, 무게 3.75kg
  (소나무의 비중은 0.47로 계산했으며, 손잡이와 가죽 등 기타 재료의 무게는 200g으로 추정했다.)

왼쪽부터 장방패, 장방패, 장패, 흉방패

장방패는 무겁고 길기 때문에 서양의 파비스pavise처럼 땅에 세워 놓아 적의
화살을 막는 데 사용했으며, 그 때문에 입방패라고도 불렸다. 문헌상에 흉방패라고
기록된 방패들은 이보다 조금 짧은 길이였을 것으로 생각된다.
장방패(세종실록), 장방패(국조오례의), 장패(융원필비), 흉방패(사직서의궤).

한편, 조선 후기의 《융원필비》에는 조선 초기의 장방패와 유사한 직
사각형의 방패를 장패長牌라는 이름으로 소개하고 있다. 《융원필비》의
장패는 길이가 6척 9촌(138cm)이고, 윗면의 너비가 2척 1촌 5분(45.15cm),
아랫면의 너비가 1척 8촌 5분(38.85cm)이다. 이 방패는 "진을 칠 때 각
대隊 앞에 두 개의 장패를 세워 이로써 한 대의 병졸들을 엄폐시키고
시석矢石을 막는다."라고 했으니, 조선 전기의 장방패와 그 용도가 같다
고 하겠다.

궁중유물전시관에는 현재 《융원필비》 장방패와 형태는 유사하지만
길이가 상대적으로 짧아서 손에 들고 다닐 수 있도록 만들어진 사각방
패가 있다. 또한 《사직서의궤社稷署儀軌》에는 위아래가 뾰족하고 길이가
짧은 사각방패 한 점이 그려져 있다. 이들 짧은 사각방패는 《제주읍지》
에 기록된 흉방패胸防牌의 일종이 아닌가 생각된다.

등패
藤牌

등패藤牌는 남중국에서 유래한 작고 가벼운 원형 방패로서, 임진왜란 때 명나라를 통해 조선에 전해졌다. 이 등패는 등나무의 줄기로 만드는데, 어른 손가락 굵기 정도의 등나무 줄기를 1년간 물에 담갔다가 꺼내서, 동유桐油(유동나무 열매 기름)에 담가서 방수 처리를 한다. 이렇게 가공된 등나무 줄기를 소용돌이 모양으로 20회 정도 감아서 원반형의 틀을 만들고, 그 사이사이를 가는 등나무 줄기나 대나무 껍질 혹은 삼끈으로 촘촘하게 감아서 완성한다. 등패의 중심 부분과 테두리 부분은 밖으로 튀어나오게 하고, 그 사이는 안으로 들어가게 하여 적의 화살이 등패 옆으로 들어오지 못하게 한다. 등패의 바깥쪽에는 나무로 깎아서 만든 귀두鬼頭를 붙이고 채색을 하며 안쪽에는 손잡이를 다는데, 중국에서는 등나무로 손잡이를 만들었고 조선에서는 산뽕나무로 손잡이를 만들었다. 등패의 직경은 3척 7촌(77.7cm)이다. 등패는 종전의 나무 방패에 비하여 가볍고 습기에 강해서 보병이 운용하기에 편리했다.

이 등패를 사용하는 등패수는 척계광의 《기효신서》에 따라 편성한 원앙진에서 가장 전면에 위치하며, 등패와 표창鏢槍 두 자루, 그리고 한 손으로 사용하는 짧은 칼인 요도腰刀로 무장한다. 적이 다가오면 등패수는 표창을 던진 후 등패와 요도를 들고 싸우며, 주로 등패로 몸을 가린 채 적 기병의 말 다리나 적군의 다리를 벤다. 창을 가진 적과 싸울 때 등패수가 일단 창날 안쪽으로 들어가면 창은 무용지물이 되고 말았다(入槍身之內 則槍爲棄物). 하지만 《무예도보통지》에서는 곤棍으로 등패를 치면 등패가 뒤집어진다고 하여 등패가 타격 병기에 취약하다는 점을 지적했으며, 《기효신서》에서는 등패수가 단병短兵이므로 혼자 싸울 수

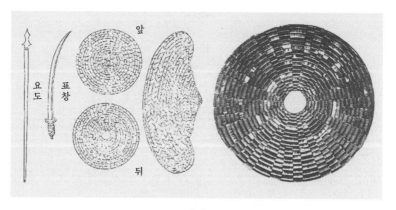

등패

남중국에서 유래한 등나무 방패로서 임진왜란 때 명나라를 통해 조선에 전해졌다.
존 부츠가 남긴 사진(오른쪽)에는 등패의 형태가 단순한 삿갓 모양이며
등나무 줄기 사이를 가는 대나무 껍질 등으로 촘촘히 감았다.
《무예도보통지》(왼쪽), 《Korean weapons and armor》.

없고 반드시 낭선과 장창, 당파의 지원을 받아 싸워야 한다고 했다.

현재 남아 있는 등패 유물은 없으나, 존 부츠의 책에는 조선 후기의 등패 한 점이 사진으로 남아 있다. 이 사진을 보면《무예도보통지》의 등패와는 달리 방패 전체가 삿갓 모양으로 단순하며, 등나무 줄기 사이를 끈으로 매우 촘촘히 엇갈려 감은 것을 볼 수 있다.

삼엽팽배

三葉彭排

삼엽팽배는 세종 당시에 이징옥李澄玉의 형인 이징석李澄石이 만든 대형 방패이다. 이 방패에 관한 기록은 문종 즉위년 7월에, 당시 사용되던 여러 종류의 방패의 장단점에 관한 논의 과정에서 잠시 등장할 뿐인데, 이 방패는 세 장의 방패를 밧줄로 서로 연결하여 만든다고 했다.

이 방패는 아마도 일반 목방패를 세 겹으로 겹쳐서 적의 원거리 공격을 완전히 차단하는 데 사용된 것으로 보인다. 임진왜란 당시에도 이순신 장군의 전선에서는 참나무 방패를 세 겹으로 사용했다.

문종 당시에 삼엽팽배는 크고 길이가 길어서 운반하기가 어려우므로, 방패 하나(一貼)를 줄이고 두 개의 방패(二貼)만을 연결하여 사용하도록 구조가 변경되었다.

총통연접팽배
銃筒連接彭排

총통연접팽배는 삼엽팽배와 마찬가지로 문종 즉위년에 여러 가지 방패의 장단점에 관한 논의 과정에서 그 이름이 잠시 등장할 뿐이며, 자세한 구조는 전해지지 않는다. 다만 그 이름에서 알 수 있듯이, 이 방패는 총통과 방패를 결합한 신병기였다. 이 방패는 나중에 단종을 폐위시킨 세조에 대항하여 반란을 일으키고 스스로 후금 황제를 칭했던 이징옥 장군이 창안한 방패이다. 그 이름에 총통과 방패를 연접連接한다고 했으니, 아마도 방패의 중간에 구멍을 뚫어 총통을 장착한 형태였을 것으로 추측된다. 서양에서도 방패의 중앙에 구멍을 뚫고 화기를 장치한 방패가 중세시대에 사용된 적이 있다. 하지만 총통연접팽배는 사용하기에 불편하다는 이유로 문종 초에 폐기된다.

생우피 방패
牛生皮 防牌

선조 25년에 병조판서 김응남金應南 등은 소 생가죽(牛生皮)으로 만든 방패로 조총의 철환을 막을 수 있다고 했다. 이 생우피 방패는 단순히 논의만 된 것이 아니라, 임진왜란 당시에 실제로 제작되어 전투에 사용되었으며, 명나라 장수들도 조선군이 사용하는 생우피 방패의 방탄 효과를 인정했다.

생우피 방패의 구조는 효종 6년(1655)에 이온李韞이 지은《단구첩록》에 간략하게 나오는데, 나무로 네 개의 다리(脚)를 만들고, 그 위를 소의 생가죽으로 덮는다고 했다. 또한 적과 마주쳤을 때 생우피 방패에 물을 적셔 사용하면 화살이나 대포의 철환도 막을 수 있다고 했다. 생우피는 무두질을 하지 않은 소가죽을 말하는데, 이런 생가죽은 지방과 젤라틴이 그대로 굳어졌기 때문에 매우 질기고 단단하며 불에 강한 반면에 유연성이 없고 쉽게 부패한다. 북을 씌우는 데 사용하는 가죽도 생우피의 일종인데, 그러한 이유로 북의 가죽은 북채로 힘껏 두드려도 찢어지지 않고 오래간다.

죽패

竹 牌

죽패는 성을 공격하거나 혹은 성 위에서 방어할 때 사용하는 방패로서, 대나무를 두세 겹으로 엮어서 만든다.《민보의民堡議》에서 정약용은 성을 지키는 데 죽패를 사용할 것을 주장하면서, 죽패가 없는 경우에는 싸리나무를 사용할 수 있다고 했다. 이 죽패는 만들기가 쉬우면서도 화살을 막는 능력은 뛰어나기 때문에, 임진왜란 당시에는 왜군이 조선의 성을 공략하는 데 자주 이용했다. 이 죽패를 공격하기 위해서는 총통이나 강노가 반드시 필요했다.

十四 · 수성 및 공성무기

우리 민족은 수성守城전을 장기長技로 했기 때문에 일찍부터 다양한 형태의 수성 기술이 발달했다. 반면에 조선은 다른 나라를 침략하는 일이 거의 없었고, 그나마 토벌의 대상이었던 북방의 야인들은 마을 주변을 목책으로 두르는 수준이었기 때문에, 화포 외에 눈에 띄는 공성 무기는 거의 없는 편이다.

거마
拒馬

적 기병의 돌격을 막기 위해 날카로운 창을 여러 개 묶어 세워 놓은 것을 거마拒馬라고 한다. 거마창拒馬槍이나 거마목拒馬木은 나무로 몸체를 만들고 그 끝에 창날을 단 것이고, 거마작拒馬縄은 전체를 철로 만든 것이다.《재물보》에는 거마목을 우리말로 '거머적'이라고 한다고 했고, 각 지방의 읍지에는 '거마적拒馬敵'이 있었다는 기록이 있는데, 이는 모두 '거마작'에서 비롯된 말이라고 생각된다.

조선 후기의 조선군은 대부분이 조총으로 무장한 보병이었는데, 당시에는 아직 조총의 연사 속도가 느렸기 때문에 평원에서 적 기병의 돌격을 조총 사격만으로 저지하기는 어려웠다. 거마창은 운반이 용이하면서도 적 기병의 돌격을 저지하는 데 효과적인 장애물이었기 때문에, 조선군은 야전에서 이를 반드시 휴대했다.

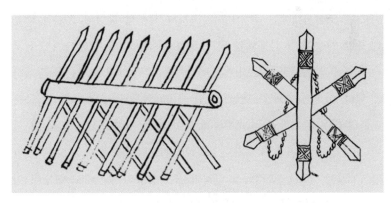

거마창
적 기병의 돌격을 막기 위해 날카로운 창을 여러 개 묶어 세워 놓은 것이다.
왼쪽의 녹각창은 성이나 고정된 거점을 지킬 때 사용하며,
오른쪽의 거마창은 장거리 원정 시에 사용한다.《무비요람》.

기록을 살펴보면, 이미 임진왜란 당시에 이일李鎰이 거마목을 제작하여 선조에게 바친 기록이 있으며, 거의 같은 시기에 선조가 이일에게 내린 북방 야인 정벌에 관한 비밀 비망기에도 적군의 야습에 대비하기 위하여 거마목을 많이 만들어 세우고 그 외부에는 함정(品防)을 파라는 지시가 있었다.

인조 5년에는 병조에서 거마를 순전히 철로만 만들면 공력이 과다하게 소모되므로, 참나무로 몸체를 만들고 그 끝부분에 철을 입혀서 간편하게 만들자고 건의했다. 《만기요람》에는 훈련도감과 총융청, 어영청, 금위영에 각각 348좌, 812좌, 576좌, 455좌의 거마창이 있다고 했다.

녹각목

鹿角木

녹각목은 나무줄기를 사슴뿔처럼 뾰족하게 다듬어 적이 접근하지 못하도록 만든 것이다. 녹각목은 이미 《고려사》 열전에도 그 사용 기록이 나오며, 조선시대에는 적 기병을 저지하거나 적 보병의 진입을 막는 데 주로 사용했다. 삼포왜란 당시 황형과 유담년 등이 이끄는 조선군은 제포에서 선봉군으로 하여금 녹각목을 들고 왜구의 접근을 견제하게 했다. 이 당시 왜구는 보병으로만 구성되었으므로, 당시의 녹각목은 단순히 나뭇가지의 끝을 뾰족하게 깎아 놓은 것이 아니라, 낭선과 같이 가지 끝에 철판을 씌우거나 뾰족한 날을 달았을 것으로 보인다. 한편, 《재물보》에서는 녹각목을 질려와 같은 종류의 무기라고 했는데, 이는 녹각목을 해자나 함정 아래에 묻어 적의 진격을 저지하는 용도로도 사용했기 때문이다.

철질려

鐵蒺藜

철질려는 네 개의 뾰족한 날이 달린 철조각으로서 질려, 능철菱鐵, 여철藜鐵, 마름쇠라고도 한다. 이 철질려는 어떻게 던져 놓더라도 네 개의 날 중에서 세 개는 지면을 향하고 나머지 하나는 위쪽을 향하므로 이를 성 주변이나 적의 도하 지점에 뿌려 놓으면 적이 쉽게 접근하지 못했다. 철질려의 날에는 인분을 발라 놓기도 했기 때문에, 철질려에 찔리면 이차적인 감염에 의해서 사망할 가능성도 높았다. 질려는 개별적으로 뿌리기도 하지만 대여섯 개를 하나의 줄에 묶어서 사용하기도 한다. 현존하는 철질려 유물 중 큰 것은 대부분 줄로 꿰기 위한 구멍이 있다.

《삼국사기》 태종 무열왕 8년에는 고구려가 북한산성을 공격하자 성주 동타천冬拖川이 성 밖에 철질려를 던져 놓아 사람과 말이 다니지 못하게 했다는 기록이 있으며, 충남 부여읍 부소산성에서는 백제시대의 철질려가 출토되기도 했다.

조선은 개국 초기부터 이 철질려를 대량으로 제작하여 적의 예상 접근 지점에 뿌려 놓았다. 세종 23년에 이징석이 올린 상소를 보면, 철질려는 육상에서 왜적의 예상 공격로에 빽빽하게 뿌려 놓아 적이 쉽게 돌입하지 못하도록 하고, 수전에서는 배의 바깥쪽 공간에 뿌려 놓아서 적이 아군의 배로 뛰어넘어 들어오지 못하게 해야 한다고 했다. 또한 성종 11년에는 의주의 수구탄水口灘 등 적의 도하가 예상되는 지점에 철제 기둥을 세우고, 여기에 여러 개의 철질려를 매단 밧줄을 묶어 놓아 적의 도하를 저지하는 방안이 시도되었으며, 중종 때는 제주도의 포구에 철질려를 뿌려서 왜구를 방비했다. 얕은 물에 철질려를 깔아서 적

철질려
네 개의 뾰족한 날이 달린 철조각으로, 적의 진격을 저지하기 위해
땅 위나 물 속에 뿌려 놓았다. 전쟁기념관 소장.

을 저지하는 방법은 유성룡이 건의한 '전수십조'에도 나타나며, 조선
후기까지도 도하 저지 수단으로 계속 사용되었다.

수전에서의 질려 사용법은《풍천유향》에 잘 나와 있는데, 질려 50개
를 대나무 통 속에 넣어서 허리에 차고 있다가 적과의 육박전이 벌어
지면 이를 풀어서 적선 안으로 던진다고 했다.《만기요람》을 보면 오군
영에 대량의 철질려가 비축되어 있음을 알 수 있는데, 당시 어영청에
만도 3만 2,167개의 철질려가 있었다.

한편, 철질려와 능철은 같은 의미로 사용되기도 하고, 혹은 조금 다
른 의미로 사용되기도 한다.《함평읍지》를 보면 철질려는 1좌라고 표
시했고, 능철은 낱개로 표시했는데, 여기에서 철질려는 능철을 줄로 엮
어 가시덤불처럼 만들어 놓은 상태를 말한다.

능철판
菱鐵板

선조 27년에 영의정 유성룡이 외적과 싸워 이길 방법 열 가지를 제시했는데, 그 중 하나가 중호重濠이다. 이 중호는 해자(濠)의 안쪽에 구덩이를 하나 더 파고, 거기에 능철판을 깔고 재를 덮은 것이다. 이 능철판은 넓은 나무판을 깔고 그 위에 능철을 박아서 만든다.《평안병영군기집물중기》에는 중군中軍에 판질려 209개가 있다고 했는데, 이는 능철판의 다른 이름일 것이다.

능철판과 유사한 방어 무기로는 정약용이 지은《민보의》에 나오는 지위地蝟가 있다. 지위의 위蝟 자는 고슴도치라는 의미이며, 긴 널빤지에 쇠못을 촘촘히 박아 마치 고슴도치처럼 만들어서 흙 속에 묻어 놓은 것이다. 널빤지의 두께는 1촌 이상이어야 하고, 여기에 박는 쇠못은 길이가 3~5촌 이상이고 미늘이 달려 있다. 널빤지의 좌우에는 구멍을 뚫고 말뚝을 박아서 제거하기 어렵게 만든다.

석포
石砲

화약이 발명되기 이전에는 돌로 쌓은 성을 무너뜨릴 수 있는 무기는 큰 돌을 투척하는 석포뿐이었다. 이 석포는 저울대처럼 생긴 투석기의 한끝에 돌을 담고 나머지 한쪽 끝에 밧줄을 달아, 이를 인력으로 당기거나 무거운 추를 달았다가 아래로 떨어뜨려 돌을 발사한다. 동양에서는 이 투석기를 포砲라고 불렀고, 게다가 투석기는 불덩이를 날리는 데도 사용되었기 때문에, 문헌 기록을 해석하는 과정에서 이를 화약 무기의 일종으로 오인하는 경우가 많다.

삼국시대에는 삼국 간에 성을 둘러싼 공방이 치열했기 때문에 석포가 널리 사용되었고, 신라에는 석투당石投幢이라는 별도의 석포 부대가 있었다. 고려시대에도 석포를 전문적으로 운용하는 부대가 있었으며, 묘청의 난 때는 석포로 돌과 불덩이를 발사한 기록이 있다.

화약 무기가 등장하고 총통이라는 우수한 공성 무기가 등장한 조선시대에는 수백 명이 달라붙어 줄을 당겨야 하는 석포를 제작하거나 사용한 기록이 많지 않다. 다만 병자호란 때 용골산성의 의병장 정봉수鄭鳳壽가 석거포石車砲를 만들어서 적의 공성 무기를 격파한 사례가 있다. 시대적으로 봐서 용골산성의 석거포는 무거운 추로 지렛대의 원리를 이용하는 트레뷰셋Trebuchet형 투석기였을 것으로 생각되며, 그 이름으로 보건대 투석기 아래에 바퀴를 달아서 투척 거리를 늘리고 신속한 이동이 가능하도록 했던 것으로 보인다.

현렴

懸 簾

《풍천유향》에는 성을 방어하는 기구로 현렴을 설명하고 있다. 이 현렴은 삼베로 사각형의 자루를 짓고 그 안에 쇠털과 솜을 넣어 만들며, 혹은 급한 경우에는 민간의 솜이불을 물에 적셔서 긴 장대에 꿰어 늘어뜨린다고 했다. 현렴이 물에 젖으면 화살이 뚫지 못하고 돌을 던져도 손상되지 않으며 포환도 뚫을 수가 없었다. 조선 수군의 경우에는 판옥선이나 거북선 위에 물에 적신 거적을 덮어서 적의 화살과 화공을 막았는데, 이 또한 현렴의 일종이라고 할 수 있다.

투석

投石

《민보의》에서 정약용은 성을 지키는 데 사용하는 투석 방법으로 다음의 세 가지를 제시했다.

(1) 물풀매

정약용은 적이 50~60보 밖에 있으면 가죽 끈 사이에 작은 돌을 넣고 돌리다가 던지도록 했다. 구한말에 조선을 방문한 미국인 선교사 조지 길모어는 조선인들이 석전놀이를 할 때 새끼 끈으로 엮은 투석기로 돌을 던진다고 했다. 이때 사용되는 투석기를 우리말로는 물풀매, 줄팽개라고 한다.

물풀매는 주로 닥나무의 질긴 섬유질로 노끈을 꼬아서 만들며, 양쪽으로 약 60~80cm 정도의 길이로 늘어뜨리고, 그 가운데는 오목하게 짜서 돌을 얹는다. 돌을 던질 때는 노끈의 한끝을 손목에 매거나 손바닥에 쥐고, 나머지 한끝은 집게손가락에 걸어 빙빙 돌리다가 집게손가락을 놓으면 돌이 날아간다. 정약용은 민간에서 널리 사용되던 이 물풀매를 가죽으로 만들어 무기로 사용할 것을 제안한 것이다.

(2) 표석

정약용은 적이 10~20보 밖에 있으면 메줏덩어리만한 돌을 나무 자루가 달린 투석기에 넣어 던진다고 했다. 조선 후기에 송규빈이 쓴《풍천유향》에도 대나무 막대에 물풀매를 달고 여기에 돌을 담아서 빙빙 돌

리다가 던지면, 힘이 강하고 맹렬하여 맞는 것을 모두 부술 수 있다고
했다. 이 표석飄石은 중국의 《기효신서》에도 소개되어 있고, 중세 유럽
에서도 널리 사용한 수성용 무기였다.

(3) 중가와 현석

정약용은 적이 성 아래까지 공격해 들어오면 큰 돌을 사용하여 적군과
공성 무기를 부숴야 한다고 했다. 이때 사용하는 것이 중가重架와 현석
懸石이다. 중가와 현석은 저울대처럼 만들어 무거운 돌을 오르내리도록
하다가 적의 공성 무기에 충돌시키는 무기이다.

돌을 던지는 것은 구석기시대부터 있어 온 고전적인 전투 기술이지
만, 갑주로 무장하거나 방패를 갖춘 적을 공격하는 데는 상당히 효과
적이었기 때문에 조선 후기까지도 투석이 실전에서 사용되었다. 게다
가 우리 민족은 돌팔매에는 일가견이 있는 민족이었다. 우리나라에서
는 벼농사가 시작된 청동기시대부터 돌팔매 놀이가 존재했으며, 일본
에는 야요이시대에 벼농사와 함께 한반도에서 돌팔매 놀이가 전파되
었다. 고구려시대에는 국왕까지 참여하여 석전을 즐겼고, 고려시대에
도 석전놀이가 유행했다. 조선시대에도 그 전통이 이어져서 척석희擲石
戲라는 돌싸움이 민간에서 유행했다. 태조 이성계와 같은 이는 특히 척
석희를 즐겨서 직접 척석군을 모집하기도 했다. 세종 3년에 태종이 벌
였던 척석희는 실록에 다음과 같이 묘사되어 있다.

척석군을 좌우대左右隊로 나누고, 잘 싸우는 자를 모집하여 이에 충당했다.
좌군은 흰 기를 세우고, 우군은 푸른 기를 세워 표지로 했는데, 서로 거리
가 200여 보나 되었다. 영을 내리기를, "감히 기를 넘어가면서 끝까지 추

격하지는 못한다. 기를 빼앗는 편이 이기는 것으로 하고 이긴 편은 후하게 상을 줄 것이다" 했다. 그런데 좌군은 강하고 우군은 약하여 번번이 이기지 못하니, 권희달 · 하경복이 기사騎士를 거느리고 공격했으나, 좌군이 굳게 막고 돌이 비 오듯 하여 희달이 돌에 맞아 말에서 떨어져 달아났다. 기사가 이를 분하게 여겨 고함을 치면서 추격하니, 좌군이 무너지므로 이에 흰 기를 빼앗아서 바쳤다. 상왕이 좌군 패두牌頭 방복생方復生을 불러서 말하기를, "기를 빼앗긴 것은 치욕이니, 마땅히 다시 힘을 다할 것이다" 했다. 복생 등이 용기를 분발하여 쳐서 크게 이겼다.

이와 같은 돌싸움은 잦은 금령에도 불구하고 조선 후기까지 이어졌으며, 이를 처음 본 외국인들은 사망자와 부상자가 속출하는 그 격렬한 분위기에 놀라기도 했다. 게다가 조선의 돌싸움에는 다른 나라와 달리 나무 몽둥이까지 사용되었다.

이들 척석군은 조선시대에 정규군을 지원하는 보조 부대로도 활용되었다. 태조 당시에 이미 척석군을 왜구를 잡는 데 동원한 기록이 여러 번 있으며, 세종 18년에는 북방 야인을 막는 데 척석을 사용하라는 어명이 있었다. 성종 4년에는 왜구를 소탕하기 위해 준비한 병선에 반드시 던지는 돌을 갖추도록 했다. 중종 5년에 부산 지역에 거주하던 왜인들과 대마도인들이 삼포왜란을 일으켰을 때는 김해 출신의 투석군이 웅천성 전투에서 가장 선봉에 서서 돌을 던져 적의 방패를 모두 부숴버렸다.

분포

糞砲

분포糞砲는 글자 그대로 분뇨를 발사하는 무기이다.《민보의》에는 민병이 성을 지키는 데 사용하는 무기 중의 하나로 이 분뇨 대포를 들고 있다. 분포는 분뇨를 항아리에 모아서 휘휘 저은 뒤 대나무로 만든 커다란 물총에 넣고, 나무 자루에 삼베를 감아서 만든 피스톤으로 성 아래의 적에게 분사한다. 분뇨가 살상력이 있을 리는 없지만, 역겨운 냄새로 적을 괴롭히고 작은 상처라도 있는 적에게는 이차 감염을 일으키는 효과가 있었을 것이다. 그 밖에도《풍천유향》에는 금즙金汁을 이용한 공격 방법이 나오는데, 이 금즙은 인분을 걸러서 1년 정도 삭힌 것으로서 독성이 매우 강하고 냄새가 지독했다.

탕약

湯藥

성을 지키는 데 사용하는 독극물인 탕약은《민보의》에 그 성분이 소개되어 있다. 탕약은 옻나무를 주원료로 하고 은행銀杏, 초오草烏, 천오川烏, 반하半夏, 남성南星 등을 섞어 끓인 독즙이다. 이 독즙을 적에게 뿌리면 적의 피부가 곧바로 헐어버린다고 한다. 또한 정약용은 남부 지방에 천금자千金子 혹은 속수자續隨子라고 하는 풀이 있는데, 이 풀의 흰 즙을 사용하면 효과가 더 크다고 했다. 천금자의 우리 이름은 등대풀이며, 수종水腫을 치료하는 약초지만 독성이 있다.

석회

石灰

조선시대에도 현대의 최루탄이나 화학탄과 유사한 기능을 갖는 무기들이 있었다. 이 중 가장 원시적인 형태의 화학무기는 석회 주머니이다. 생석회가 눈 점막에 닿으면 물과 반응하면서 열을 발생시켜 화상을 입힌다. 임진왜란 당시 행주산성 전투에서 왜군이 조선군의 목책을 뚫고 침입해 들어오자, 처영處英이 거느리는 1천의 승군은 석회를 담은 주머니를 터뜨려 왜군들이 제대로 눈을 뜨지 못하도록 하고 백병전을 벌여 물리친 바가 있다. 이 석회 주머니는 처영 장군이 임기응변으로

처음 생각해낸 것이 아니라, 조선시대에 수성 전투에서 널리 사용되었던 무기였다. 1789년에 간행된《재물보》에는 회병灰瓶이라고 하는 석회가 담긴 병이 수성전에 사용된다고 했다. 또한 정약용이 지은《민보의》에는 취회吹灰라고 하여, 조개껍데기 가루와 석회, 비상, 초오, 천초 등을 허풍비噓風輔라고 하는 가죽 자루에 담아 적에게 방사하는 방법을 제시했다.

《융원필비》에 소개된 찬혈비사신무통鑽穴飛砂神霧筒은 처영 장군이 사용한 석회 주머니를 좀

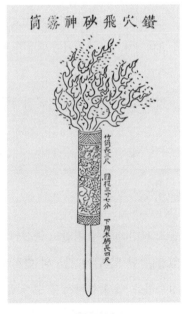

찬혈비사신무통

석회 가루 외에도 각종 독극물을 함께 살포하여 적에게 치명상을 주는 본격적인 화학무기다.《융원필비》.

더 정교화한 무기로서, 석회가루 외에도 각종 독극물을 함께 살포하여 적에게 치명적인 손상을 주는 본격적인 화학무기였다. 중국에서 전래된 이 찬혈비사신무통은 길이가 3척, 직경이 3촌 7분인 대나무로 만든 통 안에 유동 기름에 적신 석회와 주사走砂, 철각비鐵脚砒, 유황, 남성, 반하, 세신細辛, 감수甘遂, 천오, 초오, 망사硭砂, 단조丹皂, 파상巴霜, 반묘斑猫, 강분薑粉, 동청銅靑을 넣는다. 이 통의 사용 방법은 다음과 같다.

비면飛麪 20근을 취하여 노구솥에 반쯤 익도록 볶고, 그 아래에 군약群藥을 마찬가지로 볶아서 준비한다. 병사가 적과 근접하여 싸울 때 가죽자루에 이를 가득 담아 양손에 들고, 등에는 찬혈비사신무통을 숨겨 지닌다. 순풍이 불어 이것이 날아가고 적이 이 모래에 닿으면 오공으로 모래가 파고들어가 구멍이 뚫려 피가 솟고 골수가 흐르며, 서 있는 자는 곧 정신이 혼미해져 땅에 쓰러지고 두 눈은 먼다.

이 찬혈비사신무통은 《군기색중기》에도 보유 기록이 있다.

윤제
輪梯

순조 11년(1881)에 평안도 출신의 홍경래가 서북 지방에서 반란을 일으켰으나 한 달 만에 관군의 반격에 밀려 정주성에 고립되었다. 관군은 정주성을 쉽게 함락시킬 수 있을 것으로 생각했지만, 정주성 내의 반란군은 넉 달 가까이 관군의 공격을 막아 내며 저항했다. 이에 관군은 윤제, 유거, 혁거 등 다수의 공성 무기를 제작하여 정주성을 공격했다.

절도사 박기풍朴基豊이 만든 윤제는 높이가 성을 굽어볼 정도로 높았으며, 맨 위층과 아래층을 두터운 판자와 소가죽으로 감싸서 안에 있는 병사들을 보호했다. 윤제의 맨 위층에는 조총수가 숨어 조총을 쏘았으며, 아래층에는 살수들이 숨어 있다가 성에 접근하면 계단을 타고 올라가 성 위로 뛰어내렸다. 그러나 정주성의 반군들은 성가퀴(성 위에 낮게 쌓은 담)에 의지하여 조총을 쏘고 화약과 마른 풀을 던져 윤제를 막아냈다.

유거油車는 나무와 소가죽으로 방호한 수레 안에 커다란 가마솥 두 개를 두고 여기에 기름을 끓이다가 성 아래에 이르면 기름에 찬물을 부어 자연발화를 일으키는 화공 무기였다. 하지만 가마솥의 기름은 성에 닿기도 전에 타버렸고, 수레바퀴는 진흙에 빠져 움직이지 않았다.

혁거革車는 나무와 소가죽으로 방호한 수레이며, 병사들이 그 안에 숨어 성벽 아래로 접근한 뒤 성벽의 아랫돌을 빼내어 붕괴시키고자 했다. 하지만 이마저도 반군의 출격으로 큰 효과를 거두지 못했다.

관군은 결국 토산을 쌓고 그 뒤에서 굴토군堀土軍으로 하여금 성벽 아래까지 터널을 파게 하고 여기에 화약 수천 근을 묻어 폭발시킴으로써 정주성을 무너뜨리게 된다.

운제
雲梯

운제는 구름에 닿을 정도로 높은 사다리라는 의미지만, 군사적으로는 성벽을 타고 오를 수 있게 만든 사다리 혹은 사다리차를 말한다. 신라의 사설당四設幢 중에는 운제를 전문적으로 운용하는 운제당雲梯幢이 있었으며, 고구려를 침략한 수·당의 군사들도 모두 운제를 사용했다. 조선시대에는 홍경래가 정주성에서 농성하고 있던 순조 12년에 평안 병

운제

《무비요람》에 그려진 운제는 반으로 접을 수 있게 만든 높은 나무 사다리 밑에
수레를 달아서 병사들을 탑승시켰다. 《무비요람》(왼쪽), 전쟁기념관(복원).

사가 운제 60여 좌를 만들어서 사용한 기록이 있다.

《무비요람》에 그려진 운제는 반으로 접을 수 있게 만든 높은 나무
사다리 밑에 전거를 달아서 병사들을 보호했다. 운제의 바퀴는 모두
여섯 개이고, 2장 길이의 사다리 두 개가 회전축으로 서로 연결되어
있다. 수레의 사면은 생우피로 병풍처럼 막아서 적의 화공에 대비하
며, 인력으로 이 수레를 밀어서 적의 성벽으로 접근한 후 사다리를 펼
친다.

十五 · 갑옷

한반도에서는 청동기시대에 가죽제 단갑과 뼈, 나뭇조각으로 만든 찰갑이 처음 등장했을 것으로 생각된다. 하지만 유기질 갑옷은 오래 보존되지 못하므로, 현재까지 남아 있는 청동기시대의 갑옷 유물은 없다. 한반도에서 발견된 가장 오래된 갑옷은 가야 지역의 철제 판갑과 백제 지역에서 발굴된 뼈 찰갑, 그리고 고구려의 벽화에서 발견되는 철제 찰갑 등이다. 그 밖에도 삼국시대에는 중국과의 교류를 통해서 명광개明光鎧와 쇄자갑鎖子甲 등 다양한 갑옷이 도입되어 사용되었다.

고려시대에는 우리 민족의 고유 갑옷 양식인 두루마기형 갑옷, 즉 포형袍形 갑옷이 등장한다. 서긍의《고려도경》에는 3만 명에 달하는 고려의 용호중맹군龍虎中猛軍이 모두 갑옷을 착용했다고 했으며, 이 갑옷은 위아래가 붙어 있는 두루마기(逢掖) 형태이고, 어깨를 가려 주는 부박髆髀이 없다고 했다. 같은 기록에서 고려의 상육군좌우위장군上六軍左右衛將軍의 갑옷은 철찰鐵札을 검은 가죽으로 덮고(烏革間鐵爲之) 각각의 철찰을 무늬 있는 비단으로 꿰매어 서로 붙어 있게 한다고 했다.

조선 초기에는《고려도경》에 나오는 두루마기형 철제 찰갑이 큰 변화 없이 그대로 사용되었던 것으로 보인다. 이 두루마기형 갑옷은 전체가 한 벌로 구성되어 있고, 앞쪽은 열려 있어서 이를 가죽 끈으로 묶었다. 두루마기형 갑옷은 궁시를 주무기로 삼는 조선의 군사에게 매우 적합한 형태의 갑옷이었다. 국궁을 쏠 때 소위 '가슴 뿌개기'를 하여 화살을 순간적으로 날리는데, 갑옷의 앞섶이 막혀 있으면 활을 쏘는 데 상당한 방해를 받게 된다. 따라서 조선의 갑옷은 대부분 앞섶이 트여 있고 상의와 하의가 하나로 붙어 있는 경우가 대부분이다.

조선 전기의 갑옷은 방호재인 금속제 혹은 가죽제 찰札(갑옷 미늘)을 가죽 끈으로 서로 연결한 찰갑札甲(lamellar armor)이 일반적이었으나, 그 밖에도 쇄자갑, 경번갑 등 여러 종류의 갑옷이 사용되었다. 세조 13년에 명나라가 합동작전을 위해 조선군 갑옷의 색깔과 형태에 대해서 조선 조정에 물어왔을 때, 세조는 조선군이 입은 갑옷의 이름과 모양, 색상이 모두 제각각이어서 뭐라 단정해서 말하기 어렵다고 답변했다.

조선 후기의 갑옷도 두루마기 형태였으나 찰을 부착하는 방식은 전혀 달랐다. 조선 후기에 가장 보편적으로 사용된 갑옷인 두정갑頭釘甲(brigandine)은 목면으로 만든 의복의 안쪽에 찰札을 황동 못으로 박아 고정시켜 만든 갑옷이다. 그 밖에도 조선 후기에는 목면으로 만든 면갑과 종이로 만든 지갑, 찰을 물고기 비늘 모양으로 의복 표면에 붙인 어린갑 등이 사용되었다.

조선시대 병사들의 갑옷의 보급 상황을 살펴보면, 조선 전기에는 전투에 임하는 대부분의 병사들이 갑옷을 착용했던 것으로 생각된다. 세종 15년에 야인 정벌을 위하여 동원된 3천 명의 군사에게 조정에서 갑옷 1천여 부를 추가로 지급한 일이 있는데, 당시에는 원래 병사 각자가 자기 갑옷을 준비하도록 되어 있었기 때문에 이 정도 수량의 갑옷이 추가로 지급되었다면 당시 출병한 대부분의 병사들이 갑옷을 입을 수 있었을 것이다. 조선 후기의《만기요람》을 보면, 이 당시에도 중앙군의 대부분은 철갑이나 혹은 목면갑을 반드시 착용했던 것으로 보이며, 특히 직업군인의 비율이 높은 훈련도감의 군사들은 모두 갑옷을 착용했다. 하지만 당시의 지방 군사들은 대부분 벙거지에 전복戰服 차림으로 싸웠으며, 갑옷은 소수의 지휘관이나 성을 공격할 때 선봉에 선 병사들만이 착용했다.

조선시대의 기록에 보병갑주, 마병갑주 등의 명칭이 있는 것으로 보아 각 군종별로 갑옷의 형태가 달랐던 것으로 보인다. 조선 후기의 실학자 이덕무는 "대저 갑옷은 보병은 길어야 하고 마병은 짧아야 하며, 궁수는 넉넉해야 하고 창수는 꼭 맞아야 한다. 보병은 야전을 하므로 가죽 갑옷을 입고, 기병과 공성군은 모두 철갑을 사용하여 적의 화살을 막아야 한다."라고 했다.

철찰갑

鐵札甲

《세종실록》오례의에는 작은 철편이나 가죽 편을 가죽 끈으로 엮어서 만든 찰갑을 '갑甲'이라는 하나의 그림으로 그려 놓았다. 이 찰갑은 조선 전기의 대표적인 갑옷으로서, 고구려의 기마병이 입었던 찰갑이나 고려군의 찰갑과 기본 구조가 동일하다. 찰갑은 쇠나 가죽으로 만든 타원형의 방호재 표면에 상하 좌우로 각각 2~4개의 구멍을 뚫고, 이를 가죽 끈을 사용해 가로 방향으로 먼저 엮은 뒤 다시 이를 세로 방향으로 연결하여 완성한다. 조선 전기의 철찰갑으로는 수은갑과 유엽갑이 있다.

수은갑水銀甲은 철편의 표면을 수은으로 도금하고, 이를 말위靺韋라고 하는 고급 가죽으로 엮어서 만들었다. 하지만 수은을 철판 위에 바른다고 해서 흰색으로 도금이 되는 것은 아니며, 수은에 주석 등의 비철 금속을 섞은 아말감을 철판에 바른 후 열을 가해 수은을 기화시킨 것이다. 주석과 수은을 섞은 아말감은 거울의 뒷면을 바르는 데 사용될 정도로 광택이 좋다.

실록에는 몇 차례 납염철갑鑞染鐵甲을 제조한 기록이 있는데 납은 곧 주석을 의미하며, 따라서 이 납염철갑이 수은갑의 다른 이름일 것으로 생각된다. 수은갑은 흰색이므로 백철갑이라고도 불렸으며, 주로 국왕을 시위하는 병사들이 착용했다

반면에 유엽갑柳葉甲은 일반 병사가 입던 가장 보편적인 철찰갑으로서, 철편을 옻으로 검게 칠하고 이를 연기를 쐰 사슴가죽 끈(煙鹿皮)으로 엮어서 만들었다. 유엽갑은 찰이 나뭇잎처럼 생겼다고 해서 철엽아갑鐵葉兒甲이라고도 한다.

갑

《세종실록》오례의에는 작은 철편이나 가죽 편을 가죽 끈으로 엮어서 만든 찰갑을
'갑甲'이라는 하나의 그림으로 그려 놓았다. 수은갑, 유엽갑, 피갑이 모두 이에 해당
된다. 이 찰갑이 조선 전기의 대표적인 갑옷 양식이다. 《세종실록》(왼쪽), 《국조오례의》.

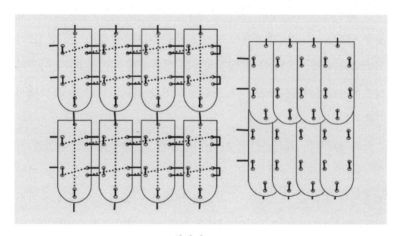

찰갑의 구조

평양에서 발굴된 11세기경의 철찰의 형태를 바탕으로 복원해 본 조선시대의
찰갑 구조이다. 찰갑은 좌우로 먼저 엮은 뒤 위아래의 찰을 엮어서 만든다.

철갑옷은 웬만한 화살로는 뚫기가 어려울 정도로 방호력이 뛰어나
고, 쇠로 만들기 때문에 제작 비용도 피갑에 비해 저렴한 편이었다. 하
지만 철찰갑은 찰을 엮은 사슴가죽이 몇 년 안에 쉽게 닳아 끊어지기

때문에 이를 보수하고 유지하는 데 어려움이 컸다. 이런 이유로 세조 3년에는 제조되는 철갑의 2/3를 가죽제 피갑皮甲으로 바꾸었으며, 연산 군 때에 이르면 대부분의 병사가 피갑과 지갑紙甲만을 입게 된다.

피찰갑

皮札甲

《세종실록》오례의에 나오는 피갑은 돼지의 생가죽(生猪皮)으로 찰을 만들고 연기를 쏘인 사슴가죽으로 이를 엮어서 만들었다.《세종실록》 29년 11월 3일 기사에 평안도에서 바치는 가죽이 산저피山猪皮로 기록 되어 있고,《세조실록》5년 8월 28일 기사에 석성 현감 최유가 가죽 갑 옷을 만드는 저피가 민간에서 가지고 있는 바가 아니라고 한 점, 그리 고 조선시대에는 민간에서 돼지고기를 선호하지 않아서 돼지 사육이 제한적이었던 점을 고려할 때, 피갑을 만드는 돼지가죽은 주로 멧돼지 가죽이었던 것으로 보인다.

멧돼지가죽은 질기면서도 가벼우며 오랜 시간이 흘러도 갑옷을 엮 은 사슴가죽이 해지지 않기 때문에 유지 보수가 용이하였다. 하지만 조정에서 피갑을 제조하여 바치도록 명하자 시중의 멧돼지가죽 가격 이 급등하였으며, 세조 5년의 기록을 보면 멧돼지가죽 한 장의 값이 베 10필에 이르고 피갑 한 벌을 만드는데 베 50필이 드는 지경이 되었다. 당초에 세조는 말과 소를 도축하는 것을 막기 위해 피갑에 소가죽이나 말가죽을 사용하지 못하도록 했지만, 멧돼지가죽의 부족으로 이러한 금령은 점차 약화되고 결국 피갑을 만드는 데는 소가죽과 말가죽도 사 용하게 된다. 한편 조선 후기의 실학자 이덕무는 가죽을 섣달에 진흙 물에 담갔다가 말리고 옻칠을 하면 갑옷이 매우 견고해진다고 하였다.

쇄자갑

鎖子甲

쇄자갑 혹은 쇄아갑鎖兒甲은 철사鐵絲를 고리 모양으로 만들어 서로 엮은 갑옷으로, 서양의 사슬갑옷(chain mail armor)에 해당된다. 《삼국사기》 고구려 본기 보장왕조를 보면, 요동성의 주몽 사당에는 쇄갑과 창이 있는데, 이는 전연前燕 시대(337~370)에 하늘에서 내려온 것이라고 한다. 이 쇄자갑은 원래 서역에서 비롯된 것으로, 중국에서는 당나라 시대부터 자체적으로 제작하여 사용했다.

이 쇄자갑은 조선 초기에 상당히 많은 수량이 제작되어 사용되었다. 《세종실록》 오례의에 그려진 쇄자갑을 보면, 머리 위에서부터 뒤집어 쓰도록 만들어진 서양의 쇄자갑과는 달리 앞쪽이 트여 있어서 이를 매듭으로 여미도록 했다. 쇄자갑의 아랫단과 소매에는 붉게 물들인 가죽(紅染皮)으로 둘러서 장식했다. 실록의 기록에 시위侍衛하는 군사의 갑

쇄자갑
철사를 고리 모양을 만들어 서로 엮은 갑옷으로 조선 전기에 널리 사용되었다.
《세종실록》(왼쪽), 《국조오례의》.

쇄자갑

궁중유물전시관에 소장되어 있는
이 쇄자갑은 《국조오례의》에 그려진
쇄자갑과 상당히 유사한 형태로,
앞섶이 열리는 구조이다.

옷 사슬이 탈락되어 보기 흉하
니 이를 수리하라는 전교가 여러
차례 있었던 것으로 보아서, 쇄
자갑 위에 별도의 방호재나 의복
을 입지는 않았던 것으로 보이
며, 쇄자갑 안쪽에는 사슴가죽이
나 노루가죽으로 만든 피삼皮衫
을 입은 기록이 있다.

이 쇄자갑은 제작에 드는 공
력이 대단했기 때문에 조선 후기
로 올 수록 점차 그 제작량이 감
소했다. 《만기요람》에는 어영청
에 사살갑주沙乺甲冑가 소량 있다
고 하는데, 이는 쇄자갑의 별칭

으로 생각된다. 덕수궁에는 조선 후기의 것으로 생각되는 쇄자갑 유물
한 점이 전해지고 있고, 육군박물관에는 앞섶이 막힌 형태의 이국적인
쇄자갑이 한 점 소장되어 있다.

경 번 갑

鏡 幡 甲

경번갑鏡幡甲(maile and plates armor)은 원래 당나라시대에 사용되던 갑옷의
명칭으로서, 가슴에 커다란 호심경護心鏡이 달린 갑옷을 의미한다. 하지
만 조선의 경번갑은 당나라의 경번갑과는 구조가 전혀 다르며, 철찰鐵
札과 철환鐵環을 교대로 엮어서 만든 갑옷이다.

경번갑

조선의 경번갑은 철찰과 철환을 교대로 엮어서 만든 갑옷이다.
목 부분에는 호항이 고정되어 있다. 《세종실록》(왼쪽), 《국조오례의》.

태종 14년의 기록을 보면, 태종은 "가죽으로 갑甲을 꿴 것은 여러 해
가 지나면 끊어져 버리고 또 수선하도록 하면 그 폐단이 끝이 없을 것
이다. 또 녹비鹿皮를 재촉하여 바치게 하는데, 그 수도 적지 않다. 내가
생각건대, 철鐵로써 꿴다면 썩지 않고 단단할 것이니 폐단도 따라서 없
앨 수 있다."라고 했다. 그리고 같은 날에 경번갑 제작을 제대로 감독
하지 않은 최해산 등을 파직했다. 이로 보건대, 조선 전기의 경번갑은
결국 종전에 사슴가죽으로 엮어서 만들던 철찰갑을 쇠고리로 엮어 만
든 것이라고 볼 수 있겠다. 그리피스의 《은자의 나라 한국》에는 임진왜
란 당시에 양국의 보병이 모두 쇠사슬과 철판을 조합해서 만든 갑옷을
입고 있었다고 했으므로, 이 당시까지도 경번갑이 조선에서 널리 사용
되었던 것을 알 수 있다. 현재 경번갑 유물은 고려시대의 정지鄭地 장군
환삼 한 벌만이 전해지고 있는데, 이는 오례의의 그림에 비해서 철편
의 크기가 상당히 큰 편이다.

지갑

紙甲

닥나무로 만든 조선의 한지는 질기고 오래가서 다른 나라에 많은 양이 수출되기도 했으며, 옷을 만드는 데도 사용되었다. 또한 조선의 종이를 여러 겹으로 겹치면 적의 화살도 막을 수 있었기 때문에, 조선 초기부터 갑옷을 제작하는 데 사용되었다. 조선에서 제작된 종이로 만든 지갑은 다음의 세 종류가 있다.

(1) 지찰갑

《국조오례의》에 나오는 조선 초기의 지갑은 종이를 여러 겹으로 겹쳐서 작은 조각을 만들고, 이를 사슴가죽이나 실로 엮어서 만든 것이다. 따라서 그 구조는 당시에 보편적으로 사용된 찰갑과 동일하다. 세종 6년의 지갑을 만드는 데 소모되는 물품의 목록을 보면, 지갑 120벌을 만드는 데 본뜨는 휴지休紙 1,020근, 안감으로 쓰는 표지表紙 120권, 엮는 데 쓰이는 면사綿絲 120근, 잇는(聯) 데 쓰이는 황색 면사 180근, 송진 36말, 옻칠 7말 2되가 사용된다고 했다. 따라서 당시의 지갑은 종이 여러 장을 겹쳐서 송진을 먹이고, 그 위에 다시 옻칠을 하여 보강했음을 알 수 있다.

(2) 지포엄심갑

찰갑 형태의 지갑과 함께 조선 전기에 널리 사용된 지포엄심갑紙布掩心甲은 엄심갑掩心甲, 지갑엄심紙甲掩心, 지엄심紙掩心이라고도 불린다. 이 지포엄심갑은 종이와 천으로 조끼 모양을 만들어 가슴과 등을 방호할 수 있도록 만든 갑옷이다. 지포엄심은 태종 6년의 기록에서 처음 나타나며, 연산군 5년에 이극균이 올린 상소에는 이 엄심갑의 제작 방법이 다음과 같이 자세히 묘사되어 있다.

> 종이를 소금물에 담갔다가 햇볕에 말려서 베와 실로 섞어 꿰매며, 또 검은 무명으로 밖을 싸고 흰 베로 안을 받치는데, 사이사이에 종이 노끈을 뚫어 맺기를 못대가리같이 하므로, 화살이 잘 들어오지 못하고 활을 쏘기에도 편리하며 겸하여 적을 막을 수도 있을 뿐 아니라, 공력도 갑옷 만드는 것처럼 어렵지 않습니다.

위의 기록으로 보건대, 연산군 당시의 엄심갑은 종이로 조끼 모양의 바탕을 만들고, 그 위에 종이 노끈으로 매듭을 밤톨처럼 엮어서 적의 화살을 막았던 것으로 보인다.

연산군 당시만 해도 지갑은 피갑과 함께 가장 보편적인 갑옷이었다. 하지만 세월이 지나면서 엄심갑의 제조 방법이 잊혔다가 임진왜란 때 명나라 군사들을 통해서 연산군 당시의 엄심갑과 거의 동일한 지포엄심갑이 다시 전래되었다. 광해군 6년에 훈련도감의 포수 5천 명이 착용할 엄심을 준비했는데, 이 엄심은 명나라에서 전래된 방식에 따라서 제작된 지갑이었을 것으로 보인다.

(3) 지제배갑

그리피스가 《은자의 나라 한국》에서 묘사한 조선군의 종이 갑옷은 종이를 10~15선 두께로 누벼서 만든 것으로서, 대원군이 제작한 면갑과 그 형태가 거의 동일했던 것으로 보인다. 그리피스는 이 지갑이 "현대식 총알에는 견딜 수 없지만, 옛날 화승총 정도에는 견딜 수 있었을 것"이라고 했다. 조선 후기의 각 지방 읍지에 기록된 지엄심은 이 지제배갑紙製背甲의 일종이었을 것이다.

목면갑
木綿甲

조선에서는 목화로 짠 목면이 가내수공업 형태로 대량생산되었다. 이 목면은 조선시대에 화폐 대용으로 가장 널리 사용되었으며, 그 질긴 성질 때문에 옷감뿐만 아니라 돛을 만드는 데도 널리 사용되었다.

조선 전기에는 면으로 만든 목면갑木綿甲(padding armor)에 관한 기록이 없으며, 화기가 발달한 조선 후기에야 비로소 등장한다. 이 면갑은 일종의 패딩padding 갑옷으로서 찰이 달려 있지 않고, 다만 면포를 여러 겹으로 겹쳐서 갑옷과 투구를 만든 것이다. 이렇게 제작한 면갑은 창검에 대한 방호력은 떨어지지만, 화살과 총알에 대해서는 상당한 방호력이 있었을 것으로 보인다. 《만기요람》에는 어영청에 1,006벌의 목면갑의가 있다고 했고, 고종 19년의 기록을 보면 무위영의 보병들은 대부분 피갑이나 목면갑을 착용했다. 조선 후기에 각 지방 군영에 비축되어 있던 목엄심도 목면갑의 일종이다.

한편, 대원군은 이양선이 출몰하는 가운데 서양식 라이플에 대항하기 위해 새로운 목면갑을 제작했다. 이 목면갑은 목면을 13번 겹쳐서 조끼 형태로 만들었으므로 면제배갑綿製背甲이라고도 불렸는데, 적의 탄환은 막을 수 있었지만 한여름에는 더워서 이것을 입고 있는 병사가 거의 초주검이 되었고, 적의 화포 공격을 받으면 이내 갑옷에 불이 붙

면갑

국내에도 면갑 유물이 있지만 투구와 갑옷이 일습으로 보존된 면갑은
미국 스미스소니언 박물관에 단 한 점만 소장되어 있을 뿐이다. 목판으로 찍은
면갑 표면의 무늬는 육군박물관 면갑의 무늬와 완전히 일치한다.
미국 스미스소니언 자연사박물관 소장.

어 버렸다. 신미양요 당시 미군은 "40겹의 무명을 겹쳐 만들어서 칼이
나 총알로도 뚫지 못하고, 다만 원추형 탄환만이 뚫을 수 있는 갑옷과
투구"에 대한 기록을 남겼으며, 당시의 사진에는 포로가 된 조선군 곁
에 두께가 4cm는 되어 보이는 면갑이 놓여 있다.

현재 미국 스미스소니언 자연사박물관에는 목면투구와 목면갑옷 한
벌이 소장되어 있는데, 이 목면갑옷은 중앙박물관에 소장되어 있는 목
면갑옷과 그 형태 및 문양이 거의 일치한다. 이 갑옷은 무명을 30겹으
로 겹쳐서 만들었으며, 길이는 81~85cm이다. 왼쪽 어깨에 매듭 단추
가 달려 있고, 좌우 옆면은 트여 있어서 이를 끈으로 묶도록 만들어졌
다. 또한 배와 허리 부분에는 폭이 넓은 광대를 하나 더 둘러서 갑옷을
고정시키고 방호력을 높였다. 갑옷의 표면에는 나무판으로 무늬를 찍
어 넣어 장식했다.

두두미갑

頭頭味甲

두두미갑은 방호재가 없는 일종의 의장용 갑옷이다.《태종실록》에는 군기감에서 매월 여덟 벌의 두두미갑을 제조했다는 기록이 있으며, 《세종실록》오례의에는 나타나지 않다가 성종대에 간행된《국조오례의》에는 그림과 함께 다시 두두미갑이 소개되어 있다. 두두미갑은 갑옷의 아랫부분에 갑옷 아랫동(甲裳)이 별도로 있고 사타구니를 가려 주는 골미가 있는 것으로 보아, 조선 초기에 중국에서 전래된 갑옷일 가능성이 높다.

《국조오례의》에 나오는 두두미갑은 두 종류가 있는데, 청단자靑段子로 만든 두두미갑은 갑옷의 겉을 청색 비단으로 만들고 갑옷 안쪽에는 연기를 쏘인 사슴가죽을 대며, 갑옷의 바깥쪽에 백은과 황동으로 만든 못(頭釘) 몇 개를 교대로 박아 장식한다. 띠는 오색으로 짠 조대組帶를 두른다. 홍단자로 만든 두두미갑은 겉을 홍색 비단으로 싸고 붉은색으로 짠 넓은 조대濶帶를 허리에 두른다.

두정갑

頭釘甲

두정갑은 쇠나 가죽으로 만든 찰을 의복의 안쪽에 쇠못으로 박아서 만든 갑옷으로서, 조선 후기의 대표적인 갑옷 양식이다. 이 두정갑은《세종실록》에는 나타나지 않다가 성종 때에 간행된《국조오례의》병기도설에 처음 등장한다. 병기도설의 두정갑은 두 종류인데, 실전용인 철두정갑鐵頭釘甲은 청금포靑錦布로 옷을 만들고, 옷의 안쪽에 쇠로 만든 찰

을 촘촘히 대고 겉에 쇠못을 박
아 고정한 것이다. 반면에 의장
용 갑옷인 황동두정갑黃銅頭釘甲은
홍단자로 만들며, 갑옷의 안쪽에
는 연기를 쏘인 사슴가죽을 대고
겉에는 황동으로 만든 못을 박았
다. 또한 황동두정갑은 철두정갑
과는 달리 소매를 별도로 만들어
끈으로 연결하도록 제작되었으
며, 붉은색으로 짠 넓은 조대를
허리에 둘렀다.

이 두정갑의 기원과 관련하
여 중요한 기록이 《성종실록》

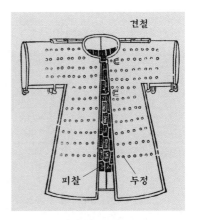

두정갑(피갑)

《융원필비》에 소개된 두정갑은
가죽제 찰을 옷의 안쪽에 리벳으로
고정하여 만든 가죽제 두정갑이다.
어깨의 좌우에는 적의 타격을 방어하는
한편 옷의 모양새를 잡아 주기 위한
견철이 달려 있다.

에 있다. 성종 8년에 국왕이 찰의 길이가 두 손바닥 정도 되는 철갑옷
을 50보 앞에 두고 겸사복兼司僕으로 하여금 활을 쏘게 했는데, 화살이
갑옷을 꿰뚫지 못했다고 한다. 종전의 찰갑은 찰의 크기가 커봐야 5~
10cm를 넘지 않았으므로, 성종이 시험한 철찰은 분명히 두정갑에 사
용되는 대형 찰이었을 것이다. 그리고 당시에 만들어진 신형 갑옷은
바로 병기도설의 철두정갑이라고 생각된다. 성종 이후의 기록에서는
두정갑이라는 명칭이 나타나지 않지만, 《무예도보통지》와 《융원필비》
에는 갑옷 종류로는 두정갑 하나만이 소개되어 있고, 현존하는 유물
중에서도 두정갑이 절대 다수를 차지한다.

현존하는 조선 후기의 두정갑을 보면, 대부분이 목면을 서너 겹으
로 겹쳐서 옷을 만들고, 그 안쪽에는 목면, 비단, 삼베, 삼승포三升布 등
을 댄 후, 쇠나 가죽으로 만든 찰을 황동제 리벳으로 옷의 안쪽에 고정

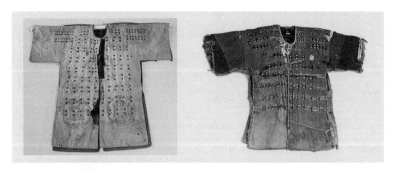

두정갑

일반 보병용 두정갑이다. 국립중앙박물관 소장.

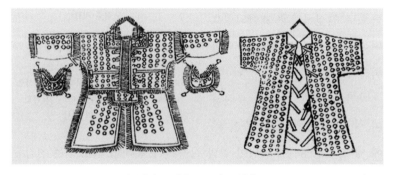

황동 두정갑(왼쪽)과 두정갑

《국조오례의》에는 두 종류의 두정갑이 소개되어 있다.
황동 두정갑은 방호재인 찰이 없는 의장용 갑옷이며, 철두정갑은
안쪽에 쇠로 만든 찰을 철제 리벳으로 고정한 실전용 갑옷이다.

시켰다. 리벳의 안쪽 끝은 적당히 두드려 빠지지 않게 하고, 갑옷 표면
에 드러난 리벳 머리는 둥글게 다듬고 광을 내어 장식적인 효과를 얻
었다.

찰은 철이나 여러 겹으로 겹친 가죽으로 비교적 크게 만들며, 찰의
표면에는 옻칠을 하여 방호력을 높이고 부식을 방지했다. 찰을 가죽으
로 만드는 경우에는 리벳을 박을 때 똬리쇠(washer)를 찰 위에 덧대고
박아서 찢어지는 일이 없도록 했다.

두정갑의 어깨 부분에는 견철을 다는데, 이것은 어깨를 보호하는 한편, 갑옷의 형태를 잡아주는 역할을 한다. 또한 가장 강력한 방호력이 필요한 가슴 부분에는 별도의 흉철을 댄다. 두정갑 중에서도 특히 고급스러운 것들은 갑옷의 가장자리에 수달피 등을 둘러서 화려함을 더했다.

두정갑은 그 종류가 매우 다양한데,《만기요람》을 보면 남대단철갑藍大緞鐵甲, 모단피갑冒緞皮甲, 운문단피갑주雲紋緞皮甲冑 등이 있다.

이봉상 원수 두정갑주
육군박물관에는 이봉상 원수의 두정갑이 투구와 일습으로 소장되어 있다.

이들은 모두 두정갑의 일종으로서, 각각 갑옷 안감의 색, 안감의 재질, 찰의 재질 등으로 구분한 것이다. 예를 들어, 남대단철갑이란 남색의 대단으로 안감을 대고 쇠로 찰을 만든 두정갑옷이라는 의미이다.《만기요람》에는 철갑의 가격이 16석 10두이고 쇠투구(鐵兜)의 가격은 4석 5두라고 했으니 현재의 가격으로 치면 갑주 한 벌은 대략 400만원에 달할 정도로 매우 비싼 물건이었음을 알 수 있다.

어린갑

漁鱗甲

어린갑漁鱗甲(scale armor)은 갑옷의 표면에 작은 금속 찰을 물고기 비늘처럼 붙인 것으로서, 조선 후기에 새롭게 나타난 갑옷 양식이다. 갑옷에

두석린갑

갑옷의 표면에 도금한 찰과 주칠. 혹칠한 찰을 번갈아 배치했다.
경주박물관에도 두석린갑이 한 점 보관되어 있다. 고려대학교 박물관 소장.

사용되는 찰의 종류에 따라서 두석린갑豆錫鱗甲, 도금동엽갑鍍金銅葉甲 등
이 있었으나, 형태상으로는 이를 어린갑으로 통칭할 수 있겠다.

어린갑은 목면을 서너 겹으로 겹쳐서 두터운 의복을 만들고, 그 안
에 비단이나 삼승포를 덧댄 뒤, 의복의 표면에 황동(豆錫)으로 만든 물
고기 비늘 모양의 작은 찰을 리벳으로 촘촘히 박아서 만든다. 두석린
갑은 맨 바탕의 두석 찰과 주칠, 혹칠한 찰을 번갈아 가며 배치했고, 도
금동엽갑주鍍金銅葉甲冑는 모든 찰을 금으로 도금하여 황금 갑옷으로 만
들었다. 갑옷의 어깨 윗부분에는 용 모양의 견철이 달려 있고, 갑옷 테
두리에는 모피 털을 둘렀다.

이 어린갑은 찰을 황동으로 만들었기 때문에 기본적으로 방호력이
낮을 뿐만 아니라, 찰 하나하나의 크기가 너무 작아서 외부의 충격을

제대로 분산시키기 어려운 구조이다. 그럼에도 이런 비실용적인 갑옷이 제작된 것은 순전히 그 화려한 외양 때문이었으며, 주로 고위 장수의 의장용으로 사용되었다. 구한말에 조선을 방문한 서양인들이 두석린 갑옷의 독특한 외양을 선호했기 때문인지, 두석린 갑옷이 선물용으로 제작되어 외국인에게 선물된 사례들이 있다.

현재 고려대학교 박물관에는 보존 상태가 최상인 두석린갑주가 한 점 소장되어 있다. 이 두석린갑은 표면을 붉은색 모직으로 덮고 두석 비늘을 촘촘히 달았으며, 안감은 옥색 명주를 사용했고, 도련에는 수달 가죽을 사용하여 화려하게 장식했다.

철엄심갑

鐵掩心甲

조선시대에 만들어진 조끼 형태의 철갑이 육군박물관과 고려대학교

박물관에 각각 한 점씩 소장되어 있다. 육군박물관의 철엄심갑은 총 길이가 59cm이고, 검은색 목면 안에는 통으로 된 철판이 못으로 고정되어 있다. 조선시대에는 이와 유사한 형태의 엄심지갑이나 목면배갑이 존재했으며, 철엄심갑은 다만 그 안에 철판을 넣어 보강했을 뿐이다. 이 철엄심갑에 관한 기록은 남아 있지 않으나, 보존 상태나 앞섶을 채

철엄심갑
오늘날의 방탄 조끼를 연상시키는
조선 말기의 갑옷이다. 조끼의 안쪽에
커다란 철판을 넣어 방호력을 높였다.
육군박물관 소장.

371

우는 버튼식 고리를 감안해 볼 때 대원군 시절에 국방력 강화책의 일환으로 제작된 것이 아닌가 생각된다. 제주도 등 일부 지방의 군영에 비축되었던 흑색엄심黑色掩心도 철엄심갑의 일종이 아니었나 생각된다.

식양갑
飾樣甲

조선 전기에도 두두미갑이나 황동두정갑처럼 방호재를 사용하지 않은 의장용 가짜 갑옷, 즉 식양갑이 있었지만, 이는 시위하는 군사들만이 착용했을 뿐이다. 영조는 열병 시에 장수들이 쇠를 쓰지 않고 비단으로 모양만 꾸민 갑옷을 입은 것을 보고 다음과 같이 말했다.

> 갑옷을 입고 날카로운 창·칼을 잡는 것은 장차 사졸士卒과 더불어 기쁨과 괴로움을 같이하려는 것이다. 사졸은 쇠갑옷을 입고 있는데, 장수는 비단 갑옷을 입고 있으니, 어찌 여러 사람과 함께 하는 뜻이겠는가? 이후로 다시 이렇게 하는 사람은 마땅히 군율을 시행하겠다.

그리고 실제로 영조 19년과 23년에 가짜 갑옷을 입은 금군별장을 처벌한 기록이 있다. 하지만 영조 이후에는 찰이 없는 갑주가 상당히 보편화되었던 것으로 보인다. 《만기요람》에 기록된 오군영의 갑옷 중에는 각색채단갑의, 각색비단갑주, 다홍색대단갑의, 삼승포갑의 등 찰의 종류가 명시되지 않은 갑옷들이 있는데, 이는 모두 장수용 식양갑의 일종이라고 생각된다. 가짜 갑옷은 무당들이 장군거리 등에서 사용하는 장군복과 혼동되기도 하지만, 그 장식과 화려함 등에서 차이가 있다. 화기가 발달한 조선 후기에는 돌격전을 감행하는 기병이나 성벽을

**건릉 무인석(오른쪽)과
건릉 산릉도감의궤의 그림**

사도세자가 묻힌 건릉에 세워진
무인석과 《건릉 산릉도감의궤》의
그림이다. 여기에 묘사된 갑옷은
전형적인 중국식 갑옷이다.

**유릉 무인석(오른쪽)과
유릉 산릉도감의궤의 그림**

고종황제가 묻힌 유릉의 무인석에서는
근대적인 조형 감각이 느껴진다. 갑옷의
형태 또한 그 이전과는 상당히 다른
복합적인 구조를 보여준다.

기어오르는 공성군이 아니라면 반드시 갑옷을 입을 필요는 없지 않았
을까 생각된다.

피박형 갑옷

披膊形 —

피박披膊이란 어깨와 가슴 부분을 보호하기 위해 어깨 위로 두르는 일
종의 망토형 방호구로서, 중국의 갑옷에는 대부분 이 피박이 달려 있
다. 피박형 갑옷은 중국 당나라에서 기원한 것으로, 삼국시대에는 우리
나라에서도 사용되었을 가능성이 높다.

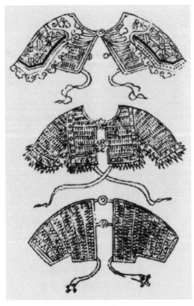

피박형 갑옷

어깨 위에 망토 형태의 피박이 달린 중국식
갑옷은 무인석과 사천왕상, 무신도 등에
자주 나타나지만, 정작 의궤의 그림이나
유물에서는 찾아볼 수 없다. 《무경총요》.

하지만 우리 민족은 고려시
대부터 두루마기처럼 전체가
한 벌로 구성된 포형袍形 갑옷
을 입었으며, 이 때문에 송나
라의 서긍이 고려군 갑옷의 특
징을 이야기할 때 피박이 없다
는 점을 가장 먼저 꼽았다. 현
존하는 유물이나 문헌 기록을
살펴보더라도 고려나 조선시
대에 우리나라에서 피박형 갑
옷이 사용된 흔적은 발견되지
않는다.

그럼에도 조선 왕릉의 무인
석이나 무속화 속의 신장들은
거의 대부분이 피박이 달린
중국식 갑옷을 입고 있으며,
이러한 전통은 현대까지 이어져 세종로의 이순신 장군 동상에도 피박
형 갑옷이 묘사되어 있다.

하지만 이들 피박 분리형 갑옷은 양날검과 마찬가지로 단지 상징적
인 의미로 묘사되었을 뿐이며, 실제로 조선에서 이 피박형 갑옷이 널
리 사용된 적은 없었으리라 생각된다. 조선 왕릉 무인석에는 피박과
갑신甲身, 그리고 흉갑胸甲의 관계가 정확히 묘사되지 못하고 적당히 얼
버무려 있는 경우가 많은데, 이는 조선의 석공들이 피박형 갑옷을 직
접 본 적이 없었기 때문일 것이다.

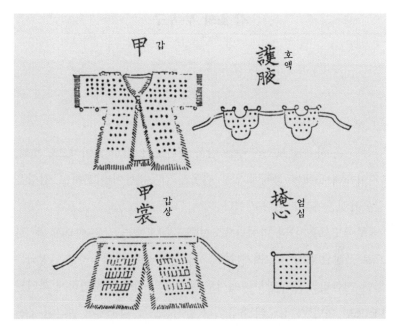

갑주

《무예도보통지》의 관복도설에는 겨드랑이 부분을 보호해 주는 호액과 갑옷 치마에
해당되는 갑상, 사타구니를 보호해 주는 엄심 등이 묘사되어 있다.

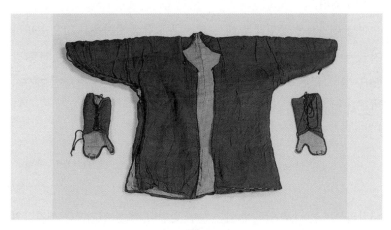

내갑의

육군박물관에 소장되어 있는 내갑의는 겉을 청색 삼승포로 만들고 안에는
가는 철사를 그물처럼 엮어서 단순한 내갑의 이상의 방호력을 갖추었다.

갑옷의 부속구

(1) 갑상

갑상甲裳은 하체를 보호해 주는 갑옷 치마로서, 갑군甲裙이라고도 한다. 《역어유해보》에는 상체에 입는 갑옷을 갑옷윗동이라고 하고, 갑상을 갑옷아랫동이라고 한다고 했다.

《무예도보통지》의 마예관복도설馬藝冠服圖說에는 갑옷 아래에 두 장으로 구성된 갑상이 그려져 있고, 사실성이 높은 그림이라고 인정되는 양산 지산리의 부부상夫婦像에서도 푸른색의 갑상이 분명하게 확인된다. 또한 여반呂攀 장군의 유품이나 함경북도 온성군에서 발견된 조선시대 갑옷에도 가죽제 찰이 달린 갑상이 있다. 이들 갑상이 달린 갑옷은 모두 갑옷 윗동의 길이가 엉덩이를 겨우 가려줄 정도로 짧다는 공통점이 있다.

이상의 자료를 종합해볼 때, 조선시대에 갑상이 사용된 것은 분명하지만, 과연 얼마나 폭넓게 사용되었는지는 알 수 없다. 조선의 전통 갑옷은 길이가 조금 길 경우 골반과 허벅지까지 방호가 되므로 갑상이 반드시 필요한 것은 아니다.

(2) 내갑의

내갑의內甲衣는 갑옷 안쪽에 입는 옷을 말한다. 조선 전기에는 쇄자갑의 안쪽에 사슴가죽으로 만든 내갑의를 입었다는 기록이 있다. 찰갑의 경우에도 쇠갑옷의 안쪽에는 상당히 두터운 내갑의를 입어야만 했을 것이다. 조선 후기에도 갑옷 안쪽에 목면이나 가죽으로 된 내갑의가 사용되었으며,《김해읍지》에는 철갑과 함께 갑의와 피갑의가 있었다는 기록이 있다. 육군박물관에 소장된 내갑의는 겉을 청색 삼승포로 만들고, 안에는 가는 철사로 그물처럼 엮어서 단순한 내갑의 이상의 방호력이 있다. 또한 독일 라이프치히 그라시 민속박물관에 소장된 내갑의는 무명 위에 철찰을 달고, 그 위에 다시 무명과 비단을 덮었다. 하지만 "전복戰服은 곧 갑옷의 속옷"이라고 한 것으로 봐서, 조선시대의 일반 병사들은 대부분 전복 위에 그대로 갑주를 입었던 것으로 생각된다.

(3) 호항

호항護項은 목을 보호하기 위하여 두르는 띠 모양의 방호구이다.《국조오례의》에 나오는 조선 전기의 대표적인 갑옷인 찰갑에는 모두 호항이 별도로 그려져 있으며, 쇄자갑과 경번갑에는 호항이 갑옷의 목 뒷부분에 고정되어 있다. 당시의 투구에는 드림이 없었기 때문에 반드시 호항으로 목을 보호했던 것으로 보인다. 하지만 조선 후기에는 길이가 긴 투구의 드림이 목을 방호해 주었기 때문에 호항을 사용하지 않았다. 참고로 청나라의 경우에는 이 호항이 아예 투구의 드림에 고정되어 있다.

(4) 호액

호액護腋은 겨드랑이 부분을 보호해 주는 갑옷이다.《세종실록》오례의에는 각각 분리된 두 개의 사각형 모양의 호액이 그려져 있으며,《무예도보통지》에는 좌우의 호액이 하나의 끈으로 연결된 형태로 그려져 있

구군복광대

광대는 갑옷이나 전복 위에 두르는 폭
10~12cm 정도의 두터운 띠를 말한다.
육군박물관 소장.

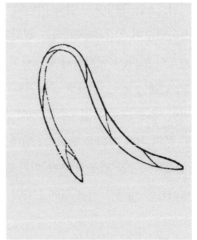

전대

폭이 좁고 얇은 포목제 띠이며, 전복에
직접 매거나 광대를 먼저 두른 뒤
그 위에 전대를 두른다.《진찬의궤》.

등이 있어서 공격을 받았을 때
치명도가 높지만, 팔을 자유롭게 움직일 수 있도록 하려면 겨드랑이의
연결 부위를 얇게 만들거나 아예 터놓을 필요가 있다. 따라서 이 겨드
랑이 부분을 보호해 주는 호액을 별도로 만들어 착용하는 것이다.《무
예도보통지》에서 마상 기예를 하는 병사의 갑옷에 호액이 보이지 않는
것으로 봐서, 호액은 갑옷의 안쪽에 착용했던 것으로 보인다.

하지만《융원필비》의 갑옷에는 호액이 그려져 있지 않으며, 현존하
는 갑옷에는 호액이 발견되지 않는다. 따라서 조선 후기의 갑옷에서는
호액이 반드시 필수적인 구성 요소는 아니었을 가능성이 있다.

(5) 비수

비수臂袖, 비박臂縛, 비갑臂甲은 모두 팔뚝 부분을 보호해 주는 방호구의

이름이다. 영조시대의 무장인 여반 장군의 유물 중에는 길쭉한 편찰片札을 가죽으로 엮어서 만든 비수가 있다. 또한 조선 왕릉의 무인석과 사찰의 사천왕상도 모두 비수를 착용하고 있다. 궁사의 나라인 조선에서는 방호 목적뿐만 아니라, 활을 쏘기 위해서도 팔뚝에 비갑을 착용하거나 아니면 옷소매를 묶어 주는 완대를 착용했다.

(6) 띠

조선시대의 갑옷은 앞섶이 열리는 구조이고, 여기에는 가죽 끈으로 만든 3~4개의 단추가 달려 있을 뿐이다. 따라서 갑옷을 제대로 여며 입자면 반드시 허리 부분을 넓은 띠로 묶어 주어야만 했다. 갑옷의 허리에는 광대, 전대, 요대, 배대 등을 묶는다.

• 광대

광대廣帶는 갑옷이나 전복 위에 두르는 폭 10~12cm 정도의 두터운 띠이다. 색깔은 대부분 검은색이며, 목면을 여러 겹으로 겹쳐서 만든다. 방호력은 거의 없으며, 다만 갑옷의 앞섶을 여며 주고 장식적인 효과를 얻을 뿐이다. 조선 후기의 반차도를 보면 고위 무관들은 대부분 검은색 광대를 두르고 그 위에 전대를 묶었다.

• 전대

전대戰帶는 폭이 좁고 얇은 포목제 띠이며, 전복에 직접 매거나 혹은 광대를 먼저 두르고 그 위에 두른다. 묶고 난 매듭은 발목에 닿을 정도로 길게 늘어뜨린다. 조선시대에는 장수와 하급 군졸 모두 허리에 전대를 둘렀으며, 속이 빈 자루 형태의 전대는 식량을 담는 용도로도 사용되었다.

과대 배대 요대

무인석 요대, 배대

조선 왕릉의 무인석을 보면 허리의 좌우에 폭이 넓은 요대를 두른 것은 물론,
등 뒤에도 포목이나 털가죽 재질의 화려한 배대를 두른 것을 볼 수 있다.

• 요대와 배대

《무예도보통지》의 기병을 보면, 갑옷의 배와 허리 부분에 폭이 30cm는
되어 보이는 넓은 포목 띠를 두르고 있는 것을 볼 수 있다. 또한 조선
왕릉의 무인석을 보면 허리의 좌우에 폭이 넓은 요대腰帶를 두른 것을
볼 수 있으며, 등 뒤에도 포목이나 털가죽 재질의 화려한 배대背帶를 두
른 것을 볼 수 있다. 이들 배대와 요대 등은 흔히 늑갑肋甲으로 오해되
기도 하지만, 이는 단순히 천 등을 허리 부분에 둘러서 갑옷의 앞섶을
여미고 장식적인 효과를 얻기 위한 것이다. 조선 왕릉의 무인석을 보면
요대와 배대 위에는 화문이나 해태, 산수문山水紋, 어린문魚鱗紋을 새겼다.
의릉懿陵의 무인석은 등 뒤에 표범의 가죽을 통째로 두르고 있다.

十六 · 투구

인간이 돌과 몽둥이를 사용하기 시작한 이후 머리는 가장 집요하게 공격당하는 부위가 되었다. 따라서 고대인들은 짐승 두개골이나 터번 등으로 머리를 보호했다. 하지만 한반도에는 이런 종류의 투구 유물은 남아 있지 않으며, 삼국시대의 철제 투구 유물만이 현재까지 남아 있다. 강력한 철기병을 가졌던 고구려에는 몽골발형 투구나 좌우에 뿔이 달린 철투구가 존재했으며, 백제와 신라지역에는 찰주, 로마형 투구, 단순 원주, 이마가리개형 투구 등 매우 다양한 투구 양식이 존재했다. 고려시대의 투구의 형태에 대해서는 직접 참고할 만한 자료는 없으며, 다만《고려도경》에서 고려군은 평소에 투구(兜)를 머리에 쓰지 않고 등에 메고 다닌다고 했다.

조선시대에는 일반 병사들도 철제 투구를 착용했던 것으로 보인다. 임진왜란 때 왜군을 따라 조선에 들어왔던 포르투갈 신부는 조선군이 철제 투구와 가죽제 가슴받이를 착용했다고 기록했다. 임진왜란 당시에 조선군이 사용했던 투구는《국조오례의》에 그려진 첨주와 원주였을 것이다. 조선 후기에는 투구의 정수리 부분에 높은 간주가 달려 있고 투구의 좌우와 옆에 드림이 달려 있는 간주형 투구가 일반적이었다.

원주

圓胄

《세종실록》에는 차양(챘)이 있는 투구를 첨주챘胄라고 하고, 차양이 없는 것을 원주라고 한다고 했다. 원주는 긴 철판 네 개를 세로 방향으로 둥글게 배열하고 철띠와 쇠못으로 이를 고정하여 만들었다. 투구의 정수리 부분에는 꽃잎 모양의 덮개를 얹어서 보강했다. 원주에는 목과 얼굴 측면을 보호해 주는 드림이 없는데, 이는 조선 전기의 갑옷에 호항이라고 하는 별도의 목 보호대가 있었기 때문이다.

원주는 첨주에 비해 장식이 단순한 편이므로 하급 병사들이 주로 착용했을 가능성이 있다. 하지만 건원릉健元陵에서 정릉靖陵에 이르는 조선 전기의 무인석이 차양이 없는 원주를 쓰고 있는 것을 감안한다면, 당시에 반드시 원주와 첨주 간에 우열이 있었던 것은 아니라고 생각된다. 첨주의 묘사가 조각 기술상 어렵기는 하지만 첨주가 착용자의 신분을 나타낼 정도로 중요했다면 약간의

《세종실록》에는 차양이 있는 투구를 첨주라고 하고, 차양이 없는 것을 원주라고 한다고 했다. 맨 아래의 수충사 투구는 사명대사가 사용했다고 전해진다. 위에서부터 원주・첨주 (세종실록), 원주・첨주(국조오례의), 수충사 투구(조선유적유물도감).

처마형 융기 부분을 무인석의 감투 가장자리에 추가하는 것은 크게 어렵지 않았을 것이다.

세종 12년의 기록을 보면 원래 시위 군사의 투구에는 주홍칠을 했는데, 나중에는 주홍색의 원료인 주사(朱砂, 황화수은)가 우리나라에서 나지 않는다고 하여 검은 옻칠을 하고 명유明油, 즉 무명석無名石을 넣어서 끓인 들기름을 발라 윤을 냈다고 한다.

첨주
簷胄

조선 초기의 투구인 첨주는 원주와 마찬가지로 긴 철판 네 개를 세로 방향으로 둥글게 배열하고, 철띠와 쇠못으로 이를 고정하여 만들었다. 그리고 투구의 테두리를 따라서 둥근 차양을 달았으며, 그 곁에 상모象毛와 목 끈을 달아 장식했다. 첨주는 장식이 화려할 뿐만 아니라, 원나라에서 비롯된 조선 초기의 갓과도 모양이 비슷하고, 비와 햇볕을 가려주므로 상대적으로 고급 투구에 해당된다고 보기도 한다.

첨주는 그 형태가 조금 낯설어 보일 수 있겠으나, 조선 전기에는 상당히 흔했던 투구였고 현재도 조선시대의 첨주 유물이 몇 점 남아 있다. 예를 들어, 묘향산의 사명당 투구는《국조오례의》에 나오는 첨주와 매우 유사하다.《악학궤범》에는 첨주의 모습이 좀 더 자세히 그려져 있는데, 상모는 붉은색을 사용하고, 정수리 부분에는 금정자金頂子를 달았다.《국조오례의》상례喪禮에는 주석으로 도금한 은백색의 의례용 첨주 한 점이 소개되어 있다.

면주

綿胄

면주는 무명을 여러 겹으로 겹쳐서 만든 투구로서 면갑과 제작 방법이 동일하다.《만기요람》에는 어영청에 무명으로 만든 갑옷 1,006벌과 함께 무명제 투구 1,182부가 있다고 했으므로, 무명 갑옷에는 무명 투구를 함께 착용했던 것으로 보인다. 미국의 스미스소니언 박물관에는 면갑과 함께 면주 유물이 한 점 남아 있다. 면주의 감투 부분에는 쇠로 만든 틀을 씌웠고, 정수리 부분에는 간주를 달았던 흔적이 있다. 그 밖에 조선 후기의 각 지방 읍지에는 지엄심紙掩心과 목엄심木掩心에 각각 지엄두紙掩頭와 목엄두木掩頭가 딸려 있는데, 이들의 재질은 종이와 목면이었을 것으로 생각된다.

간주형 투구

幹柱形 一

대부분의 사람들이 조선시대의 투구하면 가장 먼저 떠올리는 것은, 투구의 좌우와 뒤쪽에 긴 드림이 드리워져 있고, 투구 위쪽에는 기다란 간주幹柱와 이를 받쳐 주는 개철蓋鐵이 있는 조선 후기의 간주형幹柱形 투구이다. 이 투구는 정수리 부분의 간주 끝에 삼지창과 두툼한 상모가 달려 있고, 이마 부분에는 폭이 좁은 차양과 이마가리개(眉庇)가 있다. 또한 감투의 표면에는 다양한 두석 장식이 붙어 있고, 세 조각으로 분리된 드림의 안쪽에는 갑찰이 달려 있다.

간주 양식의 투구는 유물상으로도 가장 다수를 차지하며,《무예도보통지》와 《융원필비》에는 간주형 투구 한 종류만이 소개되어 있다. 하

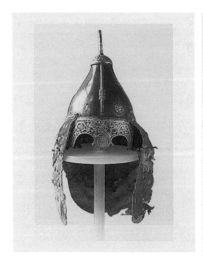

이봉상 부원수 투구(왼쪽), 은입사 투구

조선 후기의 대표적인 투구인 간주형 투구는 위쪽에 기다란 간주와 이를 받쳐 주는
개철이 있으며, 투구의 좌우와 뒤쪽에 긴 드림이 드리워져 있다. 육군박물관 소장.

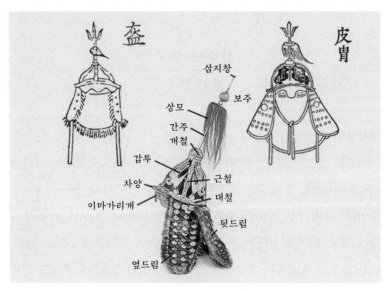

투구(위 왼쪽), 피주(위, 오른쪽), 투구의 각 부분별 명칭

오른쪽의 《융원필비》와 왼쪽의 《무예도보통지》의 간주형 투구는 기본적으로
동일한 형태이다. 다만 《융원필비》의 투구에는 턱 아래의 턱 끈 외에도 옆드림을 머리
뒤쪽으로 묶어 넘기기 위한 두 개의 끈이 더 있다. 투구(무예도보통지), 피주(융원필비).

지만 간주형 투구의 기원에 대해서는 아직 알려진 바가 없다. 다만 왕릉의 무인석을 살펴보면, 영조의 원릉元陵에서 간주와 삼지창이 달리고 이마가리개가 있는 조선 후기 양식의 투구가 처음 등장한다. 간주형 투구의 가장 중요한 특징을 정수리 부분에 달린 간주와 이를 받쳐주는 개철의 존재라고 본다면, 이 간주는 《기효신서》를 도입함에 따라서 모든 병사의 투구에 작은 기치를 달도록 하면서 생겨난 양식으로 볼 수 있으며, 따라서 임진왜란 이후에야 비로소 등장했다고 보는 것이 옳을 것이다.

간주형 투구는 철로 만드는 것이 일반적이었으나, 가죽으로 감투를 만드는 경우도 있으며, 감투 위에는 용이나 봉황을 화려하게 새긴 금속 장식을 덧붙이기도 하고, 투구 자체에 화려한 금입사를 하기도 했다. 특히 검은 바탕에 은입사를 한 호암미술관 소장 투구와 고려대학교 박물관의 투구는 장식이 매우 화려하며 보존 상태도 좋다. 간주형 투구의 안쪽에는 충격 완화와 보온을 목적으로 솜을 두텁게 넣은 모자(內甘吐)를 함께 착용했다.

등두모
藤兜牟

육군박물관에는 등나무로 만든 투구 한 점이 소장되어 있다. 이 등나무 투구는 《기효신서》와 《무비지》, 《무비요람》 등에 등두모라고 소개되어 있는 투구로서 원래 중국 남부 지방의 병사들이 사용하던 투구이다. 《기효신서》에 의하면 이 등두모는 등패와 비슷한 공정을 거쳐서 등나무 줄기를 가공한 후, 이를 짧게 자르고 원뿔 모양으로 엮어서 만든다. 등두모의 안쪽에는 천으로 만든 모자를 부착하는데, 목면을 두 겹

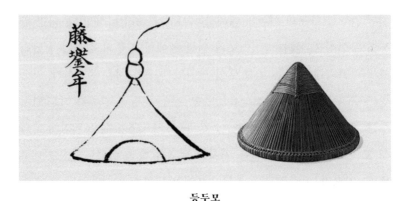

등두모

이것은 중국의 《기효신서》에서 비롯된 투구로서, 등나무 줄기를 원뿔 모양으로
엮어서 만들었다. 《무비요람》(왼쪽), 육군박물관 소장.

으로 해서 바깥쪽을 대고, 안쪽에는 목면 한 겹을 대며 뒤쪽을 터서 머
리 크기에 관계없이 착용할 수 있도록 했다. 육군박물관에 소장된 등
두모는 대원군 시절에 군비 강화책의 일환으로 제작된 것이며, 투구
표면에는 세 개의 태극 문양이 그려져 있다.

전립
戰笠

전립은 조선시대의 무관과 일반 병졸들이 사용하던 군모를 통칭하는
이름이지만, 그 중에서도 특히 짐승 털을 다져서 만든 벙거지인 전립氈
笠이 곧 조선 후기의 대표적인 전투용 전립이다.《연려실기술》을 보면,
영조 26년에 군졸의 전립에 모립毛笠만을 사용하도록 했는데, 모립은
부드럽고 두터우므로 탄환과 화살촉이 능히 뚫지 못한다고 했다. 전립
의 몸체는 돼지털을 다져서 만들며, 안쪽에는 청포靑布를 대고 갓끈과
머리끈, 상모를 달았다. 고위 무관이 착용하던 홍전립紅氈笠은 그 형태

전립

조선 후기의 병사들이 착용했던 전립은 돼지털을 성기게 다져서 만들었으며,
안쪽에는 청포를 대고 그 위에는 갓끈과 머리끈, 상모를 달았다.
《무예도보통지》(왼쪽), 전쟁기념관 소장.

가 양반이 쓰던 갓과 유사하며, 붉은색으로 물을 들이고 공작의 깃털
을 꽂았으며, 그 위에는 옥으로 만든 정자頂子를 달았다. 화기의 사용이
보편화된 조선 후기에는 철로 만든 투구보다는 오히려 가벼운 전립이
효율적인 방호 수단이었을 것으로 보인다.

十七 · 전함

한반도는 삼면이 바다이기 때문에 바다를 통한 대외 교류가 활발했고, 같은 이유로 수군의 육성에도 일찍부터 관심을 기울였다. 고구려는 철갑 기마 군단을 주력으로 삼았지만, 장수왕이 백제를 공략했을 당시 배를 타고 백제의 수도 한성 이남 지역을 급습했다. 또한 고구려는 중국의 수나라와 당나라가 황해의 요동반도를 경유하여 고구려의 중심부로 직접 쳐들어올 가능성이 높았기 때문에, 이 지역에 해안 성을 축조하는 한편 수군을 배치했다.

백제는 항해 기술이 발달하여 멀리 중국의 요서지방과 일본, 동남아 지역까지 활동범위를 넓혔으며, 해외의 여러 지역에 교역 거점을 마련했다.

신라는 상대적으로 수군의 성장이 늦은 편이었다. 경주 지역의 작은 도시국가로 출발한 신라는 인근의 가야 제국 및 일본의 왜구들에 의해 해상을 통한 침략을 자주 받았지만, 이에 대해 적극 대응하여 바다로 나가서 싸우기보다는 육지에서 성을 지키는 편을 택했다. 삼국을 통일한 이후에도 신라는 수군을 제대로 육성하지 않았고, 이로 인해 중국과 일본의 해적들이 자주 신라의 해안을 약탈했다. 이에 중국에서 귀국한 장보고張保皐는 청해진에 군영을 설치하고 스스로 수군을 육성하여, 한반도 주변의 해적을 소탕하는 한편 한·중·일 간의 해상 교통로를 장악했다.

후삼국을 통일하고 고려를 건국한 태조 왕건은 스스로가 송도를 근거지로 해상무역을 통해 성장한 해양 세력이었다. 그는 삼국을 통일하는 과정에서도 수군을 동원하여 후백제의 배후를 공격하여 나주 지역에 근거지를 마련했고, 통일 이후에도 해상을 통한 국제 교역에 관심을 기울였다. 몽골이 고려를 공격했을 때 고려의 조정은 강화도로 피난하여 수군으로 몽골군의 도해를 저지했으며, 이 때문에 40년간이나 몽골에 굴복하지 않고 버틸 수 있었다. 또한 몽골이 고려군과 함께 일본 정벌에 나섰을 때 태풍이 불어 대부분의 중국 배들이 침몰했지만, 상대적으로 튼튼한 구조를 지녔던 고려의 함선들은 큰 피해 없이 복귀할 수 있었다.

고려 말엽이 되면 몽골의 오랜 지배로 인하여 고려가 사실상 무장해제 상태에 놓이게 되었고, 이로 인해 왜구가 작은 배를 타고 해안 지역을 약탈해도 이를 막을 방법이 없었다. 이에 최무선은 여러 종류의 화기를 제작하여 우왕 8년에 진포구에서 왜구의 배 500여 척을 격멸하는 커다란 성과를 얻었다. 그리고 다시 우왕 9년에 정지 장군이 이끄는 고려 수군이 100척에 이르는 왜구의 해적선을 격멸함으로써, 이후 상당 기간 한반도의 해안이 평온해질 수 있었다.

조선시대에도 수군은 왜구 토벌을 위해 지속적으로 육성되었으며, 임진왜란이 발발했을 때는 명장 이순신이 조선의 우수한 전선과 대형 화기로 뱃길을 이용해 북상하려는 왜군을 섬멸함으로써 전승의 발판을 마련했다. 하지만 이후 평화로운 시대가 수백 년 지속되면서 전선은 갯벌 위에서 썩어 갔고, 그 결과 서양의 이양선이 조선의 해안에 출몰하기 시작했을 때 조선 수군은 이에 대항할 만한 배가 한 척도 없었다. 고종 4년(1867)에는 대동강에서 침몰한 미국 배 제너럴셔먼호의 부품을 이용하여 서양선을 모방 제작하려는 시도가 있었지만, 이 배는 결국 물 위에 떠보지도 못 하고 한강에 가라앉아 버렸다.

맹선
猛船

조선 초기인 태종 8년까지만 해도 조선 수군의 전함은 그 크기에 따라서 대선, 중선으로 불렸을 뿐이다. 《세종실록》에도 전함은 대선, 중대선, 중선 등이 있을 뿐이다. 게다가 당시에 대선은 소수에 불과했으므로, 전함은 대부분 병선兵船이라고 불리는 중간 크기의 배였다. 태종 13년의 기록에 중맹선中猛船 한 척이 바람을 만나서 당진포에 침몰했다는 기록이 있는데, 이 맹선은 이름만 다를 뿐 그 이전의 병선과 같은 형태였을 것으로 생각된다. 그 후 세조 11년에 전투와 조운을 겸할 수 있는 배의 개발이 추진되어 이른바 병조선兵漕船이 제작되었고, 성종 7년에는 신숙주에 의해 다시 맹선의 개량이 이루어졌다. 이 맹선은 조운선의 역할을 함께 했기 때문에 그 형태는 조선 후기의 조운선과 크게 다르지 않았을 것이다.

맹선은 크기에 따라서 대맹선, 중맹선, 소맹선으로 나뉘는데, 각각의 승선 인원은 80명, 60명, 30명(중종 당시에는 40명)이었다. 《경국대전》에 따르면, 조선의 수군은 대맹선 81척, 중맹선 195척, 소맹선 461척 등 모두 737척의 전함을 갖추도록 규정되어 있었다. 맹선은 소나무 판목으로 건조했으며, 여러 장의 판재를 겹쳐서 외벽을 만드는 중국이나 일본 배와 달리 한 장의 두터운 판재로 외벽을 만들었다. 맹선은 나무와 나무를 연결할 때도 쇠못인 철정鐵釘을 사용하지 않고 나무못 목정木釘을 사용했다. 맹선의 구조는 수심이 낮은 서해안에서 조운선으로 운용하기 편리하도록 좌우의 폭이 넓은 대신, 배 밑은 얕고 평평하며 갑판도 평평한 구조였다. 이렇게 만들어진 맹선은 무겁고 느린데다가 배의 밑판이 빨리 부식되어, 이를 개선해야 한다는 목소리가 높았다.

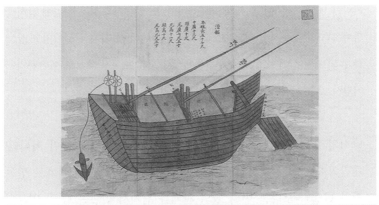

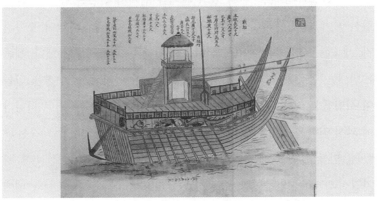

조운선(맹선, 위), 판옥선(전선)

조선 전기의 맹선은 일반적인 화물 운반용 배와 구조상 큰 차이가 없었다.
판옥선은 이 맹선을 보다 대형화하고 그 위에 방패판과 여장, 상갑판을 가설함으로써
마치 나무로 만든 집(板屋)을 얹은 것처럼 만든 것이다.《각선도본》.

세종 12년에는 예조와 병조에서 다음과 같이 아뢰었다.

강남, 유구, 남만, 일본 등 여러 나라의 배는 모두 쇠못을 써서 꾸민데다
가, 또 많은 날을 들여서 만들었기 때문에 견실하고 정밀하며 가볍고 빨
라서, 비록 여러 달을 떠 있어도 진실로 물이 새는 일이 없고, 비록 큰 바
람을 만나도 허물어지거나 상하지 않아서 2, 30년은 갈 수 있사온데, 우

리나라 병선은 나무못을 써서 꾸민데다가, 또 만들기를 짧은 시간에 급히 하여 견고하지 못하고 빠르지도 못하며, 8, 9년이 못 가서 허물어지고 상하게 되므로, 상하는 대로 보수하기에 소용되는 소나무 재목도 이어가기 어렵사오니 그 폐단이 적지 않습니다.

당시의 조정 공론은 나무못을 사용하면 배가 무거울 뿐만 아니라, 판재간의 연결이 견고하지 못하여 오래 쓸 수 없고, 단일 판재로 만든 조선의 단선單船보다는 여러 장의 판재를 겹쳐서 만드는 중국, 일본의 갑선甲船이 더 튼튼하다는 것이었다. 조정에서 이렇게 의견이 모아지자, 세종은 여러 종류의 외국 선박을 시험 삼아 건조하도록 했다. 세종 13년에는 한강에서 쇠못과 나무못을 함께 쓴 동자갑선冬字甲船을 만들어 시험했고, 세종 15년에는 유구국琉球國의 배 짓는 기술자가 우리나라에 와서 전함을 건조했다. 세종 16년에는 유구국의 장인이 월자갑선月字甲船을 만들고, 같은 해 가을에는 경강 사수색京江司水色이 상쾌선上快船, 왕자갑선往字甲船을 만들었다. 이렇게 만들어진 외국 배들은 조선의 배에 비해 속도가 빨랐기 때문에 조정에서 상당한 호응을 얻었다.

하지만 중국이나 일본식으로 만든 배에는 몇 가지 문제점이 있었다. 쇠못으로 만든 배는 파도를 만나 흔들리면 못 구멍이 넓어지면서 물이 새기 마련이었고, 판재를 여러 겹으로 겹쳐서 만든 갑선은 충격을 받으면 쉽게 깨져 버렸다. 게다가 갑선은 만드는 데 걸리는 시간이나 공임이 조선의 전통적인 배에 비해 두 배나 되었다. 성종 4년에 신숙주는 조선 배의 장점을 다음과 같이 주장했다.

신이 왜선을 관찰하니, 판자가 매우 얇고 쇠못을 많이 쓴데다가 몸체는 좁고 배 속은 깊으며 양끝은 뾰족하므로, 왕래하는 데에는 경쾌하고 편하지만, 배가 요동치면 못 구멍이 차츰차츰 넓어져 물이 새게 되어 쉽게 부패합니다. 우리나라의 병선은 몸체가 비록 무겁고 크나 나무못은 젖으면 더욱 단단하게 되므로, 견고하고 튼튼하여 10년은 쓸 수 있습니다. 또 병법에 '높은 곳에 있는 자가 승리한다'고 했는데, 우리나라의 병선은 왜선에 비하여 1/3이나 높으므로 싸움에 유리합니다. 지난번 신이 사명을 받들고 일본에 갔을 때 갑자기 적선을 만났는데, 즉시 싸울 준비를 하여 돛을 달고서 간 지 불과 얼마도 못 되어 적선이 모두 따라오지 못했습니다. 이는 우리나라의 병선이 빠르게 간다는 증거입니다.

결국 조선에서는 맹선을 중국이나 일본 배와 같은 형태로 개량하기를 포기하고 종전의 방법대로 건조했으며, 이 배의 기본 구조는 임진왜란 당시의 판옥선으로 이어진다. 그리고 판옥선은 나무못으로 연결하고 단일의 판재를 사용한 조선의 배가 왜선에 비해서 얼마나 튼튼한지를 충분히 입증해 보였다.

검선

劍船

검선은 창과 칼을 뱃전에 꽂아서 왜구가 배 위로 기어오르지 못하도록 만든 전투함이다. 고려시대에는 배의 좌우에 창과 칼을 꽂아서 적이 배 위로 기어오르지 못하도록 만든 과선戈船이 있었는데, 이것이 조선시대의 검선으로 이어진 것이다.

세종 12년의 기록을 보면, 검선 1척마다 비거도선 2, 3척을 쫓아 따르게 하여 싸움을 돕게 하며, 만약 왜적을 보거든 비거도선으로 급히 쫓아 붙잡게 하고, 검선이 따라서 급히 치면 왜적을 잡을 수 있다고 했다. 또한 세종 19년에는 병조에서 평안도의 연변 고을에 야인들이 자작나무 껍질로 만든 배를 타고 침범하므로 검선 2, 3척을 만들어 이를 막자고 건의했는데, 이 배에는 각각 15명씩 탄다고 했다.

비거도

鼻居刀

조선은 태종 3년에 이르러 왜선을 추격하기 위해 각 도마다 작은 배 10여 척을 건조하도록 했다. 이 작은 배가 바로 세종 5년의 기록에 나오는 비거도鼻居刀인데, 당시의 속언에 작은 배로서 가볍고 빠른 것을 비거도라고 이른다고 했다. 따라서 비거도, 비거도선鼻居刀船, 거도선居刀船은 모두 전투용 배의 이름이라기보다는 작고 빠른 배를 통칭하는 말이다. 이 비거도는 병선에서 포구와 다른 배로 오가는 데 사용하기도 하고, 왜선을 추격하여 도주를 차단하는 데도 사용했다. 비거도는 병선의 크기에 따라서 통나무 하나를 파서 만든 작은 것(全木鼻居刀)에서부터 30척에 이르는 대형 비거도선에 이르기까지 다양했다.

세종 12년까지만 해도 비거도는 전함 후미에 밧줄로 묶어서 끌고 다녔으므로, 전함의 속도가 느려지고 파도가 치면 밧줄이 끊어져 배가 유실되기도 했다. 하지만 세종 12년 이후에는 통나무를 파서 만든 전목全木 비거도선과 대비거도大鼻居刀를 배 위에 싣고 다녔으며, 포구에 머물 적에는 대비거도선을 쓰고, 항해할 때에는 전목 비거도선을 썼다.

판옥선
板屋船

조선 전기의 대표적인 전함이 맹선이라면, 조선 후기의 대표적인 전함은 판옥선이다. 이 판옥선은 을묘왜변 이후 전함을 개량할 필요성을 느끼고 명종 10년에 새로이 건조한 전함이다. 명종 이전에는 왜구들이 아직 화약 무기를 지니지 못했고, 다만 창검으로 무장한 채 소형 선박을 타고 조선의 해변을 침입했기 때문에 맹선만으로도 충분히 이를 격파할 수 있었다. 하지만 명종 2년에 복건성의 중국인이 화기와 화기 사용법을 왜구들에게 건네주었고, 을묘왜변 이후에 조선의 해안에 출몰하는 왜선은 종전과 달리 대형화되었기 때문에 맹선만으로는 이를 상대하기가 어려웠다. 이에 조선에서는 종전의 대맹선의 기본 골격은 그대로 유지하되, 배의 크기를 두 배 가까이 늘리고 갑판 위에는 방패판과 여장, 상갑판을 가설함으로써 마치 나무로 만든 집(板屋)을 얹은 것처럼 만들었다.

이 판옥은 노를 젓는 격군과 포수, 사수를 보호하는 한편 왜구가 배 위로 기어올라 오지 못하게 하는 역할을 했다. 명종은 왜구와 싸울 때 "판옥 밑에 숨어 몸을 노출시키지 않고서 빨리 노를 저어 곧장 적선에 가까이 다가가, 그 높낮이에 따라 동시에 일제히 총통을 발사"해야 한다고 했다. 또한 종전의 맹선이 전선과 조운선의 기능을 함께 담당했던 것과 달리 판옥선은 전투용으로만 사용하도록 하고, 조운선과 조군漕軍은 별도로 설치했다.

판옥선은 단단한 소나무로 건조하고, 내부 구조도 튼튼했기 때문에 조선의 장기였던 대형 화포를 다량 적재하여 발사할 수 있었다. 또한 갑판 위로 한 층을 더 높게 올려 쌓은 판옥 때문에, 왜군은 자신들이 장기로 삼았던 창검술을 활용할 기회를 얻기가 어려웠다. 게다가 판옥선은 배 바닥이 평평한 평저선이었기 때문에 서해안 같은 수심이 낮은 바다에서도 운용하기 편리했고, 전투 중에는 필요에 따라서 언제든 급선회를 하여 아군의 장기인 화포를 유리한 위치에서 사용할 수 있었다. 판옥선은 격군 100여 명을 포함해서 승선 인원이 모두 150~200명 가까이 되며, 배의 길이는 30m 내외이다. 돛은 삼승포나 왕골자리로 만들었다.

하지만 판옥선은 무게중심이 높아서 바람을 만나면 제어하기가 어려웠다. 또한 그 구조가 평저선이고 승선 인원이 150명이 넘는데다가 두터운 소나무 판재로 만들었기 때문에 속도가 느렸다. 명종 10년 이후 활발히 건조되던 판옥선은 평화가 계속되면서 그 수가 점차 줄었고, 그나마 있는 판옥선들은 군사도 없이 해안에 방치되었다. 조정에서는 전투 준비 태세를 강화하기 위해서 판옥선을 조운에 전용하지 못하도록 했지만, 오히려 이 때문에 배가 오랜 기간 포구에 방치되면서 배 바닥이 썩고 나무못이 느슨해져 소용없는 물건이 되었다. 게다가 조정에서는 수군에 대한 신뢰가 높지 못했기 때문에, 수군으로 하여금 배를 버리고 뭍으로 올라와 육군과 함께 싸우도록 하는 것까지 고려했다.

하지만 임진왜란을 앞두고 전라좌수영의 수군절제사로 부임한 이순신은 판옥선의 건조에 총력을 기울였고, 그 결과 임진왜란이 발발했을 때 그의 휘하에는 24척의 판옥선이 있었다. 임진왜란은 조선 전함의 우수성을 아낌없이 보여준 사건이었다. 판옥선은 크고 육중한 무게를 이용하여 지자총통, 현자총통 등 대형 총통을 충분히 싣고 바다에 나가 왜군을 격파했고, 접근해 오는 왜선은 판옥선으로 충돌하여 산산이 부숴 버렸다. 이순신 장군이 왜군에게 그토록 심대한 타격을 주면서도 아군의 피해를 최소화할 수 있었던 것은 대형 총통과 함께 판옥선에

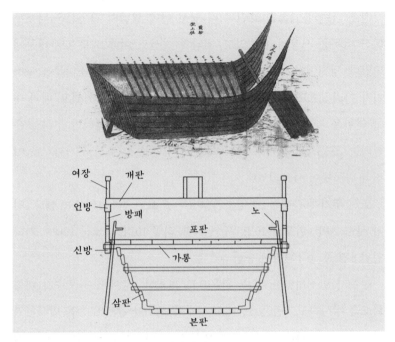

판옥선 구조도

판옥선에 승선한 격군과 포수, 사수는 모두 판옥 안에 숨어서 싸웠으며
일종의 난간에 해당하는 여장女牆은 방호력이 거의 없으므로 병사들이 상갑판 위에
몸을 노출하고 싸우는 것은 일부에 불과하였을 것이다.

힘입은 바가 컸다.

임진왜란이 끝난 이후에는 판옥선이 전선戰船으로 이름을 바꾸었으
며, 영조 11년에는 윤필은의 상소에 의해 판옥선의 구조가 일부 변경되
었다. 윤필은은 판옥선의 윗부분에 두른 방패판 때문에 바람이 불 때
배가 전복될 위험이 있으므로, 방패판을 탈착식으로 고쳐 평소에는 떼
어 놓을 수 있도록 하자고 했으며, 뱃머리에는 곡목曲木을 달아 파도를
헤쳐 나가기 편리하게 하고, 암석에 부딪히더라도 배가 깨지지 않도록
할 것을 건의했다.

정조 11년의 기록을 보면 이때 당시 이미 영남의 판옥선은 나무못 대신 쇠못을 사용하고 있었고, 호남의 전선도 이때 쇠못으로 바꾸게 되었다. 당시에는 이미 조선에서도 선박 건조에 사용할 소나무를 구하기가 어려웠으므로 나무못에 소용되는 목재조차 아껴야 했고, 배의 내구 연한을 늘리기 위해서도 쇠못을 사용해야 했다. 하지만 수시로 운항되는 조운선은 충격에 잘 견뎌야 했기 때문에, 조선 후기까지도 여전히 나무못이 사용되었다.

조선 후기에 간행된 《통영군지統營郡誌》를 보면 전선 1척에는 선장 1인과 사수 20명, 화포수 10명, 포수 24명, 타공 10명, 능노군 120명, 기타 인원 8명 등 총 193명이 승선하였다.

전투가 발생하였을 경우, 판옥으로 보호된 2층에서 화포수가 대형 화포를 발사하고, 2층과 3층에서 사수와 포수가 활과 조총을 발사하였다. 능노군은 배를 젓는 것이 주 임무지만 적이 배로 침입하려고 들 때 3층 갑판에서 단병접전을 벌이는 것도 이들의 임무였다. 능노군은 능장稜杖과 단창短槍, 수마석水磨石을 사용하여 적과 싸웠다.

거북선

龜船

거북선은 한자로 구선龜船이라고 하는데, 이 구선이 처음 등장한 것은 태종 13년의 일이다. 이때 태종은 임진도에서 거북선(龜船)과 왜선倭船의 교전 연습을 참관했다. 이 당시의 거북선이 이순신 장군의 거북선과 같은 형태였는지는 확인할 수 없지만, 태종 15년에 "구선의 제도는 많은 적과 충돌하여도 적이 능히 해하지 못하니, 가위 결승決勝의 좋은 계책이라고 하겠습니다."라고 한 것으로 보아, 이때 이미 거북선의 갑판 위에는 장갑을 둘러 배 안의 군사와 격군을 보호했던 것으로 보인다.

이순신 장군이 사용한 거북선에 관해서는 실록에 다음과 같이 기록되어 있다.

이에 앞서 순신은 전투 장비를 크게 정비하면서 자의로 거북선을 만들었다. 이 제도는 배 위에 판목을 깔아 거북 등처럼 만들고, 그 위에는 우리 군사가 겨우 통행할 수 있을 만큼 십자十字로 좁은 길을 내고, 나머지는 모두 칼, 송곳 같은 것을 줄지어 꽂았다. 그리고 배 앞에는 용의 머리를 만들고, 그 입은 대포 구멍으로 활용했으며, 뒤에는 거북의 꼬리를 만들어 꼬리 밑에 총 구멍을 설치했다. 좌우에도 총 구멍이 각각 6개가 있었으며, 군사는 모두 그 밑에 숨어 있도록 했다. 사면으로 포를 쏠 수 있게 했고, 전후좌우로 이동하는 것이 나는 것처럼 빨랐다. 싸울 때에는 거적이나 풀로 덮어 송곳과 칼날이 드러나지 않게 했는데, 적이 뛰어오르면 송곳과 칼에 찔리게 되고, 덮쳐 포위하면 화총火銃을 일제히 쏘았다. 그리하여 적선 속을 횡행하는데도 아군은 손상을 입지 않은 채 가는 곳마다 바람에 쓸리듯 적선을 격파했으므로 언제나 승리했다.

이상의 기록으로 보건대, 이순신 장군이 사용한 거북선은 그 규모나 기본 구조는 판옥선과 동일하다. 다만 판옥선에서 방패판 위에 덮었던 평평한 상갑판을 거북이 등 모양으로 둥글게 변형해서 씌우고, 그 위에 송곳과 창날을 촘촘히 박아서 적이 아군의 배 위로 기어오르지 못하도록 만든 것이다.

나대용羅大用에 의하면 거북선의 사수와 격군은 125명이라고 했고, 조선 후기에 간행된 《통영군지》를 보면 거북선 1척에 선장船將 1명, 사부射夫 18명, 화포火砲 20명, 포수砲手 42명, 격군格軍 138명, 타공舵工 18명,

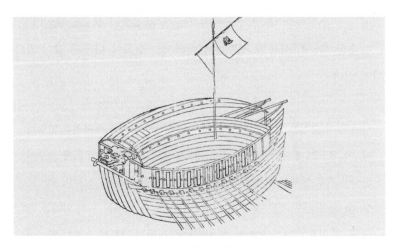

통제영 거북선

《이충무공전서》에는 통제영 거북선과 전라좌수영 거북선 두 종류가 소개되어 있으며,
본문에서는 통제영 거북선이 이순신 장군이 사용하던 거북선의 제도에 가깝다고 했다.

기패관 4명, 영기패관 4명, 사군관射軍管 4명, 포도捕盜 2명, 화포감관火砲
監官 1명, 도훈도都訓導 2명, 창고지기 6명, 군뢰軍牢 2명, 취고수吹鼓手 5명,
별기대別旗隊 8명, 등패等牌 2명 등 총 277명이 승선했다.

거북선은 태종 이래로 여러 번의 개량을 거치면서 발전했으나, 현재
그 구조와 제원을 확인할 수 있는 것은《이충무공전서》에 실린 통제영
거북선뿐이다.《이충무공전서》에는 이 통제영 거북선이 이순신 장군
이 사용하던 거북선의 제도에 가깝다고 했으며, 배의 각 부분별 제원
과 명칭을 매우 자세히 기록하고 있다. 여기에 실린 내용을 근거로 거
북선의 구조를 살펴보면 다음과 같다.

(1) 본판 - 배의 밑부분

거북선을 건조하기 위해서는 먼저 배 아래쪽에 평평한 나무판 10장을

까는데, 이 나무판을 본판本版 혹은 저판底版이라고 한다. 배의 가장 앞
부분은 폭이 12척(3.7m)이고, 중간 부분은 14척(4.3m), 배의 꼬리 부분은
10척 6촌(3.3m)이다. 10장을 다 이으면 전체 길이는 64척 8촌(20.1m)이
된다.

(2) 삼판 – 배의 좌우 부분

배 아래쪽에 본판을 깔고 나면 본판의 좌우로 기다란 판자를 각각 7장
씩 수직으로 연결하여 쌓는다. 이 옆면의 판자를 삼판杉版 혹은 현판舷版
이라고 한다. 맨 아랫부분의 삼판은 길이가 68척(21.1m)이고, 위로 올라
갈수록 점점 길어져서 맨 위판은 113척(35.0m)이다. 따라서 거북선의 측
면 길이는 대략 35m가 되는 셈이다. 삼판은 나무못으로 위와 아래를
연결하는데, 7장 모두가 연결되면 그 높이는 7척 5촌(2.3m)이 된다. 삼
판에 사용되는 판재의 두께는 4촌(12.4cm)이다. 좌우의 삼판 사이에는
가룡駕龍이라고 부르는 긴 나무 막대를 끼워서 넘어지지 않게 한다.

(3) 노판 – 배의 앞부분

배의 앞부분은 수직으로 7개의 나무판을 연결하여 만드는데, 이를 노
판 혹은 하판荷版이라고 한다. 《이충무공전서》에는 이 노판의 규격에
관한 기록이 누락되어 있다. 다만 배의 측면 높이와 후면 높이가 모두
7척 5촌이므로, 전면의 높이도 7척 5촌(2.3m)이었을 것으로 보인다. 전
라좌수영 거북선에는 이 노판의 전면에 곡목을 달아서 암초에 부딪혔
을 때 배가 깨지는 것을 막고 파도를 헤치고 나가기 편하도록 만들었
으나, 통제영 거북선에는 이 곡목이 없다.

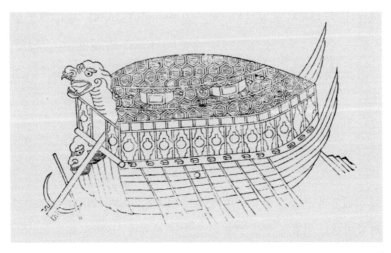

전라좌수영 거북선

전라좌수영 거북선에는 영조 11년에 추가된 곡목曲木이 배 앞머리에 달려 있다.
이 곡목은 파도를 헤쳐 나가기 편리하게 하고 암석에 부딪히더라도 배가 깨지지
않도록 하기 위한 것이다. 《이충무공 전서》.

(4) 축판 - 배의 뒷부분

배의 뒷부분에는 7장의 나무를 쌓아서 높이가 7척 5촌(2.3m)이 되도록
한다. 이 판자는 축판築版이라고도 하고 뱃머리 부분의 판재와 마찬가
지로 하판이라고 부르기도 한다. 맨 아래판의 길이는 10척 6촌(3.3m)이
고, 맨 위판의 길이는 14척 5촌(4.5m)이다. 아래에서 여섯 번째 판에는
중앙에 직경 1척 2촌의 구멍을 뚫고 키(舵)를 설치하는데, 이 키를 속언
에 치鴟라고 한다고 했다.

(5) 포판 - 갑판 부분

삼판과 노판, 축판으로 배의 외벽이 완성되면 삼판 위에 신방 혹은 현

란舷欄이라고 부르는 낮은 난간을 두른다. 그리고 이 신방 사이에 가롱이라고 하는 긴 나무 막대를 서까래처럼 연결하고, 그 위에 포판鋪版, 즉 갑판을 얹는다. 이 갑판 위에는 좌우로 각각 10개의 노를 설치하여 배를 젓는다. 갑판 아래쪽에는 24개의 방이 있는데, 이 중에 2칸은 철물을 보관하고, 3칸은 무기를 보관하며, 나머지 19칸은 병사들이 휴식을 취하는 데 사용한다. 갑판 위로는 2개의 방이 있는데, 왼쪽의 방은 선장이 사용하고, 오른쪽 방은 장교들이 사용한다. 전투가 벌어지면 거북선의 모든 장수와 포수, 격군은 이 갑판 위로 올라와서 함께 전투를 벌이게 된다.

(6) 방패 - 방패 부분

거북선의 갑판 위에는 좌우로 방패防牌를 빙 둘러 치고 그 위에 다시 낮은 난간을 두른다. 방패 위에 두르는 난간은 언방 혹은 패란牌欄이라고 부른다. 방패의 높이는 난간을 포함해서 4척 3촌(1.3m)이다. 이 방패에는 좌우로 각각 12개의 문과 22개의 포 구멍을 낸다. 이 12개의 문 중에서 가운데 문은 배에 오르고 내리는 데 사용하지만, 나머지 문은 활을 쏘거나 채광을 위해 사용하는 작은 창이다.

(7) 개판 - 등껍질 부분

개판蓋版은 거북선의 등껍질 부분으로서 구배판龜背版이라고도 한다. 방패 위에서부터 차례대로 좌우 각각 11장의 긴 판자를 지붕 얹듯이 겹쳐 가면서 쌓아 올리고, 중간 부분에는 돛대를 세우고 내리기 위하여 1척 5촌(46.5cm)의 공간을 남긴다. 개판의 좌우에도 각각 12개의 포 구

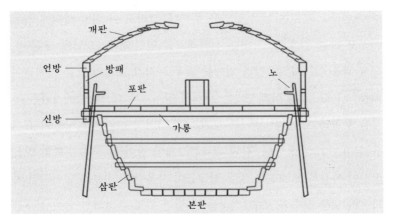

거북선 구조도

통제영 거북선을 기준으로 볼 때, 거북선의 구조는 판옥선과 기본적으로
동일한 이층 구조이며 다만 상갑판을 거북이 등껍질처럼 곡선으로 만들고
그 위에 칼과 송곳을 꽂아 적병의 침입을 더욱 어렵게 만들었다.

멍을 뚫어서 여기에서도 총통을 발사할 수 있도록 했다. 개판의 위에
는 칼과 송곳을 꽂아서 적이 기어오르지 못하도록 했다. 일본측의 기
록에는 거북선의 등이 철갑으로 덮여 있다고 했지만, 우리 기록에는
철갑을 사용한 적이 없으며, 당시 조총의 위력을 고려할 때 4촌(12.4cm)
두께의 송판이면 장갑으로는 충분하지 않았을까 생각된다.

⑧ 구두 - 거북머리

거북선 앞쪽에 달린 구두龜頭, 곧 거북머리 부분은 넓이가 3척(93.0cm)이
고, 길이가 4척 3촌(133.3cm)이다. 이 거북머리의 안쪽에 염초와 유황을
넣고 태워서 연기를 뿜어낸다. 거북머리 위로는 두 개의 포 구멍이 있
고, 거북머리 아래에는 두 개의 문이 있으며, 문 좌우로도 포 구멍이 각
각 하나씩 있다. 그리고 문 아래에는 현자포를 쓰기 위한 두 개의 커다

란 구멍이 있다.

거북선은 돌격선으로는 더 없이 훌륭한 배였지만, 개방된 3층이 있는 판옥선과 달리 폐쇄형의 2층 구조이기 때문에 활을 쏘기에 불편하고 장기간의 항해에는 부적합하였다.《속대전》에 의하면 조선 후기에는 각 수영에 한두 척씩 모두 14척의 거북선을 보유하였을 뿐이다.

방선
防船

방선은 방배선防排船, 팽배선彭排船, 방패선防牌船이라고도 불리는 중형 함정으로서, 판옥선을 보조할 목적으로 조선 후기에 건조되었다. 명종 이후에 건조되기 시작한 판옥선은 이전 시기의 대맹선에 비해서 갑절은 큰 배였고, 사후선伺候船은 너무 작아서 무장을 할 수 없었기 때문에, 조선 수군은 그 중간 정도 크기의 무장 함선이 필요했다. 선조 4년의 기록에 수군의 전함에 판옥선, 방배선, 협선夾船이 있다고 했으며, 이때 처

병선
방선보다 한 단계 아래인 배로, 배 아래 본판의 길이는 12m 정도이다.《각선도본》.

음으로 방선이 기록상에 등장한다. 이 방선은 특히 수심이 낮은 서해 안에서 활용도가 높았다. 방선은 배의 양현에 높은 방패를 달아서 왜구가 기어올라 오지 못하도록 했고, 무기로는 소구경 화포를 장착했다.

병선
兵 船

조선 전기에는 전투용 함선을 모두 병선이라고 했지만, 조선 후기의 병선은 방선보다 한 단계 아래인 배이다.《통영군지》의 기록을 보면, 병선 1척에는 선장 1명과 조타수 1명, 사수 10명, 포수 10명, 능노군 14명 등 총 36명이 정원이다.《각선도본各船圖本》에는 배 아래의 본판 길이는 39척(12.1m)이고, 넓이는 6척 9촌(2.1m)이라고 했다. 병선은 화기를 장착하고 빠른 속도를 이용하여 적선을 포착하는 역할을 맡았다.

사후선
伺候船

사후선
물자 수송과 연락, 적선 포착을 위해 사용된 소형 선박이다.《여암전서》.

《조선왕조실록》과《난중일기》에는 조선 후기의 소형 전선으로 협선과 사후선이 등장한다.《통영군지》의 기록을 보면, 사후선에는 조타수 1명과 노 젓는 능노군이 4명이 정원이다. 따라서 이 배는 전투용 함정이 아니라, 조선 전기의 비거도와 마찬가지로

포구와 다른 배를 오가거나 짐을 나르는 배였을 것이다. 《여암전서》에
는 사후선이 그려져 있는데, 여기에는 작은 돛이 달려 있다.

창선
槍船

창선은 이순신 장군 휘하에서 군관으로 싸우다 부상을 입기도 했던 나
대용이 선조 39년에 고안한 전함이다. 나대용이 말하기를, 거북선은 전
쟁에 쓰기는 좋지만 사수와 격군의 숫자가 125명이나 되고 활을 쏘기
에도 불편하므로, 이를 개량해서 창선을 만들었다고 했다. 창선은 거북
선보다 크기를 줄이고, 칼과 창을 그 위에 빽빽이 꽂았다. 당시에 격군
42명을 태우고 바다에 나아가 노를 젓게 했더니, 빠르기가 나는 듯했
고, 활쏘기의 편리함도 판옥선보다 나았다고 한다.

해골선
海鶻船

영조 16년에 전라좌수사 전운상田雲祥이 처음 해골선을 만들었는데, 몸
체는 작지만 가볍고 빨라서 바람을 두려워할 필요가 없었다고 한다.
이에 영조는 통영과 여러 지방의 수영水營에 해골선을 만들도록 명했
다. 이 해골선은 원래 중국의 《무비지》에 소개된 전함으로서, 좌우로
펼쳐진 부판浮板이 마치 날개와 같고 빠르기가 바다의 송골매(鶻)와 같
다고 하여 해골海鶻이라고 했다.
　《무비지》의 해골선 그림을 보면, 배의 앞부분은 높이가 낮고 폭이 넓
으며, 뒷부분은 높이 솟아 있고 폭이 매우 좁다. 배의 좌우로는 날개처

해골선

《무비요람》에 그려진 조선의 해골선(오른쪽)은 중국 《무비지》의 것(왼쪽)을
모방한 것이다. 배 위에 집을 지어 아군을 보호한다는 개념은 판옥선과 동일하며,
다만 해골선은 생가죽으로 방호했다.

럼 부판을 물에 드리워서 파도가 쳐도 배가 뒤집히지 않도록 했다. 배
의 좌우에는 방패를 둘렀고, 그 위로는 소 생가죽을 덮어서 배 안의 병
사들을 보호했다. 《만기요람》을 보면 순조 당시에 전라우수영에 해골
선 한 척이 있다고 했다.

十八 · 신호 체계

조선 전기의 신호체계

《병학지남》에 기(旗)는 색으로 신호하는 것이고, 북(鼓)은 소리로 신호하는 것이라고 했다. 또한 모든 장수와 군사들은 귀로는 다만 징과 북소리만 듣고, 눈으로는 다만 깃발의 방향과 색깔만을 볼 것이며, 어느 누구를 막론하고 입으로 명령하는 것은 절대로 듣지 말아야 한다고 했다. 전장에서의 통신수단이 발달되지 않았던 고대의 전투에서는 깃발과 북, 징 등이 유일한 명령 전달 수단이었으며, 따라서 보다 잘 정비된 신호체계를 지닌 부대가 전력을 집중적이고 효율적으로 발휘할 수 있었다. 우리 민족은 이미 삼국시대부터 징과 북을 이용한 집단 전술에 익숙했으나, 고려와 몽골의 연합군이 일본 열도에 상륙했을 때 왜군들은 징과 북을 이용한 집단 전투를 처음 경험하면서 무기력하게 무너졌다.

조선 전기의 신호체계는 고려시대의 신호체계를 거의 그대로 이어받았을 것으로 생각되며, 세종 당시에 편찬된《악학궤범》, 문종 당시에 편찬된《오위진법》과 성종 당시에 편찬된《국조오례의》에 그 사용 방법이 기록되어 있다.

취타

吹打

《오위진법五衛陣法》에 무릇 장수는 대각大角, 소각小角, 금金, 고鼓, 둑纛, 비鼙, 도鼗, 탁鐸을 갖는다고 했다. 조선 전기에 사용된 취타吹打의 형태와 용도를 살펴보면 다음과 같다.

(1) 각

각角은 원래 뿔나팔을 말한다. 소각小角은 속이 빈 긴 나무통 끝에 황소 뿔을 달아서 만들며, 대각大角은 긴 나무통 끝에 은으로 사발 모양의 부리를 달아서 만든다. 명령을 내릴 때는 먼저 대각을 불어서 이목을 집중시킨 후에 기치로 명령한다. 또한 진퇴를 재촉할 때에는 북과 함께 대각을 쓰고, 교전을 재촉할 때에는 북과 함께 소각을 분다. 하급 부대가 상급 부대에 보고를 할 때에도 각을 불어서 이목을 끈다.《악학궤범》에는 대각의 길이가 2척 6촌이고, 주둥이의 넓이는 4촌 5분이라고 했으며, 소각은 길이가 2척 4분이고 주둥이의 넓이는 3촌 7분이라고 했다.

(2) 고

명령을 내릴 때 사용하는 깃발인 휘麾로 특정 방향을 가리키면서 북(鼓)을 치면 그 방향으로 전진하라는 명령이다. 빠르게 치면 군사들은 빠르게 행군하고, 천천히 치면 천천히 전진한다. 각을 불면서 북을 치면 교전에 임하라는 뜻이다.

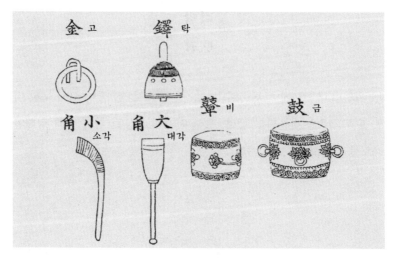

취타

《병장도설》.

(3) 금

금金은 곧 징이다. 징은 후퇴를 명령할 때 치는데, 아주 빠르게 치면 후퇴를 하며 다시 드물게 징을 치면 후퇴를 멈추고 적과 싸운다.

(4) 도

도鼗는 북의 일종인데 비교적 크기가 작고 높은 소리를 낸다. 도를 울리면 북을 요란하게 치고 크게 함성을 지른다.

(5) 탁

탁鐸은 쇠로 만든 작은 종이다. 탁을 치면 전군이 침묵하고 명령을 기다린다.

군기

軍 旗

조선 전기의 군기는 《오위진법》과 《국조오례의》에 그 형태가 자세히
나와 있다. 당시의 군기는 각 부대장의 소속과 직위를 구분 표시하기
위해 사용했고, 부하 장수를 불러모으고 명령을 내리거나 혹은 영을
받고 복명을 할 때도 사용했다.

(1) 표기

표기標旗는 주장主將 이하 각급 장수들을 상징하는 깃발이면서 동시에
상급부대의 명령에 응하는 데 사용하는 깃발이다. 표기는 총사령관이
지니는 교룡기부터 대장기, 위장기, 부장기, 통장기, 여수기, 대정기로
구성되며, 그 외에 예비대인 유군의 유군장기와 유군장 휘하의 영장이
지니는 영장기가 있다.

- **교룡기 交龍旗** : 교룡기는 총사령관이 사용하는 표기이다. 황색 바탕에
  서로 얽혀 있는 두 마리의 용과 구름을 그린다. 붉은색 도련을 단다.
- **대장기 大將旗** : 삼군의 대장은 각각 대장기를 지니는데, 좌군은 청색,
  우군은 백색, 중군은 황색으로 바탕을 만들고, 그 위에 용 한 마리와 구름
  을 그린다. 용대기龍大旗라고도 한다.
- **위장기 衛將旗** : 대장 아래에는 5개의 위衛가 있고, 각각의 위는 자신들
  의 위치에 따라서 오방색으로 기치를 만든다. 전위는 적색, 우위는 백색,
  좌위는 청색, 후위는 흑색, 중위는 황색을 쓴다.
- **부장기 部將旗** : 각 위장 아래에는 5개의 부部가 있다. 각 부의 부장은 자

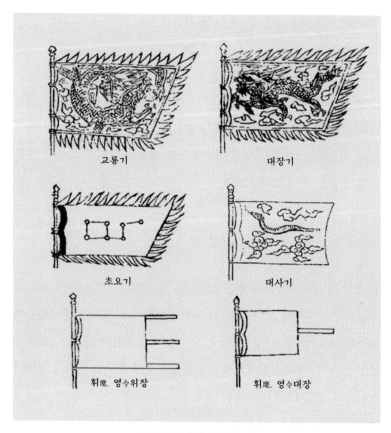

교룡기, 대장기, 휘, 초요기

《진법》.

신들의 위치에 따라서 오방색으로 바탕을 만들고, 그 가운데 원을 그리며 원의 색은 자신들이 속한 위의 색과 같게 한다.

• **통장기 統將旗** : 각 부장 아래에는 4개의 통統이 있다. 통의 규모는 반드시 일정한 것이 아니며, 전체 군사의 수에 따라서 달라진다. 각 통의 통장은 자신들의 위치에 따라서 청색, 적색, 백색, 흑색 중 하나를 사용한다.

• **여수기 旅帥旗** : 한 여旅는 총 125명이며, 5개의 대隊로 구성된다. 각 여수旅帥는 자신의 위치에 따라서 오방색으로 바탕을 칠한 기를 가진다.

- **대정기 隊正旗** : 한 대는 25명이며, 5개의 오伍로 구성된다. 각 대의 대정 隊正은 자신의 위치에 따라서 오방색으로 바탕을 칠한 기를 가진다.

- **유군장기 遊軍將旗** : 각 위는 전체 병력의 30%를 예비대 격인 유군遊軍 으로 운용하는데, 이 유군을 지휘하는 유군장은 5개의 영營을 거느린다.

- **영장기 領將旗** : 유군장 아래에 있는 각 영의 영장은 자신의 위치에 따라서 오방색으로 바탕을 만들고 도련을 단다.

(2) 영하기

영하기令下旗는 휘하의 지휘관에게 명령을 내릴 때 사용하는 군기이다. 각급 부대장은 자신의 표기와 모양은 같고, 다만 기의 한쪽에 길게 류旒라고 부르는 깃술을 늘어뜨린 기를 자신의 휘하 부대 수만큼 지녔다가 해당 부대에 명령을 내릴 때 사용한다. 총사령관에서부터 대정에 이르기까지 모두 영하기를 지니는데, 특히 위장은 부장에게 명령을 내리는 데 사용하는 영하기와 유군장에게 명령을 내리는 데 사용하는 영하기를 함께 지닌다.

영하기 중에서 특히 총사령관이 사용하는 영하기는 휘麾라고 부르는데, 이는 이 깃발로 진을 펼치기 때문이다. 휘를 왼쪽으로 들었다 놓으면 직진直陣을 이루고, 오른쪽으로 들었다 놓으면 방진方陣을 이루고, 앞으로 들었다 놓으면 예진銳陣을 이루며, 뒤로 들었다 놓으면 곡진曲陣을 이룬다. 사방으로 향하여 휘두르면 원진圓陣을 이룬다.

상급 부대에서 영하기를 들었다 놓으면(點) 휘하 부대장도 자신의 기치를 들었다 놓아서 명령에 응(應)하고, 휘로 방향을 가리키면(指) 그 방향으로 전진하며, 휘를 들면(擧) 일어서고, 뉘면(偃) 앉으며, 표기를 휘두르면(揮) 싸운다.

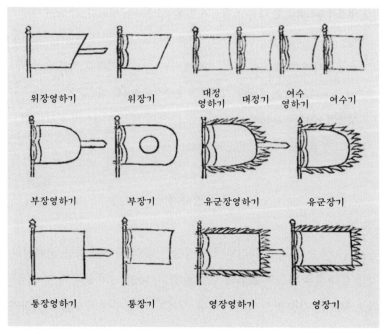

표기와 영하기

《진법》.

(3) 초요기

초요기招搖旗는 휘하의 장수를 불러들일 때 사용하는 깃발이다. 위장 이하의 각급 지휘관도 모두 초요기를 지니며, 다만 크기의 차이가 있을 뿐이다. 초요기는 푸른색 바탕에 흰색으로 북두칠성을 그린다. 도련에도 흰색을 쓴다. 예를 들어, 대장이 대각을 불고, 청색 휘와 초요기를 아울러 세우면 청색에 해당되는 우위右衛의 위장은 자기의 표기를 들었다 놓아서 응답한 후, 혼자 말을 타고 달려가 대장기 아래에 꿇어앉는다.

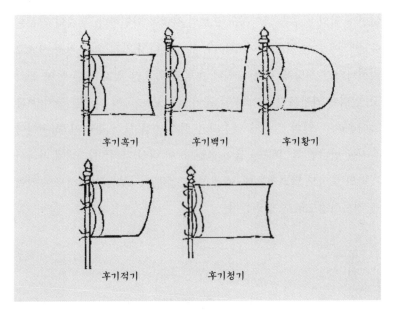

후기혹기　후기백기　후기황기

후기적기　후기청기

후기
《진법》.

(4) 대사기

대사기大蛇旗는 매복병에게 명령을 내리는 데 사용한다. 깃발에는 큰 뱀을 그린다. 바탕색은 소속된 위에 따라서 다르며, 도련은 기의 바탕색과 상생相生이 되는 색을 쓴다. 예를 들어, 바탕색이 흰색이면 이는 금金을 상징하므로, 도련에는 금을 생기生氣해 주는 토土에 해당되는 황색을 쓰는 것이다.

(5) 후기기

후기候騎는 조선시대의 척후 기병대로서 본진보다 2, 3리 앞서서 행군

하면서 적의 징후를 파악하고 도로의 사정을 확인한다. 후기의 역할은 유군遊軍에 속한 기병騎兵이 맡는다. 후기는 다섯 가지 색의 기를 지니고 앞서가다가 전방에 깊은 숲이나 초목이 있으면 청기靑旗를 들어 올리고, 언덕이 가파르면 적기赤旗를 들어 올리고, 마을에 이르면 황기黃旗를 들어올리고, 적의 징후가 발견되면 백기白旗를 들어 올리며, 하천이나 습지를 만나면 흑기黑旗를 들어 올린다. 이 다섯 가지 기는 색에 따라서 깃발의 모양도 달라지는데, 예를 들어 청색은 나무를 상징하므로 깃발을 직사각형으로 곧게 만든다.

조선 후기의 신호체계

조선 후기의 신호체계는 중국의 《기효신서》를 근간으로 했지만, 약간은 다른 점들이 있다. 영조 25년(1749)에 간행된 《속병장도설》에는 당시에 실제로 행하던 신호체계가 수록되어 있다. 다만 그 설명이 상세하지 않기 때문에, 《속병장도설》과 함께 《병학지남》을 살펴봐야만 당시의 신호체계를 이해할 수 있다.

취타

吹打

(1) 호포

호포號砲는 신호를 보내기 위해 사용하는 삼혈총을 말한다. 장수가 어떤 명령을 내리고자 할 때에는 먼저 호포를 쏘아 군사들의 이목을 먼저 집중시키고, 그 다음에 징, 북, 깃발, 고초 등으로 명령하는 것이다. 그 외에도 호포는 대장이 군막에서 나오거나(升帳砲) 깃발을 올릴 때(升旗砲), 군사들에게 침묵을 명령할 때(肅靜砲), 함성을 질러서 사기를 높일 때(訥喊砲), 병력을 나누고 모을 때(分合砲), 영문을 닫을 때(閉營砲), 밤에 시간을 알릴 때(定更砲), 명령 변경을 알릴 때(變令砲) 쏜다.

진영의 외곽에 잠복하거나 높은 곳에 올라가 적을 관측하는 경계병들은 소수의 적이 접근하면 호포를 한 번 쏘고, 다수의 적이 접근하면 두 번 쏘아 신호를 보낸다. 성을 지킬 때에는 적이 접근하는 방향에 따라서 포를 쏘는데 동, 서, 남, 북 방향에 각각 1~4번의 포를 쏜다.

(2) 호적

호적號笛은 호적胡笛 혹은 태평소太平簫라고도 하며, 서역에서 중국을 통해 조선에 전해진 피리이다. 길이는 1척 4촌이고, 7개의 구멍이 있다. 호적은 주로 각급 지휘관을 불러모을 때 사용하며, 취타를 울릴 때 악기로도 사용한다.

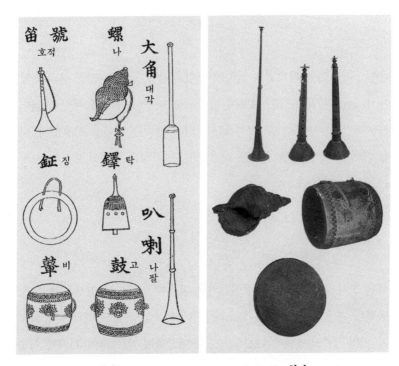

취타

《속병장도설》.

취타

육군박물관 소장.

(3) 나팔

나팔은 길이가 긴 금속 관악기로서, 철적鐵笛이라고도 한다. 길이는 5척이고, 밑은 가늘며 끝은 넓다. 우리나라는 이미 고구려시대부터 나팔을 군사적인 용도로 사용했다. 통영 충렬사에는 명나라 황제가 이순신 장군에게 하사한 곡나팔 하나가 있다. 아침에 나팔을 한 번 불면 군사들에게 기상을 하여 밥을 지으라는 뜻이고, 두 번 불면 식사를 하고 각자의 구역으로 집결하라는 것이며, 세 번 불면 장수가 담당 구역으로 나간다.

(4) 나

나螺는 커다란 소라껍질의 한쪽에 구멍을 뚫고 동으로 만든 부리를 달아서 만든 나팔이지만, 경우에 따라서는 나무나 구리로 대신 만들어 사용하기도 한다. 《기효신서》에서는 발라哱囉라는 이름을 사용했다. 나를 연이어 세 번 불면 기병은 말에 오르고, 차병은 전거에 오르며, 보병은 무기를 잡는다.

(5) 북

북은 군사들에게 전진을 명령하거나 전투에 임하도록 명령하는 데 사용한다. 북을 천천히 치면 북소리 1번에 20보의 속도로 행군하며, 빠르게 치면 북소리 1번에 1보의 속도로 행군하며, 연속하여 거세게 치면 적과 교전한다. 전투가 승리로 끝난 후에 북을 치는 것을 득승고得勝鼓라고 하며, 이때는 각자가 원위치로 돌아온다. 군영을 설치한 상태에서 북을 울리면 이는 땔감을 채취하고 물을 길어 오라는 뜻이며, 영문을 닫은 후에 울리는 북은 시간을 알리는 것이다.

《만기요람》에는 오군영이 보유한 북의 종류로서 한자리에 설치해 놓고 사용하는 대고大鼓와 행군 중에 사용하는 대행고大行鼓, 중행고, 소행고, 고鼓 등을 수록해 놓고 있다.

(6) 탁

탁鐸은 쇠로 만든 커다란 방울이며 솔발이라고도 한다. 탁을 한 번 울리면 최소 단위 부대인 대가 철수하고, 두 번 울리면 대대를 이루어 기치를 뽑아 들고 중앙부대로 집결한다. 전투를 마친 후에 탁을 한 번 울리면 군사가 현재의 위치에서 대오를 이루고, 두 번 울리면 원래의 소속 부대로 복귀한다.

(7) 징

징(鉦)은 고대로부터 부대의 철수나 후퇴를 명령하는 데 사용했다. 교전 중에 징을 세 번 치면 후퇴하며, 다시 두 번을 치면 후퇴를 멈추고 그 자리에서 적과 싸운다. 군영을 설치한 상태에서 징을 한 번 치면 호포를 쏘고 명령을 변경하며, 두 번 치면 취타를 울리고, 세 번 치면 취타를 멈춘다. 징의 가장자리를 치는 것은 또 다른 의미가 있는데, 이는 경계병의 출동이나 기치를 벌려 세우라는 의미이다. 《만기요람》에는 오군영이 보유한 징은 그 크기에 따라서 대징, 중징, 소징으로 나뉜다고 했다.

군기
軍旗

(1) 인기

인기認旗는 주장에서부터 말단 병사에 이르기까지 계급과 소속을 식별하기 위하여 지니는 깃발이다. 대장과 파총, 초관은 별도의 병사가 인기를 들고 따르며 기총과 대장 등 하급 지휘관은 자신의 단창에 창기를 단다. 말단 사병들은 투구나 전립 위에 작은 기치를 달아서 소속된 부대를 표시한다. 따라서 모든 부대원이 기치 하나씩을 지니는 셈이

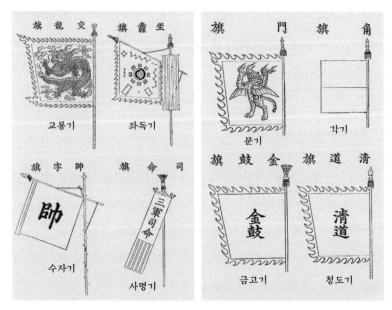

교룡기, 좌독기, 수자기, 사명기
《속병장도설》.

문기, 각기, 금고기, 청도기
《속병장도설》.

된다. 각 기치는 자신이 속한 부대를 오방색으로 표시하는데, 전군은 홍색, 후군은 흑색, 좌군은 남색, 우군은 백색을 사용하며 중군은 황색을 사용한다.

국왕은 교룡기를 인기로 사용하며, 삼군 사령관은 기의 중앙에 삼군 사명三軍司命이라고 쓰며, 그 이하 각 하급 부대의 대장들도 기 중앙에 직위를 쓰고 이어서 사명司命이라는 두 글자를 쓴다. 대장이 인기를 휘두르면 모든 지휘관이 주장에게로 달려가 무릎을 꿇는다.

(2) 오방기

오방기五方旗에는 세 종류가 있는데, 용과 호랑이 등 영물이 그려진 대

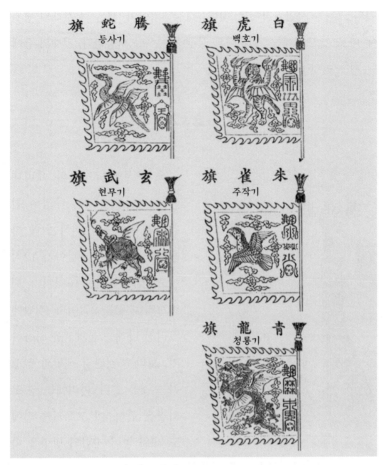

대오방기

《속병장도설》.

오방기는 문기와 함께 세우고, 신장神將이 그려진 중오방은 신명의 가
호를 상징하여 의장물로 사용하고, 그림이 없는 소오방은 다섯 가지
색깔로 만들어서 대장 곁에 두었다가 각각의 색깔에 해당하는 하급부
대에 명령을 전달하는 데 사용한다. 또한 진형을 변경하거나 행군 중
에 길의 상태를 뒤편 부대에 알리는 데도 소오방기가 사용된다. 오방

기의 크기는 사방 5척이고, 깃대는 1장 5척이며, 색은 각 부대의 방위에 따르고, 도련에는 기의 색과 상생하는 색을 사용한다. 깃대의 끝에는 꿩 꼬리깃(雉尾)을 단다.

(3) 고초기

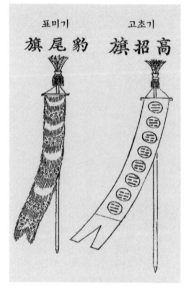

고초기, 표미기
《속병장도설》.

고초기高招旗는 지금의 예비대에 해당하는 기병과 주장의 친위병인 아병을 지휘하는 데 사용한다. 고초기는 길이가 12척이고, 깃대 높이는 16척이며, 제비꼬리(燕尾)는 2척이다. 깃발에 그려진 팔괘는 본방색을 사용하며, 꼬리는 깃발의 색깔과 상생하는 것을 쓴다. 머리에는 꿩 꼬리깃을 단다. 이 고초기는 밤에도 세워 놓아 바람의 방향을 확인하기도 한다.

(4) 문기

문기門旗는 오방색으로 각각 두 개씩 만들어 군영의 네 문과 중앙에 둔다. 크기는 사방 5척이고, 길이가 12척이다. 기의 중앙에는 날개 달린 호랑이(翼虎)를 그린다. 도련은 모두 노란색을 사용하며, 깃대 위에는 구름 무늬 조각과 쇠창을 단다.

(5) 각기

각기角旗는 군영의 네 모서리에 설치한다. 군영의 각 모서리에는 각기 2개씩을 설치하고, 그 위에 막대를 가로질러 끼워서 군사들이 드나드는 문으로 사용한다. 크기는 사방 4척이고, 깃대 높이는 12척이다. 기의 색깔은 위치에 따라서 다른데, 예를 들어서 동남방의 각기는 위쪽을 동쪽 색깔인 청색을 사용하고, 아래쪽은 남쪽 색깔인 붉은색을 사용한다.

(6) 좌독

주장主將을 상징하는 좌독坐纛은 크기가 사방 1장으로 상당히 큰 편이며, 깃대의 높이는 1장 6척이다. 검은 비단으로 깃발을 만들고, 도련은 흰 비단으로 만든다. 기에는 태극과 팔괘, 낙서를 그리며, 아래에 오색끈을 늘이고 28수의 별자리에 해당하는 짐승을 그린다. 이 좌독기는 행군 시에는 뒤쪽에 두고, 정지했을 때에는 왼쪽에 둔다.

한편, 이 좌독은 둑纛이라고 불리는 의장儀仗과는 다른 것이다. 둑은 군신인 치우蚩尤를 상징하는 의장으로서, 긴 창날 아래에 긴 술이 무성하게 달려 있다. 전쟁에 출정하는 날에는 이 둑기 아래에 모든 병사가 모여 입에 짐승 피를 바르며 함께 싸울 것을 맹세하고 서약문을 읽은 뒤 명령을 받는다. 경칩과 상강에는 모든 장수들이 둑기 아래에 모여 둑제纛祭를 지낸다.

(7) 금고기

금고기金鼓旗는 징과 북을 치고 나팔을 부는 취타대吹打隊를 인도하는 깃발이다.

(8) 청도기

청도기清道旗는 행군 시에 맨 앞에 서서 잡인들을 물리치고 길을 여는데 사용하는 깃발이다. 크기는 사방 4척이고, 길이는 8척이다. 깃발의 중앙 부분은 남색이고, 가장자리는 홍색이다. 깃대의 위에는 호로병 모양의 장식과 쇠창을 단다.

(9) 표미기

표미기豹尾旗는 표범 꼬리 모양으로 만든 비단 깃발로, 주장의 군막 옆에 세워 아무나 함부로 근접하지 못하게 하는 것이다. 영전이나 영기로 부르지도 않았는데 함부로 주장의 군막에 접근하거나 이를 엿보는 자는 군법으로 다스렸다. 표미기의 길이는 7척이고, 깃대의 높이는 9척이다.

(10) 당보기

당보塘報라고 하는 것은 제방(塘)에 올라가서 알린다(報)는 의미로서, 지형이 높은 곳에 올라가서 적의 동태를 감시하고 알리는 일종의 척후병을 말한다. 당보는 소수의 적이 공격해 오면 기를 가볍게 올렸다 내리

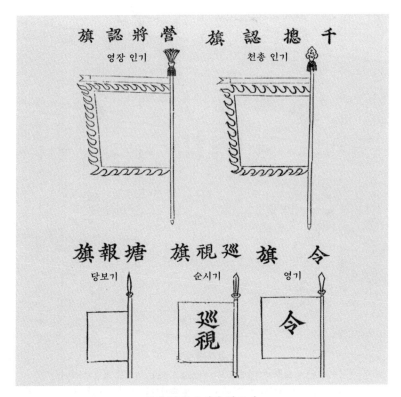

인기, 영기, 순시기, 당보기

《속병장도설》.

고, 적이 맹렬히 공격 해오면 기를 맹렬히 흔든다. 적이 물러가면 기를 세 번 휘두르고 거둔다. 당보기의 크기는 사방 1척이고, 깃대의 높이는 9척이다. 깃대 끝에는 창날을 달며 기의 색깔은 황색이다.

(11) 영기

영기令旗는 영전, 영패와 함께 장수의 명령을 전달하는 데 사용한다. 영기의 크기는 사방 1척이고, 깃대의 높이는 4척이다. 청색 바탕의 깃발

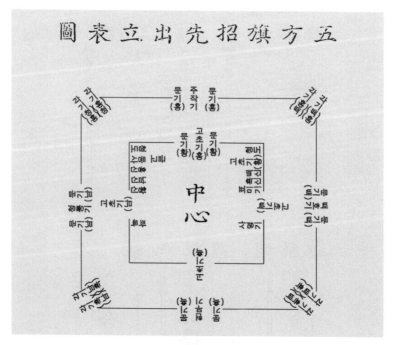

군기 배치도

《병학통》의 오방기선출입표도五方旗先出立表圖는 방진을 펼치기 전에
군기를 먼저 배치하여 각 군의 위치를 표시하는 과정을 보여 준다.

에 붉은 글씨로 영令 자를 쓴다. 한편, 부절符節이라고도 부르는 영패는
원형의 나뭇조각에 붉게 기름을 먹여서 만들고, 그 위에 영자를 새긴
다. 영패는 각 영에 10개씩 둔다.

(12) 순시기

순시기巡視旗는 군중에서 죄를 지은 자를 적발하고 처벌하는 임무를 맡
은 순군巡軍이 소지한다. 청색 바탕의 기에는 붉은 글씨로 순시巡視라고
쓴다.

十九 · 기타

융복과 구군복

戎服·具軍服

조선시대의 대표적인 무인 복식으로는 융복과 구군복이 있다. 융복戎服은 철릭(帖裡, 天翼)을 입고 주립朱笠을 쓴 차림새를 말한다. 이 철릭은 고려시대에 원나라에서 전래된 복식으로서, 중국식 포袍에 비해서는 소매가 좁고 허리에 주름을 많이 넣어 활동이 편하도록 만든 것이다. 왼쪽 소매는 활을 쏠 때나 그 밖에 필요할 때는 떼어낼 수 있도록 만들어진 경우가 있다.

조선 초기만 해도 이 철릭은 의관 안에만 입고 집에서는 평상복으로 사용했으나, 임진왜란을 거치면서 활동에 편한 이 철릭이 문무관 모두에게 야외 활동복으로 사용되었다.

옆의 그림은 김준근金俊根의 풍속도첩風俗圖帖에 그려진 〈융복 입은 조

철릭(왼쪽), 〈융복 입은 조신〉

융복은 철릭을 입고 주립을 쓴 차림새를 말한다. 이 철릭은 고려시대에 원나라에서 전래되었다. 오른쪽은 김준근의 〈융복 입은 조신〉이다. 《진연의궤》(왼쪽), 〈기산풍속화〉.

신朝臣)인데 그림 속의 두 관리는 소매가 상당히 넓은 조선 후기 양식의 철릭을 입고 있으며, 허리에는 광다회廣多繪로 짠 붉은색 대자띠를 매고 있다.

한편, 구군복具軍服은 동달이와 전복戰服, 전립戰笠, 목화木靴를 착용한 차림새를 말하며, 조선 전기부터 후기까지 가장 대표적인 군인 복식으로 사용되었다. 동달이는 소매와 몸통의 색깔이 다르고 소매가 좁은 옷이다. 동달이 위에 입는 전복은 소매가 없고, 앞뒤가 길게 트인 배자 종류의 의복으로서 검은색이다. 전복 위에는 검은색 광대와 남색 전대를 두르거나 혹은 전대만 두른다.

무인도

조선 말기에 무신이자 화가였던 채용신이 그린 그림이다. 조선 말기 구군복 차림을 세밀하게 묘사한 걸작이다. 육군박물관 소장.

이 구군복은 갑옷의 안쪽에 입기 때문에 갑옷의 속옷이라고도 했다. 구한말 무관이자 화가였던 채용신이 그린 육군박물관 소장 〈무인도武人圖〉에는 조선 후기 구군복의 차림새가 매우 상세하게 묘사되어 있다.

망수의

蟒繡衣

《무예도보통지》를 보면 당시에 군사들이 무예를 익히거나 시연할 때

망수의

《무예도보통지》에는 군사들이 무예를 익히거나 시연할 때 망수의를 입는다고 했다.
《무예도보통지》(왼쪽), 육군박물관 소장.

는 망수의蟒繡衣 혹은 청색, 홍색, 황색의 반난의斑斕衣를 입었다고 한다.
망수의는 노란 바탕에 이무기를 수놓아서 만든 화려한 옷으로서,《무
예도보통지》에 그림으로 소개되어 있고 현재 육군박물관에도 유물이
한 점 남아 있다. 반면에 반난의의 정확한 형태는 알 수 없으나, 아마도
《무예도보통지》 본문의 그림에 나타난 바와 같이 소매 부분에 색동 무
늬가 있는 단순한 형태의 상의였던 것으로 보인다.

　현재 우리나라의 무예 단체에서 사용하는 도복의 대부분은 일본의
것을 모방한 것이므로, 전통 도복에 대한 아쉬움을 느끼지 않을 수 없
다. 망수의는 우리나라의 전통적인 무예 도복을 새로이 고안하는 데
많은 참고가 될 것으로 생각된다.

유삼
油衫

유삼油衫 혹은 유의油衣는 비가 올 때 갑옷 위에 걸치는 비옷의 일종이다. 유삼은 종이나 목면 바탕에 기름을 먹여서 만들며, 종이로 만든 것은 지유삼紙油衫, 목면으로 만든 것은 목유삼木油衫이라고 한다. 지유삼에 비해서 상대적으로 고급에 속하는 목유삼은 청색 목면으로 만들었다. 비옷에 바르는 기름은 유동나무 기름인 동유桐油나 들기름 등이 사용 가능하지만, 아무래도 군용 비옷이라면 방수력이 훨씬 뛰어난 동유를 주로 사용했을 것으로 보인다.

조선 초기인 성종 22년의 기록에 군사들은 각자가 해를 가리는 차일遮日, 밥을 해먹는 취반기炊飯器, 손칼에 해당하는 작도斫刀, 도끼, 환도와 함께 비옷인 우구雨具를 의무적으로 지참하도록 했다. 또한 조선 후기에 간행된《만기요람》에도 훈련도감의 군사들은 모두 유삼 한 벌씩을 반드시 지참한다고 했다.

조선시대에는 비가 올 때는 사람뿐 아니라 활과 화살에도 비옷을 씌웠는데,《역어유해보》에는 그 이름을 각각 활우비(雨弓套), 살우비(雨箭壺)라고 했고, 조총을 덮는 우구는《신기비결》에 총투銃套라고 했다.

수화자
水靴子

조선시대의 군인들이 신던 군화에는 두 종류가 있는데, 장수와 군관들은 가죽과 면으로 만든 수화자를 신었고, 일반 병사들은 삼(麻)이나 노를 꼬아서 만든 미투리를 신었다.

수화자
조선시대 무인들은 가죽 또는 기름 먹인 옷감으로 만든 수화자를 신었다.
전쟁기념관 소장.

조선시대에는 발목까지 올라오는 신발을 화자靴子라고 했고, 발만 가려 주는 신발은 혜자鞋子라고 했다. 조선시대의 장수들이 신었던 화자는 특히 수화자水靴子라고 하는데, 이는 신발을 가죽이나 기름을 먹인 옷감으로 만들어서 물이 스며들지 않도록 했기 때문이다. 이 신발은 조선 초기에 비가 올 때 신던 가죽 반장화인 투아套兒에서 비롯된 것이다. 조정에서는 금령을 내려 일반인이 가죽 신발을 신지 못하도록 했으므로, 이 수화자는 벼슬아치와 무관들이 융복과 갑주를 입을 때 신는 신발로 정착되었다. 수화자는 일반적으로 검은색으로 꾸미기 때문에 흑수화자라고 불리지만, 국상이 있는 경우에는 흰 목면으로 겉을 감싼 백수화자를 신었다. 연산군 11년에는 근위부대의 병사들에게 징이 박힌 신발을 신겨서 넘어지지 않도록 했다.

한편, 일반 병사들이 신었던 미투리는 볏짚을 엮어 만든 짚신과 그 구조는 비슷하지만, 삼등으로 단단하게 꼬아서 만들기 때문에 좀 더 튼튼하다. 미투리는 마혜麻鞋, 승혜繩鞋라고도 한다.

풍안경

風眼鏡

《만기요람》에는 금위영에 풍안경 530면面이 비축되어 있다고 했다. 이 풍안경은 기병이 바람과 흙먼지로부터 눈을 보호하기 위해서 착용하는 외에도, 석회와 쇳가루를 적에게 방사하거나 혹은 적이 방사해 올 때 병사들이 착용하였던 것으로 보인다. 조선시대에는 석회 가루를 뿌리거나 분화통으로 쇳가루를 방사하여 적의 눈을 공격했다. 석회가 눈에 닿으면 물과 반응하여 열이 발생하므로 화상을 입게 되고, 분화통 속의 쇳가루는 불꽃처럼 멀리 날아가 눈을 상하게 한다. 따라서 공격자나 방어자 모두 눈을 보호할 수단이 필요했다.

조선에서 안경이 처음 사용된 것은 임진왜란을 전후한 시기로 알려져 있다. 현존하는 안경 유물 중에 가장 오래된 것은 임진왜란 직전에 일본에 통신사로 다녀온 김성일이 사용하던 안경이다. 하지만 그 후 200여 년간 조선에서는 안경이 거의 사용되지 않았으며, 정조 23년에 국왕이 안경을 착용하면서 비로소 보편화된다.

조선시대의 안경은 경주 남산에서 나는 남석南石이라는 수정을 다듬어서 만들었으며, 색안경은 자수정을 깎아서 만들었다. 당시의 안경테는 거북이 등껍질이나 소뿔을 이용했다. 풍안경의 실물은 현재 남아 있지 않지만, 도수가 없다는 점을 제외한다면 그 모습은 조선시대의 일반적인 남석 안경과 크게 다르지 않았을 것으로 보인다.

천리경

千里鏡

조선시대에는 망원경이 천리 밖을 볼 수 있게 해 준다고 하여 천리경 千里鏡이라고 불렀다. 천리경은 조선 후기에 서양에서 중국을 거쳐서 수입되던 신문물의 하나였다. 인조 9년에 진주사陳奏使 정두원鄭斗源이 처음으로 청나라에서 천리경을 가져왔으며, 병인양요 때에는 천총 양헌수梁憲洙가 이 천리경으로 프랑스군의 동태를 감시하며 작전을 지휘했다고 한다.

《만기요람》에는 금위영에 천리경 한 점이 있고, 북한산성에도 훈련도감 소속의 천리경이 한 점 있다고 했다. 육군박물관에 소장된 천리경은 조선 후기의 것인데, 스위스에서 제작된 6굴절식 놋쇠 망원경이며, 길이는 92.5cm이다.

사조구

四爪鉤

사조구는 네 개의 발톱(爪)이 달린 쇠갈고리에 긴 쇠사슬을 달아서 만든 투척용 무기이다. 《이충무공전서》에는 사조구 한 점이 그림으로 그려져 있고, 본문에는 이 사조구가 이순신 장군 당시에 사용되던 것과 같은 제도라고 했다. 《이충무공전서》의 사조구는 네 개의 발톱의 길이가 각각 9촌(18.9cm)이고 가운데 자루의 길이는 1척 5촌(31.5cm)이며, 둘레는 5촌(10.5cm)이다. 뒤에 달린 쇠사슬의 길이는 28척(5.88m)이며, 멀리 던질 때는 사슬 끝에 밧줄을 묶어서 사용한다고 했다. 이 사조구는 적의 배에 던져서 적선을 끌어당겨 나포하는 데 주로 사용했다. 이순신 장군은 명량해전에서 왜장이 조선군이 쏜 화살에 맞아 물에 떨어지자 갈고리를 던져 그의 시신을 뱃머리로 끌어올린 후 토막 내어 높이 보임으로써 적의 기운을 크게 꺾은 일이 있다.

현재 현충사에 복원 전시된 사조구는 형태상으로는 《이충무공전서》의 그림과 유사하지만, 영조척을 사용해서 복원한 탓인지 크기가 터무니없이 커서 사람의 힘으로는 5m 넘게 던지는 것이 불가능하다

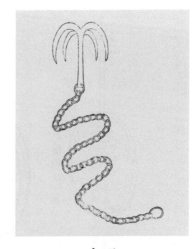

사조구
《이충무공전서》에 그려진 사조구는
네 개의 발톱이 달린 쇠갈고리에
긴 쇠사슬을 달아서 만든 투척용
무기이다. 현충사 소장.

사조구와 같은 투척용 갈고리는 임진왜란 훨씬 이전부터 사용된 무기이다. 이 갈고리는 해상에서뿐만 아니라, 성 위에 장치하여 적의 공성 무기를 뒤집거나 성벽을 타고 오르는 적군을 걸어서 떨어뜨리는 데도 사용되었다.

조적등

照賊燈

조선시대에는 밤길을 다닐 때 연등 모양으로 만든 등롱燈籠에 초를 꽂아서 발 밑을 비췄으며, 국왕의 행차 시에는 야간 조명을 담당하는 등롱군燈籠軍이 수행했다. 《훈국신조기계도설》에는 훈련대장 신헌이 고종 4년에 제작한 군용 등롱이 그려져 있는데, 그 이름을 조적등照敵燈, 조적

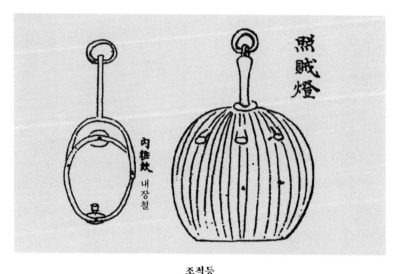

조적등

밤에 적의 군영을 습격하거나 도강을 할 때 불빛을 감추기 위해
사용했던 등을 일컫는다. 《훈국신조기계도설》.

등照跡燈 혹은 조적등照寂燈이라고 한다. 이 조적등은 쇠로 만든 틀의 표
면에 검은색 천이나 종이를 발라서 불빛이 멀리 새나가지 않도록 만들
었다. 이 조적등은 밤에 적의 군영을 습격하거나 혹은 도강을 할 때 불
빛을 감추기 위해 사용했다. 또한 적과 마주치면 조적등으로 적의 눈
을 비춰 아군을 식별하지 못하도록 한다고 했다. 그 밖에 《만기요람》에
는 철이나 황동으로 틀을 만들고 그 위에 얇은 천을 씌운 철사롱鐵絲籠
과 동철사롱銅鐵絲籠, 홍사촉롱紅紗燭籠이 있고, 기름 먹인 종이로 만든 유
지롱油紙籠, 유소지롱油小紙籠 등의 휴대용 조명 기구가 있다.

·고전문헌·

《江華府上各鎭保上各墩臺上各樣軍器雜物數目成册》(1907), 규장각

《鷄林類事麗言攷》, 前間恭作, 東洋文庫, 1925

《攷事新書》, 徐命膺(1771), 국립중앙도서관 전자도서관

《高宗壬寅進宴儀軌》(1902), 규장각

《臼砲器械與裝放法》, 미상, 규장각

《國譯 高麗史》, CD-ROM, 서울시스템

《國譯朝鮮王朝實錄》, CD-ROM, 서울시스템

《國朝五禮儀》, 申叔舟 等 編, 국립중앙도서관

《軍器色重記, 武衛所》(1875), 한국정신문화연구원

《紀效新書》, 14卷本, 戚繼光, 中華書局, 1999

《紀效新書》, 18 卷本, 戚繼光, 中華書局, 2000

《亂中日記》, 이석호 역, 집문당, 1993

《壇究捷錄》, 李蘊, 國防軍史硏究所

《萬機要覽》, 고전국역총서, 한국역사정보통합시스템

《武備要覽》, 趙禹錫(1855), 一潮閣, 1982

《武備志》, 茅元儀, 마이크로필름, 국립중앙도서관

《無師自解奇門適用藏身法》, 李載規, 1930

《武藝圖譜通志》, 李德懋, 朴齊家(1790), 東文選, 1998

《武藝諸譜》(1598), 東文選, 1998

《武藝諸譜飜譯續集》, 崔起南(1610), 계명대학교 출판부, 1999

《民堡議 民堡輯說(附,漁樵問答)》, 정약용 외, 國防軍史硏究所

《防守擥說》, 風泉遺響(軍事史硏究資料集 제4집), 國防軍史硏究所, 1997

《兵將圖說》, 세조(1742), 한국정신문화연구원

《兵將說/陣法》, 國防部戰史編纂委員會, 1983

《兵學指南》, 正祖命編, 刊寫者未詳, 국립중앙도서관 전자도서관

《兵學指南演義 – 朝鮮後期 軍事敎範》, 國防軍史硏究所, 1997

《殺手色重記, 武衛所》(1875), 한국정신문화연구원

《三國史記》, 金富軾, 李丙燾 譯註, 을유문화사, 1996

《三國遺事》, 一然, 李東歡 譯註, 三中堂文庫, 1979

《三峯集》, 고전국역총서, 한국역사정보통합시스템

《西征錄》, 國防部 戰史編纂委員會, 1989

《宣和奉使高麗圖經》, 徐兢

《續兵將圖說》, 趙觀彬(1750), 한국정신문화연구원

《殺手器械服色新造所入磨鍊册》(1879), 한국정신문화연구원

《純祖己丑進饌儀軌》(1829), 규장각

《新傳煮硝方/戎垣必備》, 한국과학사학회편, 성신대학교 출판부, 1986

《樂學軌範》, 成俔 等 受命撰, 古典刊行會, 국립중앙도서관 전자도서관

《御定兵學通》, 張志恒(1785), 한국정신문화연구원

《旅菴全書》, 申景濬, 新朝鮮社(1940), 국립중앙도서관 전자도서관

《譯語類解》, 미상, 국립중앙도서관 전자도서관

《譯語類解補》(1775), 국립중앙도서관 전자도서관

《燃藜室記述》, 고전국역총서, 한국역사정보통합시스템

《練兵指南》, 韓嶠(1612), 한국정신문화연구원

《英祖大射禮儀軌》, 규장각

《五洲衍文長箋散稿》, 고전국역총서, 한국역사정보통합시스템

《玉樞寶經》, 曹誠佑 編, 東洋書籍, 1982

《陸海新書/五洲書種/各船圖本》, 한국과학사학회편, 성신대학교 출판부, 1989

《李忠武公全書》, 奎章閣

《才物譜》, 李晩永(1798), 국립중앙도서관 전자도서관

《濟州邑誌》등 각 지방 읍지, 역사정보통합시스템(규장각)

《朝鮮王朝實錄》, 규장각

《增補文獻備考》, 朴容大 等奉勅纂, 撰集廳(1908), 국립중앙도서관

《陣法》, 국립중앙도서관 전자도서관

《懲毖錄》, 柳成龍, 南晩星 역, 현암사, 1970

《天工開物》, 宋應星, 최주 譯註, 1997

《平安兵營軍什物重記》(1905), 규장각

《風泉遺響(朝鮮後期 軍事實學思想)》, 國防部戰史編纂委員會, 1990

《刑政圖牒》, 金允輔, 계간 미술 39호, 중앙일보사, 1986

《火器都監儀軌》(1616), 규장각

《華城城役儀軌》, 규장각

《火砲式諺解》, 黃海兵營 刊編, 刊寫者未詳, 국립중앙도서관 전자도서관

《訓局新造軍器圖說》, 육군박물관 학예지 제5집/제9집

《訓局新造器械圖說》, 육군박물관 학예지 제5집/제10집

·현대 서적 및 논문·

《弓矢匠》, 국립문화재연구소, 2002

《神器秘訣 研究》, 許善道, 1982

《李朝尺度에 關한 研究》, 朴興秀, 1967

《朝鮮의 弓術》, 李重華, 1929

《韓國 武器發達史》, 國防軍史研究所, 1996

《韓國의 軍服飾發達史(Ⅰ)》, 國防軍史研究所, 1997

《韓國의 軍服飾發達史(Ⅱ)》, 國防軍史研究所, 1998

《韓國의 冶金史》, 최주, 한국과학기술연구원, 재료마당, 2000

《韓國의 火砲》, 이강칠, 2004

《韓中 度量衡制度史》, 朴興秀, 1999

《도교란 무엇인가》, 酒井忠夫, 최준식 역, 민족사, 1990

《무기와 방어구(서양편)》, 이치가와 사다하루, 남혜승 역, 들녘, 2000

《무기와 방어구(중국편)》, 시노다 고이치, 신동기 역, 들녘, 2001

《무기의 역사》, 찰스 바우텔, 박광순 역, 가람기획, 2002

《서울 600년사》, 서울시시사편찬위원회

《세계전쟁사》, 존 키건, 유병진 역, 까치, 1996

《우리의 과학문화재》, 한국과학문화재단, 1997

《은자의 나라 한국》, W. E. 그리피스, 신복룡 역주, 집문당, 1999

《조선기술발전사》, 조선기술발전사편찬위회, 1997

《조선시대 뒷골목 풍경》, 강명관, 푸른역사, 2003

《한국과 그 이웃나라들》, 이사벨라 버드 비숍, 이인화 역, 살림, 1994

《한국전통공예기술》, 한국문화재보호재단, 1997

〈3-4세기 신라의 철기생산유적에 대하여〉, 盧泰天

〈대원군 집권기 무기개발과 외국기술 도입〉, 연신수, 육군박물관 학예지 9집

〈도검의 기능성 연구〉, 김성혜/김영섭, 육군박물관 학예지 6집

〈완도 해저 발굴선의 선형 구조〉, 김재근, 보존과학연구, 1992

〈임진왜란기 무기류 발굴의 고고학적 성과〉, 백종오, 육군박물관 학예지 9집

〈조선시대 도검의 실측과 분석〉, 김성혜/박선식, 육군박물관 학예지 5집

〈한국 도검에 관한 연구 - 장도를 중심으로〉, 박종군, 1988

〈한국의 쇠뇌〉, 유세현, 육군박물관 학예지 4집

〈所藏 金屬遺物의 科學的 保存處理〉, 文煥晳 외, 국립문화재연구소

<朝鮮時代 刀劍의 軍事的 運用〉, 姜性文, 2002

〈朝鮮時代의 甲冑〉, 박가영, 2003

〈朝鮮後期 兵書와 戰法의 研究〉, 盧永九, 2002

〈韓國의 刀劍 文化〉, 김영섭, 한민족 전통 마상무예 격구 협회

A collectors guide to swords dagger & cutlasses, Gerald Weland, 2001

Chinese weapons, E.T.C. Werner, 1932

Korean weapons and armor, JohnL. Boots, 1934

The book of the sword, Richard F. Burton, 1883

The connoisseur's book of japanese swords, Nakayama Kokan

The craft of the japanese sword, Leon and Hiroko Kapp Yoshindo Yoshihara, 1987

The japanese sword, Sato Kanzan

·도록등·

〈경기도 박물관 도록〉, 경기도 박물관

〈경남대학교 박물관 도록〉, 경남대학교

〈국립경주박물관 도록〉, 국립경주박물관, 1999

〈국립김해박물관 도록〉, 국립김해박물관

〈국립청주박물관 도록〉, 국립청주박물관, 2001

〈독일 라이프치히그라시민속박물관 소장 한국문화재〉, 국립문화재연구소, 2013

〈모스크바 국립동양박물관 소장 한국문화재〉, 국립문화재연구소, 2003

〈복식 명품 도록〉, 고려대학교 박물관, 1990

〈온양민속박물관 도록〉, 온양민속박물관

〈육군박물관 도록〉, 육군박물관, 2002

〈코리아 스케치〉, 국립민속박물관, 2002

〈한국 전통복식 2천년〉, 국립대구박물관, 2002

〈한국기독교박물관 도록〉, 숭실대학교 부설 한국기독교박물관

《궁중유물 1, 2》, 이명희, 대원사, 1995

《朝鮮遺蹟遺物圖鑑》(전20권), 편찬위원회 편저, 1993, 북한

《中國美術全集》(전 60권), 文物出版社

《中國繪畵史 三千年》, 양언·제임스 캐릴 외 4인, 학고재

두산세계대백과 EnCyber